Quer durch Deutschland

F. T. C. CARTER

SENIOR LECTURER IN GERMAN, DEPARTMENT OF EUROPEAN STUDIES
LOUGHBOROUGH UNIVERSITY OF TECHNOLOGY

J. M. Longbridge

May 1975

OXFORD UNIVERSITY PRESS
1975

Oxford University Press, Ely House, London W.1

GLASGOW NEW YORK TORONTO MELBOURNE WELLINGTON
CAPE TOWN IBADAN NAIROBI DAR ES SALAAM LUSAKA ADDIS ABABA
DELHI BOMBAY CALCUTTA MADRAS KARACHI LAHORE DACCA
KUALA LUMPUR SINGAPORE HONG KONG TOKYO

ISBN 0 19 872084 X

© OXFORD UNIVERSITY PRESS 1975

PRINTED IN GREAT BRITAIN
BY WILLIAM CLOWES & SONS, LIMITED
LONDON, BECCLES AND COLCHESTER

Contents

Acknowledgements

Finanzierung und Entwicklung No. 1. März 1973—by permission of HWWA
—Institut für Wirtschaft Forschung.

Golo Mann—Deutsche Geschichte des 19 und 20 Jahrhunderts pp. 686–7;
© Büchergilde Gutenberg, Frankfurt am Main 1958. By permission of
S. Fischer Verlag GmbH, Frankfurt Am Main.

C. Reiss's *Berlin Berlin* (page 60)—by permission of Non Stop Bücherei,
München.

Extract from *The Manager*—by permission of Manager Magazine, Verlags-
gesellschaft mbh, 2 Hamburg.

O. Gritschweder: *Arbeitsrecht Für die Praxis* pp. 35–6—by permission of
Verlag Ullstein GmbH, Berlin.

Introduction

This course is designed to answer the need for students to hear a variety of speakers describing a range of professional and social activities, in everyday language at normal speed. It is assumed that students will have a level of competence roughly equivalent to Advanced level GCE before embarking on the course.

The material takes as its point of departure a number of tape-recorded interviews, collected over a period of three years in various parts of Germany. People in a wide variety of professions were asked to talk without notes or undue preparation about their work (or interests, experiences, etc.) and generally within the following broad framework:

1 Describe the organization in which you work
2 Your function, training required for the post
3 Daily routine
4 Likes, dislikes, special problems, interesting anecdotes, etc.

Some speakers followed this pattern in their recording, particularly those describing specific jobs. However, as a glance at the contents will show, there are many interviews for which this scheme was inappropriate. Indeed the most successful recordings collected were those in which the speaker is simply telling a story about his or her earlier life.

Most of the recordings are monologues, although one or two have brief questions from the author. All the original recordings were much longer than those presented here; they have been cut in order to provide stretches of text of a length which can be covered in an hour in class and language laboratory. During the recording session the pause button was used on the recorder in order, at a given signal, to give the speaker time to collect his or her thoughts.

The recordings were made (with an Uher tape recorder and high quality microphone) usually in the offices or homes of the speakers. While they are very good reproductions of the voices concerned, it should be borne in mind that they are not studio recordings, which explains the occasional aircraft or telephone intruding into the recording. However, three years' use of the tapes has shown that, far from distracting the student, these occasional extraneous noises provide moments of reality which students take in their stride.

The reason for taking these tapes as the basis of a course is the need to train students in the comprehension and imitation of 'real' spoken German. The aim has been to provide a variety of voices and accents, which would at the same time provide the vocabulary and style of industry, commerce, politics, everyday domestic life, etc. So many students, even those with good Advanced level examination passes, have not had this kind of training.

Although the main aim is linguistic, it can be seen that by working through the tapes the student is furnished with a considerable body of knowledge of German society and history.

Each unit contains the following material:

1 Explanatory introduction in German
   AIM: a) to provide background information and key vocabulary
            which may not appear in the transcript;
         b) to give an example in written style of the area of language
            covered in speech by the interviewee.

2 Transcript of the speaker's recording
   AIM: to provide a 'prop' for students *in* class, and to give them some-
         thing to work with outside class.
         The transcripts are an exact reproduction on paper of what the
         speaker says on tape (see note on problems of transcription).

3 Vocabulary and explanatory notes
         A list of all difficult vocabulary in alphabetical order, showing
         genders, plurals, strong verb forms, etc. Kept for ease of refer-
         ence within the chapter concerned, the list is expanded where
         appropriate by additional (e.g. historical) notes in English.

4 Notes on the accent and style of the speaker, where appropriate.

5 Exercises
         The aim here is to provide exercise material for class, labora-
         tory, and written work, mainly practising vocabulary; there
         are, however, some exercises based on complex grammar
         structures, e.g. passive verb forms including auxiliaries, etc.
         The shorter exercises are probably best suited to rapid fire
         oral treatment in class. They can be repeated with profit in
         the laboratory. Some exercises are meant to be written, e.g.
         essay, *Nacherzählung*, re-translation passages; these too should
         be prepared in class.

6 A reading passage (except in units 1, 6, 12 and 15)
         Taken from a book or journal dealing with the same problems
         dealt with by the speaker. The aim is to provide another pas-
         sage in *written* language on the same subject as the tape.

The *Nacherzählung* passages (Units 2, 4, 6, 8, 13, 17, 18, and 19) appear in
full on tape but are *not* printed in the book except in skeleton form, generally
with a short vocabulary list. There is of course no reason why the tutor
should not use sections of transcript appearing in the book as material for
Nacherzählung work if he wishes the students to be able to check exactly
what they have produced against the original.

There are three *Abschrift* i.e. transcription tests (Units 2, 12, and 13).
These are all short, because they are much more difficult than an ordinary
dictation; the students have to put in their own, usually highly idiosyncratic
punctuation marks! They are worth doing, perhaps if only to underline the
terrible difficulties faced by long suffering and highly competent secretaries
who have to carry out this activity all day!

The re-translation passages provide a useful revision exercise for laboratory or writing, especially if they are covered a week or so after the tape has been dealt with in class. Translation into the foreign language is regarded by many teachers with suspicion, but I have found that students quite like this re-translation variant. They should be seen only as revision pieces, and they are based very closely on what has appeared on tape.

I should like to express my gratitude to colleagues in the European Studies Department for their help and thoughtful criticism, in particular to Charles Milner and John Manton; also to Anna Bott for her painstaking work, not only on the manuscript but also on the transcriptions of the tapes, and for her helpful advice on many points of detail. Above all my thanks are due to the speakers who appear in this course, many of them busy people in important positions, who gave me their time and their voices during the recording sessions.

Many of the interviews were arranged by Herr Studiendirektor Klaus May of Pinneberg, Holstein, without whose help this course would not have been possible, and I am also indebted to my colleague Tony Burkett for his advice over German politics and for his assistance in the collection of the recordings.

Problems of transcription

It should not be forgotten that the transcriptions of the tapes are *not* examples of written German, even though for the purposes of the present exercise they have been written down.

Some of the differences between spoken and written usage as exemplified by these transcriptions are as follows:

1 *Punctuation*

In spoken language there is, of course, no visible punctuation, other than pauses for breath. Formal language structures such as word order, etc., can of course be indications of the need for punctuation marks. Sometimes, however, spoken word order varies from the strict rules of *Schriftdeutsch*, and speakers occasionally begin what is clearly another sentence without a perceptible break in speech, while written divisions such as the comma are often inaudible in speech.

In the transcriptions every attempt has been made to follow the rules of formal written punctuation where it was possible, e.g. commas are used to separate subordinate and main clauses, full stops have been inserted where they seemed relevant, and new paragraphs are used for new subjects. Interpolated fragments have usually been separated from the remainder of the utterance by dash signs.

Inevitably the process has been a little hit-or-miss, involving innumerable subjective decisions. However, it may be claimed that the main object has largely been achieved, namely to produce on paper a version of the tapes which contains an exact reproduction of the words on tape in an acceptable and easily readable form.

2 *Sentence structure*

One of the major factors governing the difference between speech and writing is the amount of time available to the language user. When a sentence is written it has usually been formulated before the writer begins to write, whereas a speaker often has only a vague idea of the final shape of his utterance, even when he has actually begun to utter it. The effect of this on spoken German word order is to modify the rigid word order of written German. A speaker may well think of something to add to his statement after he has already spoken the verb in a perfect tense or subordinate clause, etc. The following examples illustrate:

Es handelt sich nicht um einen Campus, Universitätsgelände, das neu entstanden *ist* außerhalb der Stadt.

Die sehen *aus* wie erwachsene Schüler.

Ich würde die Grenze *ziehen* zwischen den schlagenden Verbindungen und den anderen.

In written German these examples would clearly be unacceptable. Another convention of speech is that which allows the speaker to begin his utterance with a neutral pronoun and bring in the real subject later on. For example:

Das erfordert zunächst einige Energie, *diese Zimmersuche*, weil, …

One more minor problem in speech is that of the inflection of adjectives and articles. It occasionally happens that a speaker begins an utterance and then changes his mind about the noun which he wishes to use with the definite article, adjective, etc., which he has already spoken. When the noun concerned has a different gender than the article he has spoken, the result looks incongruous when written down.

Phatic elements are those which oil the cogs of spoken language and give the speaker the moments he needs to formulate the remainder of his sentence. (Ja, … ich würde sagen … etc.) These can only be learned by listening to speech, because they rarely appear in *Schriftdeutsch*. Unfortunately they look rather clumsy when written down.

Of course, problems of this sort must be kept in perspective. The fact is that the vast majority of the utterances spoken on the tapes are also perfectly good written sentences. Where there *are* other differences of style which emerge, the result, for example, of the stress and repetition of oral narrative, it is just these qualities which should be made available to students, and which written texts, necessary though they are in other contexts, cannot give.

1 Hausfrau

Einführung

Die Dame, die auf dem Band spricht, stammt aus Baden-Württemberg (Karlsruhe). Sie spricht über ihren Haushalt. Hausfrauen haben in jedem Land selbstverständlich ähnliche Probleme, d.h., sie müssen ihren Haushalt führen, einkaufen, saubermachen, sich um ihre Kinder kümmern, usw. Auch auf diesem kurzen Tonband machen sich allerdings kleine Unterschiede zwischen dem Leben einer deutschen und einer Hausfrau aus einem anderen europäischen Land bemerkbar. So wird zum Beispiel der Tagesablauf einer deutschen Hausfrau durch die deutsche Schulzeit bestimmt, was das frühe Aufstehen erfordert. Es ist auch nötig, daß die Frau nachmittags zu Hause ist, weil die Kinder dann keine Schule haben. Interessant ist es auch, daß die deutsche Frau fast alle Einkäufe selbst machen muß; Milch und Brot z.B. werden selten ins Haus geliefert.

In der Bundesrepublik werden seit den fünfziger Jahren immer mehr Einfamilienhäuser gebaut. Daß diese Familie ein Haus, und *nicht* eine Wohnung bewohnt, bildet also nicht mehr einen Ausnahmefall. Immerhin wohnt die Mehrzahl der deutschen Familien noch in Wohnungen.

Text

Wir sind seit 15 Jahren verheiratet und wohnen seit dieser Zeit in der Waldstadt, eine junge Trabantenstadt von Karlsruhe. Sie liegt mitten im Wald. Man versuchte ein modernes Wohnen, was zum Teil glückte, mehr oder weniger gut. Wir hatten zuerst eine kleine Zweizimmerwohnung; nachdem bereits das zweite Kind kam, zogen wir um in eine Dreizimmerwohnung und vor drei Jahren jetzt in ein eigenes Haus. Alles in der Waldstadt. Dieses Haus wurde von einem jungen Architekten gebaut, der besonderen Wert darauf legte, auf engem Raum ein möglichst ungestörtes Wohnen zu ermöglichen. Es ist in der Form von Reihenverbundhäusern; es sind 19 Häuser, die wie um einen Innenhof gruppiert sind, und ebenerdig mit einem kleinen Gartenanteil. Der Architekt hatte sich — hatte die Vorstellung, daß der Wohnraum groß, freundlich sein muß, während die übrigen Räume klein sind. Die — der Wohnraum geht nach Süden mit einer großen Glasfront in den Garten, alle übrigen Räume ebenfalls nach Süden und dann mit einem Zaun abgeschlossen. Wir wohnen sehr ungestört, hören und sehen auch keine Nachbarn, was wir sehr angenehm empfinden. Meine Eltern, meine Schwiegereltern finden es zu abgeschlossen. Sie würden sich nicht wohlfühlen dort.

Bei uns beginnt der Tagesablauf gegen halb sieben Uhr. Die Kinder beginnen mit der Schule sieben Uhr fünfundvierzig und wir lieben es sehr, gemeinsam und gemütlich zu frühstücken. Die Kinder essen morgens auch sehr ausgiebig; meine Söhne, die zehn und zwölf Jahre alt sind, scheuen es nicht, 4 bis 5 Brote schon zum Frühstück zu essen. Wir ziehen Marmelade und Butter vor, während mein Mann Wurst und Käse zum Frühstück gern benützt. Nach dem Frühstück machen sich die Kinder schulfertig, die normalerweise sieben Uhr fünfundvierzig Schule haben, manches Mal beginnt die Schule auch neun Uhr dreißig, es ist unterschiedlich. Wenn die Schule später beginnt, wird vorher die Übstunde mit der Geige noch erledigt, damit der Nachmittag möglichst viel Freizeit beinhaltet. Mein Mann verläßt zur gleichen Zeit das Haus. Er geht ins Institut der technischen Universität. Er hat keine vorgeschriebene Arbeitszeit, trotzdem geht er auch gegen halb acht zu Hause weg und kommt auch zum Mittagessen nach Hause, wie die Kinder. Die Schulzeit ist bei uns sehr unterschiedlich. Es gibt Vormittage, da haben die Kinder 6 Stunden, es gibt auch Vormittage, wo sie nur drei Stunden Schule haben. Der Stundenplan ist ganz unterschiedlich gestaltet. Der Zehnjährige geht in die 4. Klasse der Grundschule, während der Zwölfjährige die zweite Klasse eines naturwissenschaftlichen Gymnasiums besucht. Beide sind in der Waldstadt, und sie gehen, der kleinere geht zu Fuß zur Schule, da der Schulweg kaum drei Minuten beträgt, und der größere fährt mit dem Fahrrad. Mein Mann wählt bei gutem Wetter ebenfalls das Fahrrad und läßt das Auto lieber zu Hause stehen. Karlsruhe ist ein ganz ebenes Gebiet und auch sehr fahrradfreundlich, wir haben überall Fahrradwege. Mein Mann zieht es vor, mit dem Fahrrad zu fahren, weil er bei der Schreibtischarbeit relativ wenig Bewegung hat.

Während meine drei außer Haus sind, besorge ich meinen Haushalt, was im Bettenmachen, kurzes Reinigen, einmal in der Woche gründlich, sonst etwas großzügiger; ich habe eine Spülmaschine, ich habe eine Waschmaschine. Über diese Geräte bin ich sehr glücklich. Das Haus ist enorm günstig gebaut, es erfordert relativ wenig Hausarbeit. Ich habe die — ich bekomme die Arbeit ziemlich flott weg, habe dann noch Zeit für den Garten und für Einkäufe. Meine Einkäufe erledige ich einmal im Monat. Einmal im Monat fahre ich zu einem Großeinkauf, zu Cash und Carry. Dort sind die Preise im Durchschnitt etwa 30% billiger als im normalen Laden, aber Gemüse, Milch, Obst, Brot kaufe ich regelmäßig jeden zweiten Tag ein. Wir lieben sehr Salate, Obst und trinken auch sehr viel Milch. Deshalb liebe ich Frischmilch und zum Einkaufen benütze ich auch mein Fahrrad, weil ich nicht gern schwer trage und mei.. der Weg zu den Läden etwa zehn Minuten — Fußminuten wäre. In der Waldstadt wird überhaupt sehr viel geradelt, das wichtigste Verkehrsfahrzeug dort.

Note

This speaker comes from Baden-Württemberg, as does the student in the next chapter. Her regional accent is a little stronger than his, although they have many features in common.

a) **g** sounds in **g**lückte erledi**g**te **g**ruppiert **g**roß are hard, almost unvoiced;

b) voiced **s** sounds in die**s**e, etc. are hard, almost unvoiced;

c) **t** sounds in Bro**t**e ges**t**altet gu**t**en Sala**t**e are voiced, sounding more like **d**;

d) **au** in **au**ch **au**f sound like English **ow** in owl;

e) **or** in **dor**t **Sp**ort are short and hard.

One very common feature of speech in this region which does not appear in either of these first two chapters is the tendency to pronounce unvoiced s sounds as **sch**, e.g. **das ist** as **dasch ischt**. See following chapter for further details.

Some of the differences between spoken and written German already mentioned in the introduction are immediately apparent in this recording. The most obvious is word order. Notice the position of the verb:

was zum Teil *glückte* mehr oder weniger gut
zogen wir *um* in eine Dreizimmerwohnung
sie würden sich nicht *wohlfühlen* dort

It is not the case, of course, that written word order is ignored completely. Most sentences follow normal written rules. It is simply that in speech (including that of well-educated people) the 'rules' are relaxed a little, especially in cases where something is added to a statement as an afterthought, in which case the addition normally follows the verb.

Notice also in the first sentence of the transcript the failure of the speaker to apply the rule of apposition. *Trabantenstadt* should be in the dative.

Lexikon

ausgiebig, large, extensive
Brot (das) (–e), (*here*) slice of bread
ebenerdig, at ground level, single storey
flott, *colloq.*, quick(ly)
gestalten, (*here*) organize, arrange
glücken, *colloq.*, to be successful, 'come off'
Großeinkauf (der) ⁻e), *also* **Einkaufszentrum** (das) (–en), large supermarket
naturwissenschaftliches Gymnasium, grammar school in which the emphasis is placed on science subjects (cf. **humanistisches Gymnasium; altsprachliches Gymnasium**)
radeln, cycle (*S. German; in N. Germany more commonly* **(mit dem) Rad fahren**)
Reihen(verbund)haus (das) (⁻er), terrace or 'town' house
sie **scheuen es nicht** (+zu), they think nothing of
schulfertig (*one word*), ready for school
Trabantenstadt (die) (⁻e), satellite town, dormitory suburb
Übstunde (die) (–n), practice (e.g. musical instrument)
ungestört, private, undisturbed
vorgeschrieben, prescribed, laid down (cf. festgelegt)
Zweizimmerwohnung, when mentioning the number of rooms in a German apartment one normally *excludes* bathroom, kitchen and entrance hall (also the *Abstellraum* or partitioned part of the cellar allocated to each family in a block of flats together, usually, with use of the top storey for washing and hanging out clothes)

Übungen

Ü1   Beantworten Sie die Fragen!

1. Was ist eine „Trabantenstadt"?
2. Welches waren die Vorstellungen des Architeckten, der dieses Haus gebaut hat?
3. Handelt es sich hier um ein getrenntes Einfamilienhaus?
4. Welche Zimmer sind groß, und welche klein?
5. Warum möchten die Schwiegereltern der Sprecherin dort nicht wohnen?
6. Was liegt hinter dem Haus?
7. Warum muß die Familie so früh aufstehen?
8. Was wird zum Frühstück gegessen?
9. Wo arbeitet ihr Mann?
10. Was für Schulen besuchen die Kinder?
11. Warum wird in dieser Gegend so viel mit dem Rad gefahren?
12. Warum fährt ihr Mann mit dem Rad zur Arbeit?
13. Was für Haushaltsgeräte hat diese Dame?
14. Wie erledigt sie ihre Einkäufe?
15. Warum ist es vorteilhaft, im Supermarkt zu kaufen?
16. Werden in Deutschland normalerweise Milch und Brot ans Haus geliefert?

Ü2   Welchem Zweck dienen:

a) ein Zaun?
b) eine Spülmaschine?
c) ein Staubsauger?
d) eine Grundschule?
e) ein Großeinkauf?

Ü3   Wie macht man:

a) Marmelade?
b) einen angemachten Salat?
c) die Betten?

Ü4   Nennen Sie Begriffe mit einer ähnlichen Bedeutung!

jeden zweiten Tag	der Vormittag
ungestört	radeln
ausgiebig	ebenfalls
vorgeschrieben	flott
ebenerdig	der Großeinkauf

Ü5   Vervollständigen Sie die Sätze!

1. Der Architekt hat besonderen Wert darauf ..., einen großen Wohnraum zu bauen.
2. Er wollte auf engem Raum ein ungestörtes Wohnen ...

3. Der Wohnraum ... nach Süden.
4. Der Garten ist durch einen Zaun ...
5. Was ich als sehr angenehm ..., ist, daß wir die Nachbarn nicht sehen.
6. Ich versuche meinen Tag so zu ..., daß die Nachmittage möglichst viel Freizeit ...
7. Der Weg zu den Läden ... etwa 10 Fußminuten.
8. Weil die Landschaft hier sehr flach ist, wird bei uns sehr viel ...
9. Normalerweise habe ich meine Hausarbeit bis 11 Uhr morgens ...
10. Das Haus ist sehr günstig gebaut, so daß es relativ wenig Hausarbeit ...

Ü6 Translate:

Ten years after we married we moved into our own house. Previously we'd lived in a small flat; we chose the house because it was in a quiet suburb, convenient for school and shops. That is an important factor, because the children have to be in school before eight in the morning.

I usually get on with my housework as soon as my husband and children have left the house. It doesn't take long, because I have plenty of modern kitchen equipment, including a washing-up machine, and the house is very conveniently built. Usually I go shopping for fresh food, like fruit and vegetables, every other day; once a month I take the car to a big supermarket and buy in for a whole month. Not only is it more convenient, but it works out much cheaper.

Ü7 Aufsatzthema/Diskussionsthema

Das Leben einer deutschen Mutter und Hausfrau verglichen mit dem Leben einer Hausfrau in Ihrer Heimat.

2 Student

Einführung

Der Sprecher ist Student an der Universität Tübingen. Er stammt aus Baden-Württemberg.

In der Bundesrepublik sind die Universitäten Institutionen des Landes in dem sie sich befinden, d.h., die Universität Tübingen z.B. untersteht dem Kultusminister des Landes Baden-Württemberg.

Vorbedingung für ein Studium an einer Universität ist das Abitur. Bis vor kurzem durften deutsche Studenten wählen, wo und was sie studieren wollten, auch wie viele Semester sie studieren wollten, ehe sie das Universitätsexamen ablegten. Außerdem verlangte die alte Tradition des deutschen Universitätsstudiums, daß man an mehreren Universitäten studieren sollte, und vielleicht erst an der dritten oder vierten Universität das Examen ablegte.

Heute sieht die Situation ganz anders aus; die alten Freiheiten sind durch Zwischenprüfungen (d.h. Examen, die nach dem vierten Semester abgelegt werden; erst nach bestandener Zwischenprüfung darf der Student die zweite Hälfte seines Studiums im Oberseminar anfangen) und den Numerus clausus beträchtlich eingeengt worden. Nach dem Numerus clausus (geschlossene Zahl) bestimmen die Fakultäten der Universitäten, wie viele Studenten sie zulassen werden: das heißt, die Zahl der Studenten wird begrenzt. Die deutsche Studentenbewegung kämpft energisch gegen den Numerus clausus, sie behauptet, daß er verfassungswidrig sei.

Außer in der medizinischen Fakultät, wo das Studium etwas länger dauert, studiert der deutsche Student mindestens 8 Semester (d.h. vier Jahre). Die Durchschnittsdauer liegt wahrscheinlich bei 10 — 12 Semestern. Bestrebungen sind allerdings jetzt im Gange, diese Zeit zu verkürzen.

Text A

In Tübingen sind die Studenten wirklich ein Teil des Stadtbildes. Man trifft kaum junge Leute auf der Straße, die eben nicht Studenten sind. Wir haben ungefähr 13 000 Studenten in einer Stadt von 60 000 Einwohnern und man sieht also, daß der studentische Anteil sehr, sehr hoch ist, dürfte größer sein als fast — fast überall sonst, denn es handelt sich nicht um einen Campus, Universitätsgelände, das neu erstanden ist außerhalb der Stadt. Nun haben die Studenten eine Reihe von Schwierigkeiten, wenn sie nach Tübingen kommen oder auch an andere deutsche Universitäten, sie müssen sich ein Zimmer selbst besorgen. Es leben nur ungefähr 10 Prozent aller deutschen Studenten in Studentenwohnheimen. Das erfordert zunächst einige Energie, diese Zimmersuche, weil sie mit viel Ärger, mit viel Enttäuschung, Frustration verknüpft ist, weil man dann am Ende doch noch 120, 140 oder 100 Mark zu bezahlen hat, wenn man ein Zimmer gefunden hat. Man kann froh sein, wenn es keine Beschränkungen gibt, wie etwa Schwabe/nicht-Schwabe ist ausgeschlossen, ein Zimmer zu bekommen, und es heißt: „Ach, wir wollen keinen Nichtraucher, und wir wollen nur einen Wochenendfahrer!" Die Zimmerpreise, sind, wie gesagt, horrend und das oft in ungünstiger Lage. Man kann auch billige Zimmer bekommen, aber da — um die reißen sich die Studenten. Meistens sind dann diese — diese preiswerten Zimmer — na — irgendwo im Dachstock oder vielleicht im Keller unten, oder man hat kein fließend Wasser oder keine — keine Zentralheizung, d.h., man muß also persönlich Opfer bringen. Ich habe selbst in einer solchen Bude sehr billig und bei einer sehr netten Frau — bei einer sehr netten Familie jahrelang gelebt. Aber das geht einem dann mit der Zeit doch auf den Wecker. Nun, wenn man als Student an der deutschen Universität ist, dann muß man so im allgemeinen für sich selbst sorgen. Man bekommt ein Essen, aber das nur in einer zentralgelegenen Mensa, wo eine riesige Fütterung stattfindet. Das erinnert an eine Fütterung der Raubtiere, wo alles sehr schnell gehen muß, wo Tausende jeden Tag durchgeschleust werden innerhalb von zweieinhalb Stunden. Das Essen, das ist ein wirklicher Fraß und läßt sich, meiner Meinung, wenn ich jetzt an Tübingen denke, nicht vergleichen mit dem Essen an den englischen Universitäten, wo man, wie ich finde, geradezu ins andere Extrem gegangen ist und die Studenten zu sehr noch bedient und ihnen alles macht, sei es, jetzt, daß man das Zimmer putzt oder auch, daß sie am Tisch bedient und dergleichen.

Würde sagen, die Kosten — Lebenshaltungskosten — für einen deutschen Studenten, die belaufen sich heute als Minimum Anfang 1971 auf knapp 400 Mark. Das wäre ein — ein Minimum, denn man muß sich ja auch Bücher kaufen, und die sind, besonders wenn man Mathematik studiert, Naturwissenschaft und dergleichen, ungeheuer teuer. Als Literaturstudent, Student der Sprachen und dergleichen, der auch Sozialwissenschaften studiert, ist es noch weit besser.

Nun haben sich zu den ganz kleinen Reibereien, die es überall gibt, zwischen den Studenten als einer homogenen Gruppe und der Bevölkerung andererseits auch andere Konflikte ergeben, besonders durch die Politisierung der deutschen Studenten, würde sagen in den Jahren 1964 und 65, denn damals ist der Durchbruch erzielt worden. Gerade zwischen 1965 und 1970 war es ein Leichtes für demagogische Politiker wie Strauß, Studenten als Tiere zu beschimpfen, oder in der Bevölkerung eine Hetzkampagne zu starten gegen Studenten, die entweder nichts arbeiten oder Bärte tragen, lange Haare haben, vielleicht schlecht gekleidet sind, nur faul in der Sonne liegen und Stocherkahn fahren auf dem Neckar und dergleichen Dinge mehr, ja, die sogar noch Demonstrationen machen und hier unerlaubt den Verkehr aufhalten. Auch in moralischer Hinsicht ist der Student — deutsche Student nicht gerade der Musterknabe, der er einmal nach außen hin zumindest war, er paßt heute sicherlich nicht mehr in eine gute Bürgerstube 'rein, das kann man von allen Studenten — von der ganz großen Mehrheit sagen; insgesamt stellen sie wohl ein progressives Element der deutschen Gesellschaft dar, und diese Feststellung, die möchte ich noch besonders betonen, indem ich auf die Geschichte Deutschlands 19. und 20. Jahrhundert verweise. Deutsche Universitäten haben nach 1848, nach dieser fehlgeschlagenen Revolution eine sehr konservative Rolle gespielt, sie haben Konservatismus

— Nationalismus verherrlicht. Das hängt natürlich zusammen eng mit der Klassenstruktur, hängt zusammen eng mit der herrschenden Wissenschaft — der herrschenden wissenschaftlichen Methode, und schließlich haben diese Universitäten auch dem Faschismus im deutschen Geistesleben den Weg gebahnt, und zwar vor 1933 bereits. Nun im Gegensatz dazu hat man zwar heute auch linksradikale Elemente an den deutschen Studenten, aber es ist doch insgesamt hier ein Umschwung eingetreten, eine Änderung, die deutschen Universitäten stehen heute, wenn man so will, eher links von der Mitte, sind, zumindest was die Studentenschaft angeht und auch einen kleineren, aber sehr lautstarken Teil des Lehrkörpers, liberal oder reformsozialistisch eingestellt. Daneben gibt es dann noch, wie ich schon erwähnt habe, marxistisch-leninistische und maoistische Gruppen. Aber man versucht auf jeden Fall an den deutschen Universitäten heute, rational-politische Konzepte zu entwickeln, und zwar nicht nur für die Universität allein, sondern auch für die Gesellschaft insgesamt.

Note

The speaker uses a variety of lively, colloquial expressions when describing everyday student life

> ... *geht auf den Wecker*, gets on your nerves (*Wecker*=alarm clock)
> ... *riesige Fütterung* and ... *ein wirklicher Fraß* (*füttern*=feed/*fressen*= eat—verbs normally used of animals, but in colloquial speech to describe humans eating, usually with humorous overtones)

As might be expected of a younger speaker, there is also a wider than usual use of adjectives, verbs, etc., which carry a very emphatic sense,

> *horrend* (of prices)
> *riesig* (of numbers eating in student refectories)
> *Tausende werden durchgeschleust*, thousands are forced through (*die Schleuse*=sluice, lockgate)

At the same time it is clear also that we are dealing with a well educated, highly articulate speaker, as is shown by the wide use of complex abstract vocabulary, normally associated with a lucid written style, especially verbs

> ... den Weg *bahnen*
> ... Nationalismus *verherrlicht*
> ... ein Umschwung *eingetreten*

Note the specifically 'student' vocabulary: *die Bude*, student's room; *die Mensa*, refectory.

Übungen A

Ü1 Beantworten Sie die Fragen!
1. Warum sind die Studenten in Tübingen so sehr ein Teil des Stadtbildes?
2. Ist es sehr leicht, ein Zimmer in einem Studentenheim zu bekommen?

3. Warum ist die Zimmersuche mit so viel Ärger verknüpft?
4. Was für Bedingungen machen Wirtinnen, wenn sie einen Studenten als Mieter nehmen?
5. Inwiefern sind preiswerte Zimmer nicht immer günstig?
6. Was ist die „Mensa"?
7. Was hat der Sprecher gegen das Essen in der Mensa? Womit vergleicht er das?
8. Was hält der Sprecher von englischen Studentenheimen?
9. Welchen Vorteil haben Studenten der Sprachen und Literatur gegenüber Mathematikern und Naturwissenschaftlern?
10. Was sind die Vorurteile über Studenten, die man in der Bevölkerung findet?
11. Warum hat sich in den letzten Jahren das Verhältnis zwischen Studenten und der Bevölkerung verschlechtert?
12. Wo liegt die Sympathie des Sprechers, bei den Studenten oder der Bevölkerung? Woran sind seine Meinungen zu erkennen?
13. Wie unterscheiden sich, nach Meinung des Sprechers, die heutigen deutschen Studenten von denen des 19. Jahrhunderts?
14. Was ist 1848 in Deutschland geschehen?

Ü2 Sagen Sie in einem Wort!
1. Alle Studenten, die an einer Universität studieren.
2. Alle Dozenten, Professoren, usw., die an einer Universität unterrichten.
3. Student (oder Untermieter), der zum Wochenende immer nach Hause fährt.
4. Jemand, der sich immer gut benimmt, der in der „guten Gesellschaft" akzeptiert wird, der „sich sehen lassen kann".

Ü3 Geben Sie Synonyme an!

preiswert   dergleichen
ungefähr   ungeheuer
horrend   unerlaubt
riesig   progressiv
wirklich

Ü4 Geben Sie die Adjektivform an!

Student   Hinsicht
Ärger   Marx
Beschränkung   Lenin
Stunde   Politik
Verkehr   Gesellschaft

Ü5 Unterscheiden Sie zwischen:
Wissenschaft, Naturwissenschaft, Sozialwissenschaft, Wirtschaftswissenschaften.

Ü6 Geben Sie das fehlende Verb an!

1. Die Studenten müssen sich Zimmer in der Stadt ...
2. Die Zimmersuche ist mit viel Ärger ...
3. Billige Zimmer sind schwer zu finden, die Studenten ... sich um sie.
4. Um Student zu sein, muß man viel Opfer ...
5. Die Lebenskosten ... sich auf monatlich etwa DM 400.–.

Ü7 Geben Sie die passende Verbform an! (Konjunktiv)

1. Ich habe heute DM 50.– dafür geben müssen. Letztes Jahr ... ich es für DM 40.– kaufen können.
2. Schade, es ... also besser gewesen, wenn du es letztes Jahr ....
3. Ich ... sagen, daß die Situation zwischen Studenten und der Bevölkerung heute wesentlich schlechter ... ist. Es ... nicht so schlecht, wenn einige Politiker diese Hetzkampagne nicht angefangen ..., und wenn die Studenten nicht so heftig demonstriert ....
4. Ein älterer Herr erzählte mir, daß sein Sohn Student ..., daß er lange Haare ..., den ganzen Tag in der Sonne ..., oder Stocherkahn auf dem Neckar ..., Demonstrationen ... und einen unmoralischen Lebensstil ...

Ü8 Wiederholen Sie die Sätze in einer anderen Form!

Zum Beispiel: *Das erfordert* zunächst viel Energie, *diese Zimmersuche*, weil *sie* mit viel Ärger, mit viel Enttäuschung, Frustration *verknüpft* ist.

Mögliche Antwort: Zunächst ist viel Energie erforderlich, um ein Zimmer zu finden, weil die Suche mit viel Ärger verbunden ist.

1. *Man kann* auch billige Zimmer *bekommen*, aber *um die reißen sich* die Studenten.

2. Die Lebenshaltungskosten *belaufen sich auf* DM 400.–.

3. Das Essen *läßt sich* nicht mit *dem Essen* an englischen Universitäten *vergleichen*.

4. Die Studenten *machen Demonstrationen, die* den Verkehr *aufhalten*.

5. Auch *in moralischer Hinsicht*, ist der Student nicht der Musterknabe, der er einmal — *nach außen hin* zumindest — war.

6. Die Studenten *stellen ein progressives Element* der deutschen Gesellschaft *dar*.

7. Diese Universitäten haben dem Faschismus im *deutschen Geistesleben den Weg gebahnt*.

8. *Ein Umschwung ist eingetreten*, die Universitäten stehen links von der Mitte, zumindest was *die Studentenschaft angeht, und einen Teil des Lehrkörpers*.

Ü9   Translate:

When you first go to university, room-hunting takes up a great deal of time and energy. If it is conveniently situated your room will be very expensive, even if there is no running water or central heating.

After a time eating in the central refectory can get on your nerves, but it is cheap and the service is quick. Altogether I should say that living costs amount to about DM 400.– a month.

Nowadays German students see themselves as a progressive element in society. In the 19th century they were very conservative and nationalist in outlook, but today they are left-of-centre on the whole, although there are of course radical left-wing groups, as well as conservative elements.

Text B

Man debattiert da vor allem Hochschulpolitik und entwickelt neue Konzepte zur Umstrukturierung der Hochschulen. Man bespricht die Entwürfe, die etwa beim Bundeswissenschaftsminister vorliegen und sonstige Bildungskonzepte, die vielleicht ja auch in den Landesministerien diskutiert werden. Darüber hinaus hat man jetzt eine ganz neue Form von — von Institution geschaffen, ich denke an die sozialistischen Basisgruppen etwa, an die roten Zellen, die wir an der Universität von Berlin haben, wo sich sozialistische Studenten aller — aller Schattierungen eigentlich organisiert haben. Allerdings sind gerade in den letzten Jahren durch das Sektierertum einiger Gruppen, wieder der Maoisten, die demokratisch-sozialistischen Studenten aus diesen Gruppen herausgedrängt worden, würde sagen, die sind vor allem im LSD, d.h., im liberalen Studentenbund und dem SHB, im sozialdemokratischen Hochschulbund, zu finden. Der SDS, der früher eine, angeblich eine solche Bedrohung für die Demokratie in Westdeutschland darstellte, besteht in der alten Form nicht mehr. Er hat sich im Grunde genommen schon 1969 aufgelöst, befand sich im Stadium der Auflösung, einfach deshalb, weil die Richtungskämpfe zwischen Maoisten einerseits und den sogenannten Marxisten-Leninisten, die jetzt plötzlich gegen die anti-autoritäre Politik des SDS waren, verschärften. Nun möchte ich allerdings einen Eindruck korrigieren, es ist durchaus nicht so, daß auch nur die Mehrheit der deutschen Studenten ausgesprochen links wären, d.h. vielleicht, da der marxistischen Doktrin anhängen, sondern wir haben auch sehr viele konservative Studenten. Die Mehrheit, kann man sagen, ist insgesamt zwar politisiert worden. Ein Kern — eine kleine Minorität ist sehr militant-radikal, und hier in dieser kleineren Minorität, die sozialistisch ist, finden wir auch die — eigentlich die besten Köpfe. Das kann man allgemein wohl sagen. Aber die Konservativen sind, wie die Formierung, gerade in den letzten Jahren, von neuen Gruppen gezeigt hat, doch recht stark. Die Verbindungen sind ein Kristallisationspunkt der Konservativen, aber neben die Verbindungen sind auch neue Organisationen getreten, die unmittelbar jetzt politisch tätig sind, was man von den Verbindungen nicht behaupten kann.

Diese sind — diese versuchen, alte, deutsche Traditionen der Universität, natürlich konservativ-nationale Traditionen, weiterzuführen. Man kann, wenn man an die deutsche Universität vor 1945 denkt, auch nur diese Art von Tradition im Auge haben, weil sich alle Studenten damals aus dem nationalen-konservativen Bürgertum beziehungsweise der Aristokratie rekrutierten. Heute haben diese Verbindungen noch einen ziemlichen Einfluß, einfach dadurch, daß die alten Herren, wie sie genannt werden, die Studenten, die jetzt in Verbindungen eintreten, protegieren, d.h., ihnen auch später vielleicht diese und jene Stellung verschaffen, ihnen behilflich sind, daß es da echte Kameradschaft gibt, das ist unzweifelhaft, aber andererseits handelt es sich doch um eine Art von Kooptation innerhalb einer geschlossenen Elite. Das bedeutet, daß die Verwaltungsbürokratie etwa, teilweise auch die Industrie sich, d.h., die — die führenden Leute da in der Industrie, sich rekrutieren aus diesen Verbindungen, sofern Akademiker nun in — hier einrücken. Das trifft also vor allem, würde ich sagen, für die Verwaltung zu.

Note

The speaker comes from a small town not far from Stuttgart, *Land* capital of Baden-Württemberg. He speaks with a slight but discernible Swabian accent, some features of which are set out below, together with examples from the recording

a) **un**mittelbar: **un**– sounds longer than usual
b) im **G**runde **g**enommen; **g**roßen; **G**ruppen: **g** is very hard, almost an unvoiced 'k' sound
c) i**ch**: pronounced almost '**i**'
d) **d**ie**s**e **s**ind: s sounds almost unvoiced
e) final **n** on verbs and adjectives is almost inaudible
f) täti**g**, schwieri**g**: final **g** pronounced 'g' or 'k' (i.e. not 'ch')

Übungen B

Ü1   Schreiben Sie den dritten Tonbandausschnitt („Abschrift") ab!

Ü2   Beantworten Sie die Fragen in 3–4 Sätzen!
1. Beschreiben Sie die Rolle der Studentenorganisationen!
    ASTA (Allgemeiner Studentenausschuß);
    die roten Zellen;
    der SDS (Sozialistischer Deutscher Studentenbund).
2. Meint der Sprecher, daß die meisten deutschen Studenten linksradikal eingestellt sind?
3. Sind die Verbindungen politische Organisationen im engeren Sinne des Wortes?
4. Welche Rolle spielen die „alten Herren" in den Verbindungen?

5. Glaubt der Sprecher, daß Studenten, die Verbindungsmitglieder sind, später berufliche Vorteile haben? Welche?

Ü3 Mündliche/Schriftliche Nacherzählung: *Die deutschen Studentenverbindungen.*

Beschreiben Sie in ca. 10–15 Sätzen die Rolle der Studentenverbindungen in Deutschland!

Notizen und Vokabeln

— Verherrlichung nationaler Traditionen — schlagende Verbindungen—mit dem Säbel fechten — Trinkabende — alte Herren — Farben.
Vorteile: Verbindungshaus; Kameradschaft; Hilfe; Rolle der kirchlichen Verbindungen.

die Verbindung, student club, fraternity
schlagende Verbindung, fraternity which includes sabre fencing in its activity
alte Herren (auch **alte Füchse**), former members of fraternity ('old boys')
elitär, elitist
Anstrich (der), (*here*) colouring, flavour

Ü4 Aufsatzthema: *Das Studentenleben in der Bundesrepublik und in Ihrer Heimat.*

Lexikon

Anfang (der) (⁓e), beginning (N.B. **Anfang 1971** = *at the* beginning *of* 1971)
angeblich, alleged(ly)
angehen (sep.), to be so; **das kann doch nicht angehen**, that can't be the case;
   (*here*) **was die Studenten angeht,** as far as . . . are concerned; (*but* N.B.)
   das geht dich nichts an, it has nothing to do with you
Anteil (der) (–e), share, proportion
anhängen (sep.) (hing an), adhere to, support
Ärger (der), annoyance
ASTA (Allgemeiner Studentenausschuß), Students' Union in a University, representative student body
auffällig, intrusive, noticeable
auflösen (sep.), dissolve
Auseinandersetzung (die) (–en), argument, dispute
ausgesprochen, decidedly, very
(bahnen); **jemandem den Weg bahnen**, to pave (prepare) the way for . . .
Bedrohung (die) (–en), threat
behaupten, maintain, claim
sich belaufen (beläuft, belief, belaufen) (auf + ACC.) to amount to, to run to
bereits, already (N.B. **bereits 1933**, as early as 1933)
beschimpfen, insult, jeer at (N.B. **schimpfen** (+ auf + ACC.))
Beschränkung (die) (–en), limitation
bestehen (bestand, hat bestanden), to exist (cf. **die bestehenden Institutionen**
   (N.B. **bestehen** (auf + DAT.)) insist on; (aus + DAT.), consist of)
betonen, stress, underline

beträchtlich, considerable, large

Bude (die) (–n), small room; student slang = room

Bundeswissenschaftsminister (der), Federal Minister of Science

bürgerlich, bourgeois, middle-class (*used both with positive and negative sense:* cf. **gutbürgerlich**, with good taste)

(Bürger)stube (die) (–n), **die „gute" Stube**, the 'best' room *also* **die Weinstube, Bierstube** = bar

Dachstock (der) (⸚e), attic

darstellen (sep.), present, represent

darüber hinaus, as well as this, additional

dergleichen, and so on, that sort of thing = **derartig(e), solch(e)**

durchaus, absolutely, completely

Durchbruch (der) (⸚e), breakthrough

durchschleusen (sep.), force through, push through

eingestellt, to be inclined, have an attitude er ist konservativ eingestellt (N.B. *also:* stopped, finished; **die Arbeit wurde eingestellt**)

einrücken (sep.), move in, go in

Enttäuschung (die) (–en), disappointment

erfordern, require, need

erobern, conquer

erwähnen, mention; **obenerwähnt,** above-mentioned

erzielen, attain, arrive at

fechten (ficht (pres.), focht, hat gefochten), fence

fehlgeschlagen, failed, abortive

Feststellung (die) (–en), observation; **feststellen** (sep.), to ascertain, establish

Fraß (der), feed (of animals) here slang for human food

fließend Wasser, (N.B. can be used without adj. endings)

Formierung (die), formation, setting-up

Fütterung (die), (the) feeding; normally of animals

Gegensatz (der) (⸚e), contrast, antithesis; *im* **Gegensatz** *zu*

Geistesleben (das), intellectual life (n.b. **der Geist** = intellect)

im Grunde genommen, basically

herausdrängen (sep.), force out, push out

Hetzkampagne (die) (–n), campaign *against*; **aufhetzen**, whip up

Hinsicht (die) (–en), viewpoint (cf. **hinsichtlich** + GEN. from the point of view of)

Hochschule (die) (–n), any establishment of higher education; *NOT* schools

homogen (accent on last syllable), homogeneous

horrend, enormous *also*: horrible, awful

Lebenshaltungskosten, cost of living

Mensa (die) (Mensen or Mensas), student refectory (lat: = table)

Musterknabe (der) (–n) wk. noun, model boy, model character (N.B. Knabe is little used in speech except in such compounds. 'Junge' has replaced it)

Naturwissenschaft (die) (–en), science

Raubtier (das) (–e), beast of prey

Reiberei (die) (–en), friction; *also* **die Reibung**

reißen (riß, hat gerissen), tear; (*here*) **sich reißen um**, to fight over; make a grab for

Schattierung (die) (–en), shading, shade

schlagen (schlug, hat geschlagen), fence; (*here*) to distinguish student fraternities which fence (with sabres)

Schwabe (der) (–n) die **Schwäbin**, Swabian (most inhabitants of Baden-Württemberg)

sonstig, other

Sozialwissenschaft (die) (–en), social science (N.B. der **(Sozial)wissenschaftler** (social) scientist)

Stocherkahn (der) (∸e), punt

umfunktionieren, re-mould, change

Umschwung (der) (∸e), revolution, sudden change

Umstrukturierung (die) (–en), reconstruction, remoulding

umwandeln (sep.), change, transform

Universitätsgelände (das), campus; *also* site (cf. **Messegelände**, industrial fair site)

unmittelbar, directly, immediately

Verbindung (die) (–en), (*here*) student fraternity, also: combination, compound

verherrlichen, glorify

verschärfen (sich), intensify

Verwaltung (die) (–en), administration

verweisen (verwies, hat verwiesen), auf + ACC. to point to, indicate

vorliegen (sep.) (lag vor, hat vorgelegen), to be known, to be under consideration, Police; **es lag nichts gegen ihn vor**, he had no previous convictions

Wecker (der) (–), alarm clock; (*here*) **auf den Wecker gehen** (*colloquial version of* **auf die Nerven gehen**), get on one's nerves

Zerschlagung (die), destruction

(zutreffen) das trifft für ... zu, that is true of ..., valid for

Lesestück

Drittelparität

Zum Leitbild der studentischen Vorstellungen von einer Demokratisierung der Hochschulen wurde die „Drittelparität". Der Verband Deutscher Studentenschaften hat sich bei einer Mitgliederversammlung im März 1968 in München diese Forderung offiziell zu eigen gemacht:

„Auf allen Ebenen der Universitätsverwaltung werden Organe geschaffen, die zu gleichen Teilen aus Vertretern der Professoren, Dozenten und Studenten bestehen. Die Vertreter werden von besonderen Versammlungen der Professoren, Dozenten und Studenten gewählt. Die allgemeinen Selbstverwaltungsorgane entscheiden in allen Angelegenheiten, die unmittelbar oder mittelbar alle Universitätsmitglieder betreffen".

Die Drittelparität wird als Mittel verstanden, um die bestehenden Herrschaftsstrukturen an den Hochschulen zu verändern. Es sollen keine neuen Hochschulgesetze oder -satzungen akzeptiert werden, „die bestehende Herrschaftsstrukturen an den Universitäten ohne rationale Begründung aus taktischen oder traditionellen Gründen aufrechterhalten". Statt der Lehrstühle und der Ordinarienhierarchie wird eine „einheitliche Professur" aller Lehrenden gewünscht. Assistenten, Akademische Räte und Lektoren bilden gemeinsam die neue Gruppe der Dozenten. Für die Habilitation soll ein „einheitliches, objektiviertes Berufungsverfahren" eingeführt werden. Die Öffentlichkeit der Beratungen aller Universitätsgremien wird als wichtiger Bestandteil der Reform speziell fixiert.

F. Mager und U. Spinnarke: *Was wollen die Studenten?*, S. 102, Fischer, 1968.

3 Schulleiterin

Einführung

Die Sprecherin ist Schulleiterin an einem großen Gymnasium in Hamburg.
Die Verantwortung für das Bildungswesen in Deutschland wird von den einzelnen Ländern getragen, d.h. Bayern, Baden-Württemberg, Rheinland-Pfalz, Hessen, Niedersachsen, Nordrhein-Westfalen, Saarland, Hamburg, Bremen, Schleswig-Holstein, West-Berlin. Das bedeutet, daß alle staatlichen Bildungsinstitutionen, einschließlich der Universitäten, dem Kultusminister des jeweiligen Landes unterstehen.

Die meisten Kinder werden mit sechs Jahren eingeschult; die Grundschulausbildung dauert vier Jahre. Der Unterricht beginnt normalerweise um 8 Uhr morgens und geht bis 13°° Uhr, mit einer kleinen Pause zwischen jeder Stunde und einer längeren Pause um 11°° Uhr.

Nach vier Jahren Grundschule können begabte Kinder ein Gymnasium oder eine Realschule besuchen, oder sie bleiben auf der Volksschule, auch Hauptschule genannt.

In manchen Ländern wird jetzt die Gesamtschule versuchsweise eingeführt, wo begabte und weniger begabte Kinder unter einem Dach untergebracht sind.

Gymnasialklassen behalten in manchen Ländern die alten lateinischen Namen, z.B. die fünfte Klasse (also das erste Jahr am Gymnasium, Klassen 1–4 sind Grundschulklassen) heißt die Sexta, die Klassenmitglieder sind Sextaner-innen, vgl. Quinta, Quarta, Tertia, Sekunda, Prima.

Wenn ein Schüler nicht arbeitet, oder das Pensum nicht einhalten kann und zu oft die Noten 5 oder 6 bekommt, dann erreicht er das Klassenziel nicht und wird nicht versetzt: er muß das Schuljahr wiederholen — er „bleibt sitzen".

Der Hauptunterschied zwischen Realschule und Gymnasium besteht darin, daß man die Realschule nur sechs Jahre besuchen kann; die Abschlußprüfung heißt „Mittlere Reife". Auch Gymnasiasten bekommen diese „Mittlere Reife", aber sie haben dann die Möglichkeit, weitere drei Jahre die Oberstufe bis zum Abitur zu besuchen. Das Abitur ist die Abschlußprüfung am Gymnasium. Es ist gleichzeitig die Vorbedingung für ein Studium.

Heute ist es jedoch auch möglich, das Abitur in Abend- und später Tageskursen (dem sogenannten „zweiten Bildungsweg") zu machen.

Text

Ich bin Schulleiterin, d.h. zunächst Studienrätin, und jetzt Oberstudienrätin, und werde bald Oberstudiendirektorin. Die Ausbildung ist für zwei Fächer, und zwar bei mir Religion und Englisch. Es ist ein Volluniversitätsstudium, Mindestzeit acht Semester, Höchstzeit, na, zwölf Semester. Man macht ein erstes Examen, das sogenannte Staatsexamen vor der Universität. Ehm..
dann zwei Jahre Ausbildung als Referendarin, d.h., man muß in der Schule wöchentlich etwa zwölf Stunden unterrichten, und nachmittags zweimal in

der Woche zu einem Ausbildungsseminar, wo Theorie der Pädagogik und Theorie des Unterrichts dieser speziellen Fächer gelehrt wird. In diesen zwei Jahren werden auch Kurse außerhalb Hamburgs an- abgehalten. Man geht zu einer Sportschule für eine Woche und politische Seminare, und was so dazugehört. Nach den zwei Jahren Ausbildungzeit an der Schule muß man zwei Lehrproben ablegen, um seine Unterrichtsfähigkeit zu beweisen. Und zwar eine Lehrprobe vor unbekannter Klasse an einer unbekannten Schule und eine Lehrprobe vor bekannter Klasse. Man muß die eine Lehrprobe in der sogenannten Oberstufe ablegen, das sind also die Kinder zwischen sechzehn und zwanzig Jahren, und die andere Lehrprobe vor der Unter- oder Mittelstufe, also zwischen zehn und sechzehn Jahren. Man darf sich aussuchen, ob die bekannte Klasse Oberstufe oder Mittel- oder Unterstufe ist, und die andere Stufe wird also entsprechend gewählt an einer fremden Schule. Das Ergebnis dieser Lehrprobe wird festgestellt durch den Schulleiter der Schule, durch den Lehrer der Klasse in dem Fach, durch den Seminarfachleiter, also Englisch, und durch den Hauptseminarleiter, der allgemeine Pädagogik unterrichtet. Dann muß man eine schriftliche Arbeit schreiben, eine Hausarbeit, in, das muß eine Art Unterrichtsversuch sein, den man durch mehrere Monate abgelegt hat, und den man schriftlich niederlegen muß, und ehm.. dann muß man eine mündliche Prüfung vor der Schulbehörde machen. Das sind meistens Herren, also Oberschulräte, zum Teil auch Professoren mit dabei, und danach eh — wird man endgültig in den Schuldienst aufgenommen.

Man wird dann zunächst in der Schule auf Probe eingestellt, man ist Beamter auf Probezeit. In Hamburg sind, in Deutschland sind alle Lehrer Staatsbeamte, aber zunächst ist man für drei Jahre Probe-Beamter. Der Schulleiter muß jährlich einen Bericht über den Lehrer schreiben an die Schulbehörde, und wenn man sein Examen mit ‚gut' oder ‚sehr gut' gemacht hat, kann man bereits nach zwei Jahren fest angestellt werden, sonst nach drei Jahren, und wird damit Beamter auf Lebenszeit. Man ehm.. wird nach einer Reihe von Dienstjahren befördert zum Oberstudienrat, und man kann von der Schulbehörde vorgeschlagen werden für die Stellung eines Schulleiters. Man kann aber auch von ehm.. dem Findungsausschuß eines Kollegiums einer Schule ehm.. genannt werden, wenn sie diese Person gerne als Schulleiter haben möchten. Wenn die Schulbehörde zustimmt, und das Kollegium zustimmt, wird man dann zunächst auf zwei Jahre Probe einer Schule als Schulleiter zugewiesen. In diesen zwei Jahren ehm.. muß man die Aufgaben eines Schulleiters übernehmen, wird auch schon ehm.. bezahlt wie ein Schulleiter, aber nach den zwei Jahren muß das Kollegium, das Lehrerkollegium darüber entscheiden, ob sie Bedenken haben gegen eine endgültige Bestellung zum Schulleiter. Außerdem muß der Elternratsvorsitzende der Schülerschaft sich äußern, außerdem wird der Personalrat und noch andere Kammern dazu gefragt.

In den Schulen haben wir heute mehr Lehrerinnen als Lehrer, besonders in den Grundschulen und in den Mittelschulen. In den Gymnasien haben wir immer noch sehr viel mehr Herren als Damen. In den Schulleiterstellungen haben wir überwiegend Herren. In der Schulbehörde, also in der leitenden Behörde haben wir zwei Oberschulrätinnen neben fünf oder sechs Oberschulräten, und die eine Oberschulrätin, die jetzt allerdings im Ruhestand ist, achtete sehr darauf, daß bei der Besetzung neuer Schulleiterstellen in einem gerechten Verhältnis auch Damen an die Reihe kamen. Und ich weiß, in meinem Fall bestand sie darauf, daß diese neugegründete Schule von einer Schulleiterin geleitet würde. Als ich zum ersten Mal in die sogenannte Schulleiterkonferenz kam, das ist also eine Sitzung, die einmal monatlich stattfinden soll, in der alle Schulleiter Hamburgs von Gymnasien vereinigt sind, eh.. fand ich mich in der absoluten Minderzahl mit einigen wenigen Damen, und es wird auch weiterhin so bleiben, daß die gemischten Schulen, also Jungen und Mädchen, überwiegend doch wohl von Herren geleitet werden.

Note

The speaker is a native of Hamburg, but there is little evidence of this fact in the way she speaks, except for a few pointers, most of which are common to speakers from other parts of North Germany, e.g. Herren sounds a little like Härn; she tends to say drei Jahrn, Grundschuln, i.e. the e sound vanishes before the final n.

One typical Hamburg element of which there is some evidence, is the tendency to use a glottal or nasal stop medially instead of the full consonants d, t, and to half swallow b and g sounds medially. Listen to the way in which she pronounces ablegen, fremden. For other characteristics of this area see chapter on „Nachkriegszeit in Schleswig-Holstein".

Lexikon

abhalten (sep.) (hielt ab, hat abgehalten), hold, i.e. put on (an examination)
ablegen (sep.), (N.B. **man legt ein Examen ab**)
alles was dazugehört, all that goes with it
Ausbildungsseminar (das) (–e), training section or department at university (N.B. Seminar, *also* room at university)
aussuchen, choose, pick out (*normally dative reflexive:* **ich habe mir etwas ausgesucht**)
Beamte(r) (adj. endings), Civil Servant (*but* N.B. **die Beamtin**)
Bedenken (das) (–), doubt, objection (N.B. **bedenken**, consider)
befördern, promote
beweisen (bewies, bewiesen), prove
bestehen auf (bestand, hat bestanden), insist on (N.B. **bestehen aus**, to consist of)
ein- anstellen (sep.), appoint
endgültig, finally, once and for all
entsprechend (*also:* **dementsprechend**), accordingly, correspondingly
Ergebnis (das) (–se), result

Fach (das) (-̈er), academic subject; *also:* drawer (in a chest of drawers)
feststellen (sep.), determine, decide, find out
Findungsausschuß (der) (-̈e), special committee. Ausschuß is used for parliamentary and administrative committees
Grundschule (die) (–n), infant and junior school (i.e. 6–10 years old)
gut, sehr gut, examination grades at school and university (N.B. 1 = **sehr gut,** 2 = **gut,** 3 = **befriedigend,** 4 = **ausreichend,** 5 = **mangelhaft,** 6 = **ungenügend**
Hauptseminarleiter (der) (–), lecturer in charge of main subject
Kammer (die) (–n), chamber of **Handelskammer,** Chamber of Trade: archaic word for 'room', retained in **Speisekammer** (larder)
Kollegium (das) (–ien), staff, of school, university, etc.
Kurs (der) (–e), *also:* Kursus (der), pl. Kurse, course (of training)
Lehrprobe (die) (–n), teaching test
Minderzahl (die), minority *also:* **Minderheit**
Mindestzeit (die) (–en), minimum time (cf. **Höchstzeit,** maximum time)
Pädagogik (die), the study of education, cf. names of many other university departments (e.g. **Anglistik, Romanistik, Kriminalistik**)
Probezeit (die) (–en), trial period, here probationary period
Referendar (der) (–e), fem. –in, post-graduate trainee teacher. Promotion and/or years of service lead to the titles **Studienassessor, Studienrat, Oberstudienrat, Studiendirektor, Oberstudiendirektor.** The same titles, with different prefixes, are used in other branches of the German Civil Service (cf. Regierungsrat, Gerichtsrat, Baurat, etc.)
Reihe (die) (–n), row, turn, **an die Reihe kommen,** to have one's turn
Ruhestand, in, *also:* pensioniert sein, be retired
Schulbehörde (die) (–n), local education authority (normally = Land government)
Schulleiter (der) (–), *also:* **Rektor, Direktor, headmaster**
Semester (das) (–), university term, i.e. half year (2 × Semester = 1 Jahr)
Seminarfachleiter (der) (–), lecturer in charge of a subject
Sitzung (die) (–en), (committee) meeting
Staatsexamen (das) (–), final examination at university
überwiegend, overwhelming(ly)
Unterrichtsfähigkeit (die), teaching ability
Unter-, Mittel-, Oberstufe, lower, middle and upper level (at school)
Verhältnis (das) (–se), relationship, (*here*) ratio
vorschlagen (sep.), schlug vor, hat vorgeschlagen, suggest; (*here*) propose, put forward
Vorsitzende (der) (adj. endings), chairman
zunächst (N.B. at first, *not* next)

Übungen

Ü1 Beantworten Sie die Fragen!
1. Wie sieht das Studium an einer deutschen Universität aus?

2. Welche Ausbildung braucht man nach dem Staatsexamen, um Lehrer zu werden?
3. Welche Lehrproben muß man am Ende der Referendarzeit ablegen?
4. Vor wem werden diese Lehrproben abgelegt?
5. Welche Examen gehören dazu?
6. Was heißt „auf Probezeit eingestellt"?
7. Was muß man tun, um Beamter auf Lebenszeit zu werden?
8. Wie kann man Schulleiter werden?
9. Wer bestimmt die endgültige Bestellung zum Schulleiter?
10. Haben Frauen eine bessere Chance als Männer, zur Schulleiterin befördert zu werden?

Ü2 Beantworten Sie die folgenden Fragen in 3–4 Sätzen!

1. Glauben Sie, daß die Ausbildung eines deutschen Lehrers zu lang ist? Warum?
2. Finden Sie es gut, daß das Kollegium einer Schule den Schulleiter bestimmen kann? Nennen Sie die Vor- und Nachteile!
3. Warum gibt es mehr Lehrer als Lehrerinnen an deutschen Gymnasien?
4. Beschreiben Sie die schriftliche Arbeit, die man während der Referendarzeit schreiben muß!
5. Möchten Sie Lehrer/Lehrerin werden? Warum?

Ü3 Beispiel: Lehrprobe

Definition: *Ein praktisches Examen für Lehrer, das darin besteht, eine Klasse zu unterrichten, während man von Universitätsdozenten beobachtet wird.*
Geben Sie die Definition für:
1. eine mündliche Prüfung
2. die Mittelstufe an einem Gymnasium
3. die Schulbehörde
4. das Kollegium (z.B. einer Schule)
5. der Schulverein

Ü4 Geben Sie die Begriffe an, die im Folgenden definiert werden:

1. Eine Prüfung, die man normalerweise nach 8–12 Semestern Universitätsstudium ablegt.
2. Ein Titel, der von denjenigen getragen wird, die sich in der zweijährigen Gymnasiallehrerausbildung befinden.
3. Die Zeit nach den Examen, in der der Lehrer an einer Schule arbeitet, aber noch nicht auf Lebenszeit eingestellt ist.
4. Etwas, was der Schulleiter jedes Jahr über neue Lehrer schreiben muß.
5. Alles, wovon der Lehrer während des Unterrichts Gebrauch macht.

Ü5 Setzen Sie das passende Verb in die folgenden Sätze ein!

1. Als Referendar muß man wöchentlich 12 Stunden in der Schule ...
2. Am Ende der Lehrzeit muß man zwei Lehrproben ...

3. Das Ergebnis der Lehrprobe wird vom Schulleiter und vom Seminar-
leiter ....
4. Nach einigen Dienstjahren kann man zum Oberstudienrat ...
5. Das Geld für Lehrmittel wird von der Schulbehörde ...

Ü6   Ergänzen Sie die folgenden Sätze!
1. Während der Referendarzeit muß man nachmittags ...
2. Der Referendar muß seine Unterrichtsfähigkeit beweisen, indem ...
3. Wenn die Stelle eines Schulleiters frei wird, kann das Kollegium der
Schule ...
4. Man kann an einer Schule bereits nach zwei Jahren Probezeit fest angestellt werden, wenn ...
5. Als ich zum ersten Mal in die Schulleiterkonferenz kam, ...

Ü7   Mündliche/Schriftliche Nacherzählung: *Probleme der Schulfinanzierung*
Hören Sie zweimal den Tonbandausschnitt ,,Nacherzählung". Wiederholen
Sie dann die Probleme, über die die Schulleiterin spricht.

Notizen und Vokabeln
1. Lernbücher — jährlicher Etat pro Kind — reicht nicht aus — Sonder-
antrag stellen.
2. Lehrmittel — Demonstrationsmittel Chemie/Physik. Etat für neue
Schulen ratenweise bewilligt.
3. Schülerbücherei — in der Hand des Leiters/Kollegiums. Umfrage bei
den Schülern.
4. Elternverein als Geldquelle — Eltern als zahlende Mitglieder — Vorsitzender immer Vater — Ausgaben für Unterrichtsmittel — Tischtennis —
Klassenreisen.

Anschaffung (die) (–en), acquisition (cf. **ich habe mir eine Stereoanlage ange-
schafft,** I've just bought a stereo outfit)
Antrag stellen, *also:* beantragen, apply for
ausleihen (sep.), lieh aus, hat ausgeliehen, lend out
Ausstattung (die) (–en), furnishing, equipping
Betrag (der) (–e), sum (of money)
bewilligen, grant, pass
Etat (der) (–s), grant, budget
Geldquelle (die) (–n), source of finance
Klassenreise (die) (–n), class trip. (Most German school classes go on an
annual trip lasting a week or so, normally to another part of Germany
accompanied by their teacher)
kriegen, *colloquial,* to get
Rate (die) (–n), instalment; **ratenweise,** in instalments
regeln, regulate
reichen, to be enough
Schulverein (der) (–e), parent-teacher association

zusätzlich, additional
Zuschuß (der) ($\ddot{-}$e), contribution

Ü8 Aufsatzthema

Beschreiben Sie in ca. 200 Worten die Vor- und Nachteile der Ausbildung der Gymnasiallehrer in Deutschland. Nehmen Sie die Lehrerausbildung in Ihrem Lande als Vergleich.

Lehrerausbildung in Deutschland

1. Universitätsstudium: 8–12 Semester Hauptfächer
   (1 Hauptfach, 2 Nebenfächer)
2. Pädagogische Ausbildung 2 Jahre
   - (a) (i) wöchentlich 12 Stunden Unterricht
     - (ii) zweimal wöchentlich Vorlesungen (Theorie der Pädagogik, Seminare, usw.)
   - (b) Examen
     - (i) schriftliche Arbeit
     - (ii) 2 Lehrproben
     - (iii) mündliche und schriftliche Prüfungen
3. Probezeit

Ü9 Translate:

During the training period you have to do twelve hours teaching a week—in the mornings, that is. In the afternoon, courses are held in teaching theory. At the end of two years you have to take a teaching test and an oral examination, before you are finally appointed. Until then you are on probation.

Teachers are civil servants here, and one can only be promoted by the education authority, though your name can be put forward by your colleagues. The difficulty for women teachers is that an overwhelming majority of mixed schools have headmasters, so promotion prospects are much better for men than for women.

A newly established school like ours gets an annual budget for teaching materials. I apply for expensive teaching equipment in instalments. The parents' association is an additional source of finance—you know, things like library books, school trips, table-tennis tables, and so on.

Lesestück

Höhere Schulen (Gymnasien)

Die Höhere Schule ist eine allgemeinbildende weiterführende Schule. Sie baut als Normalform auf der 4. oder 5. Klasse der Volksschule auf.

Für den Übergang von der abgebenden Volksschule zum aufnehmenden Gymnasium gilt das Verfahren wie zur Aufnahme in die Realschule.

Das Gymnasium soll zur allgemeinen Hochschulreife führen. Es vermittelt deshalb eine wissenschaftliche Grundbildung, die ein akademisches Studium ermöglicht.

Einige Sonderformen des Gymnasiums führen zu einer fachgebundenen Hochschulreife. Deren Absolventen können aber durch eine Ergänzungsprüfung die allgemeine Hochschulreife erwerben.

Die Normalform des Gymnasiums führt nach 9-jährigem Besuch zur Reifeprüfung. Mit der bestandenen Prüfung wird das Reifezeugnis (Abitur) zuerkannt.

Die Fremdsprachen der Höheren Schulen richten sich je nach dem Typ der Schule. Das gleiche gilt für die Sprachenfolge in jeder Schule.

Im Kreis Aachen gibt es:

I. Normalformen des Gymnasiums

   a) Altsprachliche Gymnasien,

   b) Neusprachliche Gymnasien,

   c) Mathematisch-Naturwissenschaftliche Gymnasien, die zur allgemeinen Hochschulreife führen und

   d) Gymnasien für Frauenbildung zur Erlangung einer fachgebundenen Hochschulreife.

II. Aufbauformen des Gymnasiums

   Pädagogisch-Musisches Gymnasium in Aufbauform zur Erlangung einer fachgebundenen Hochschulreife (F-Gymnasium Typ III).

Für die Bezeichnung der Klassen der Gymnasien werden vielfach noch die alten Namen verwendet:

Unterstufe	5. Klasse	= Sexta
	6. Klasse	= Quinta
	7. Klasse	= Quarta
Mittelstufe	8. Klasse	= Untertertia
	9. Klasse	= Obertertia
	10. Klasse	= Untersekunda
Oberstufe	11. Klasse	= Obersekunda
	12. Klasse	= Unterprima
	13. Klasse	= Oberprima.

Aus: *Bildungsmöglichkeiten im Kreis Aachen*, Schulverwaltungs- und Kulturamt, Aachen, 1970.

4 Pastor

Einführung

Der Sprecher stammt aus Niedersachsen und ist Pastor in der evangelisch-lutherischen Kirche.

Die evangelische und katholische Kirche haben in der BRD (Bundesrepublik Deutschland) etwa gleichviel Mitglieder.

Vor dem Krieg waren der Norden und der Osten Deutschlands überwiegend protestantisch, während die meisten Katholiken im Süden und Westen zu finden waren. Auch heute noch ist die Bevölkerung der DDR hauptsächlich protestantisch. Nach dem Krieg sind Millionen Deutsche aus den Ostgebieten entweder nach Westdeutschland geflohen oder dorthin vertrieben worden. Viele waren Protestanten, die auch in Süddeutschland in früher ausschließlich katholische Gebiete aufgenommen wurden. Diese starke Veränderung der Konfessionsverhältnisse (z.B. eine halbe Million protestantische Flüchtlinge im katholischen Bayern) hat die Kirchen und den Staat sehr belastet. Viele neue Kirchen mußten gebaut werden. Diese Maßnahmen werden zum Teil durch die *Kirchensteuer* finanziert, die der Staat für die Kirchen von jedem steuerpflichtigen Kirchenmitglied erhebt. Zur Zeit beträgt die Kirchensteuer 3% der Einkommensteuer, z.B. bei einem monatlichen Einkommen von DM 3 000, — bezahlt der Bürger etwa DM 300, — Einkommensteuer plus DM 9, — Kirchensteuer.

Text

Ja, nun zum Alltag meines Berufes. Da muß ich sagen, daß der Alltag meines Berufes geprägt wird durch einige feste Termine, die jede Woche in gewisser Regelmäßigkeit wiederkehren, und durch eine Unzahl von Nebenterminen, von denen ich oft beim morgendlichen Aufstehen noch gar nicht weiß, daß sie auf mich zukommen. Ich habe gerade heute Morgen, um ein Beispiel zu erzählen, einen Zettel vorgefunden, daß ein alter Herr schwer erkrankt im Krankenhaus liegt; weil er dort nicht weiter behandelt werden kann, jetzt demnächst zu Hause, nach Hause entlassen wird, und keine Angehörigen hat, und ich möchte mich doch bitte einmal kümmern, ob nicht jemand ab und zu sich um ihn kümmert. Er kann sich zum Teil selbst versorgen, aber die Krankheit wird vielleicht weitergehen, vielleicht schlimmer werden. Mehr kann ich darüber nicht sagen. Der Herr ist schon im fortgeschrittenen Alter und muß jetzt für sich ganz allein sorgen. Das ist so eine Sache, die immer mal dazwischenkommt, und die es mir eigentlich unmöglich macht, meinen Tag nun ganz genau im voraus einzuplanen. Aber nun einmal zu erzählen, was so die normalen Aufgaben eines Pastors sind, da ist natürlich das bekannteste der Sonntagsgottesdienst. Bei uns in Pinneberg beginnt er immer um 10 Uhr vormittags, sonntags, endet gegen elf. Der Sonntagsgottesdienst, das wird in England nicht anders sein, besteht aus der Liturgie und der Predigt. Die Predigt soll, um das auch zu sagen, etwa 20 bis 25 Minuten nicht überschreiten, soll eine Auslegung einer Bibelstelle für die Gemeinde sein, so daß sie derjenige, der sie hört, auf sein persönliches Leben irgendwie beziehen kann, sie ihm eine Hilfe für sein Leben ist, und er dadurch gestärkt in seinen Alltag gehen kann. Außer dem Sonntagsgottesdienst habe ich persönlich jeden Sonntag von viertel nach elf bis um zwölf den Kindergottesdienst. Der Kindergottesdienst wird in Anlehnung an den Hauptgottesdienst gehalten; nur daß wir normalerweise außer mir noch drei bis vier Helfer haben. Wir teilen an Stelle der Predigt die Kinder in Gruppen ein, und jeder Helfer erzählt dann seiner Gruppe eine biblische Geschichte. Meistens folgt dann danach noch eine Tauffeier. Wir haben in unserer Christuskirchengemeinde 10 000 Gemeindeglieder, und das ergibt, daß fast jeden Sonntag Taufen sind. Manchmal eine, manchmal zwei, manchmal bis zu fünf und sechs. Das ist aber nicht schlimm, denn die Feier ist für den Pastor immer dieselbe, ob es nun ein Baby ist, das getauft werden soll, oder ob es fünf sind. Die eigentliche Taufe ist ja kurz, sodaß ich also mit dem eigentlichen Dienst anfange morgens um zehn, und wenn Taufen sind, etwa viertel vor elf am Sonntag, viertel vor eins, Verzeihung, am Sonntag, damit fertig bin. Außerdem haben wir regelmäßig Konfirmandenunterricht. Ich habe am Dienstag jeder Woche zwei Gruppen von Hauptkonfirmanden. Das sind Jungen und Mädchen, die nach dem zweijährigen Unterricht jetzt im zweiten Unterrichtsjahr sind, und im Mai dieses Jahres konfirmiert werden. Am Donnerstag habe ich zwei Gruppen Vorkonfirmanden, das sind Jungen und Mädchen aus dem ersten Unterrichtsjahr. Die Jungen und Mädchen kommen normalerweise im achten und neunten Schuljahr zum Konfirmandenunterricht, d.h., sie sind beim Beginn 14 und bei der Konfirmation etwa 15 Jahre alt. Es kommen Kinder aus allen Schulen, aus Volksschulen, Realschulen, Gymnasien. Die Einteilung ist dem Pastor überlassen, ist aber, um das beiläufig zu erzählen, ein recht schwieriges Problem deswegen, weil, wenn man die Kinder nach Schulen einteilt, es sofort Geschrei gibt: der Pastor bevorzugt die Gymnasiasten und für die Volksschüler hat er kein Herz. Tut er das nicht, und nimmt die Kinder alle zusammen, so ne — ist der Unterricht sehr schwierig, weil er sehr kluge und sehr wenig kluge Kinder zusammen hat. Ich persönlich versuche, das Problem dadurch zu lösen, daß ich erstens möglichst kleine Gruppen mache, zum Teil nur bis zu zehn Kindern, und daß ich zweitens den Kindern sage: ihr könnt mit euren Freunden und denen, die ihr gern möchtet, in die Gruppe zusammenkommen. Nun habe ich zwar meist auch die Gymnasiasten in der einen Gruppe und die Volksschüler in der anderen, aber dann habe ich das nicht so eingeteilt und das geht ganz gut. Ich habe dann keine Schuld, wenn es so gekommen ist. Das ist der Konfirmandenunterricht. Trauungen sind normaler — kirchliche Trauungen sind normalerweise jeden Freitag, je nach dem; manchmal eine, manchmal gar keine, selten zwei. Außerdem haben wir die dienstags und donnerstag Konfirmandenunterricht, Freitags Trauungen. Die Predigtvorbereitung erfordert in der Regel einen guten halben Tag, je nach dem, wie rasch einem gute Ideen kommen, und wie rasch man mit seinen Ideen selber zufrieden ist. Manchmal sitze ich eine Stunde am Schreibtisch, und mir fällt gar nichts ein, und ich mache erst einmal einen Spaziergang. Aber es wird in anderen

Berufen, wo man Einfälle haben soll, nicht anders sein. Eh.. das sind die wesentlichsten Dinge. Hinzu kommen noch völlig unprogrammgemäß, ganz so wie sich's ergibt, die Beerdigungen. Da ruft ein Beerdigungsunternehmer an: Herr and Frau Sowieso ist gestorben, die Beerdigung ist dann und dann, und den Termin muß ich mir freihalten. Dann muß ich hingehen und muß gehen, ob ich mir was anderes vorgenommen habe oder nicht, ich muß, es sei denn, daß ich etwas ganz Wichtiges habe, dann kann ich natürlich einen Amtsbruder bitten. Aber das tut man nicht gern, da es sich ja immer um Menschen aus dem eigenen Bezirk handelt, und Verschiebungen sind meistens auch nicht möglich, weil auf dem Friedhof alle Stunde eine Beerdigung ist, und der auch genau mit seinen Terminen kalkulieren muß. Ich habe manche Woche drei bis fünf Beerdigungen. Morgen zum Beispiel drei. Um zwölf eine, um eins eine, um zwei eine, scherzhaft kann ich sagen, aber das wird bestimmt sicher nicht passieren, ich muß aufpassen, daß ich nicht die Verstorbenen durcheinanderbekomme, sonst würde es also sehr viel Unannehmlichkeiten und Ärger geben, aber ich werde mir das ganz genau aufschreiben. Außerdem kommen also sehr viele Dinge in meinem Beruf vor, von denen ich eben zu Anfang andeutete. Ich weiß eine ganze Menge Menschen, um das zu erzählen, die in Scheidung und Eheschwierigkeiten leben, und werde da sehr häufig um Rat gefragt. Habe auch ab und zu das Gefühl, ich müßte mal hingehen, mal fragen, ob dort oder hier sich etwas ergeben hat, wo man vielleicht raten, helfen, trösten könnte; dazu kommt noch, daß ich eigentlich die Aufgabe habe, jeden Freitagnachmittag, in einem Krankenhaus hier in Pinneberg, von Bett zu Bett zu gehen und alle Patienten zu besuchen. Oft schaffe ich das leider nicht.

Note

The recording shows that the speaker has virtually no regional accent. It is not possible to say much more than that he is from somewhere in the North of Germany. It is worth noting that even in the case of this highly articulate, well-educated speaker, whose delivery is measured and deliberate, the normal word order of written German does not always apply.

... daß der Alltag meines Berufes *geprägt wird* durch einige feste Termine ...

... sodaß ich mit dem eigentlichen Dienst *anfange* morgens um zehn ...

Mention has been made of this characteristic elsewhere (see the section entitled Problems of Transcription, at the beginning of this book). Examples of this kind can be found in almost all chapters.

Lexikon

ab und zu, now and then (cf. **hin und wieder, dann und wann**)
Alltag (der), the everyday (things of life), normality

Angehörige (der) (adj. endings), relative

Anlehnung (die), **in Anlehnung an**, in conjunction with

aufschreiben (sep.), to make a note of, book; ein Polizist hat mich aufge-
schrieben, a policeman booked me

aufstehen, get up (N.B. *beim* **Aufstehen**, on getting up)

Auslegung (die) (–en), analysis, explanation

Beerdigung (die) (–en), *also:* die Bestattung, funeral

beiläufig, by the way (cf. **nebenbei**)

bevorzugen (insep.), to prefer

sich beziehen auf (ACC.), to refer to (NB. in business correspondence „**Ich
beziehe mich auf Ihr Schreiben vom 10. dieses Monats**", *or:* „**Mit Bezug
auf Ihr Schreiben** ..." Often abbreviated at head of letter to Bez.:)

demnächst, initially cf. zunächst, at first

durcheinanderbekommen (sep.), get mixed up, confuse

einfallen (sep.), fiel, ein, ist mir eingefallen, to occur to ..., **der Einfall**, idea

Einteilung (die) (–en), division

erfordern, require, need

Gemeinde (die) (–n), parish, community; *also:* used as political unit

Gottesdienst (der) (–e), religious service, **die heilige Messemass; das Abend-
mahl, die Kommunion**, communion

Gymnasiast (der) (–en), fem. –in, grammar school pupil

je nachdem, depending on ...

sich kümmern um, to take care of, concern oneself about; **der Kummer,**
grief (cf. **Liebeskummer**)

lösen, solve, dissolve, **die Lösung**, solution (*also* in chemistry)

morgendlich: der Morgen

Pastor (der) (–en), Protestant minister, **Pastorin**, lady minister *or* minister's
wife (N.B. **Pastorat** (das) (–e), **Pfarramt** (das) (–er), vicarage *or* living (i.e.
the job or post of minister); **der Pfarrer** (–), Catholic priest, *but* in S.
Germany esp. used for Protestant minister; *also:* **der Priester** (–), *always*
Catholic priest

prägen, coin, mark; here: distinguish (N.B. **ausgeprägt**, distinct(ly), marked-
(ly))

Predigt (die) (–en), sermon

in der Regel, as a rule

regelmässig, regular(ly)

schaffen, colloquial sense: to manage, cope (weak verb in this sense)

Scheidung (die) (–en), divorce; **er ist geschieden**, he is divorced; **sich scheiden
lassen**, to get divorced, **er hat sich scheiden lassen**

stärken, strengthen (N.B. **die Stärke**, also = starch (washing))

an Stelle, instead of, in place of

taufen baptise; **die Taufe, die Tauffeier**, baptism

Termin (der) (–e), appointment, time

Trauung (die) (–en), wedding (ceremony); **die Ehe**, marriage (institution);
kirchliche Trauung = church wedding, as opposed to **standesamtliche
Trauung** = compulsory registry office wedding

trösten, comfort; **der Trost**
überlassen (insep.), leave to; **ich überlasse es Ihnen** ..., I'll leave it up to you
überschreiten (insep.), exceed, overstep
Unannehmlichkeit (die) (–en), unpleasantness
Unzahl (die) (–en), very large number; **Un** is often used as a prefix with the sense of 'huge' (e.g. die Unmenge, Unmasse), vast quantity; **das Untier**, monster, savage beast
Verschiebung (die) (–en), postponement
versorgen, look after, provide for
im voraus, ahead, in advance
sich vornehmen (sep.), nahm vor, hat vorgenommen (DAT. refl.), to plan, propose, undertake
wesentlich, considerable
zukommen (sep.), approach, **er kam auf** *mich* **zu**

Übungen

Ü1 Beantworten Sie die Fragen!

1. Warum kann ein Pastor seine Woche nicht immer im voraus planen?
2. Woraus besteht der Sonntagsgottesdienst?
3. Was ist eine Predigt?
4. Was ist der Zweck der Predigt?
5. Warum hat man den Pastor gebeten, sich um den alten Herrn zu kümmern?
6. Warum dauert die Predigtvorbereitung manchmal so lange?
7. Beschreiben Sie den Kindergottesdienst!
8. Was hat der Pastor mit dem Krankenhaus zu tun?
9. Was ist der Konfirmandenunterricht?
10. In welchem Alter kommen die Kinder zum Konfirmandenunterricht?

Ü2 Beantworten Sie die folgenden Fragen in 3–4 Sätzen!

1. In welchen Situationen kann ein Pastor raten, trösten?
2. Welche Schwierigkeiten hat ein Pastor mit dem Konfirmandenunterricht?
3. Wie unterscheidet sich der Kindergottesdienst von dem Hauptgottesdienst?
4. Beschreiben Sie: a) eine Taufe; b) eine kirchliche Trauung!

Ü3 Bilden Sie passende Adverbien/Adjektive! (Beispiel: die Bibel — *biblisch*)

der Scherz	die Woche
die Regelmäßigkeit	die Kirche
das Programm	die Religion
der Ärger	der Bruder
die Person	der Morgen

Ü4 Geben Sie die Substantive an! (Beispiel: dienen — *der Dienst*)

taufen	behandeln
konfirmieren	feiern
trösten	planen
entlassen	versuchen (2!)
predigen	beginnen

Ü5 Ergänzen Sie die folgenden Sätze!

1. Weil der alte Herr im Krankenhaus nicht weiter behandelt werden kann ....
2. Die Termine, die regelmäßig wiederkehren, sind ...
3. In Anlehnung an den Hauptgottesdienst ...
4. In einem Beruf, in dem man Einfälle haben soll, ...
5. Es würde viel Ärger geben, wenn ...

Ü6 Bauen Sie Sätze auf, die die folgenden Verbformen enthalten!

kann behandelt werden
müssen unterrichtet werden
kann getröstet werden
müssen eingeteilt werden
soll getauft werden
muß vorbereitet werden
wird mir überlassen

Ü7 Nacherzählung

Hören Sie sich zuerst zweimal den Tonbandausschnitt an! Wiederholen Sie dann mündlich und schriftlich!

Probleme eines Pastors

— Amtsbruder erkrankt — Probleme der Kirchenverwaltung — Rechnungen — Kirchturm reparaturbedürftig — Kostenanschläge von den Handwerkern — billig aber preiswert — Geld sinnvoll einsetzen — Probleme der Dienst aufsicht über Friedhof, Gemeindeschwester, Kindergarten —.

auftauchen (sep.), crop up
(Dienst)aufsicht (die) (–en), supervision
Friedhof (der) (–̈e), cemetery
Gemeindeschwester (die) (–n), welfare nurse, district nurse
Handwerker (der) (–), (building) workman
sich herausstellen, turn out, transpire
Kostenanschlag (der) (–̈e), normally **Kostenvoranschlag**, estimate (for repair work)
sinnvoll, sensibly
Vertretung (die) (–en), normally: representation (*here*) stand-in
Verwaltung (die) (–en), administration
wasserdurchlässig, leaking (cf. **wasser-**, **luftdicht**, water-, air proof)

Ü8 Übersetzen Sie ins Deutsche!

At the moment
As a rule
A church wedding
When problems crop up
It's not my fault
I heard only this morning
I've just thought!
It takes a good half day
With reference to your communication dated 21. 10. . . . .
I got the names mixed up.

Ü9 Translate:

I'm very busy on Sundays, of course; there's the service at ten o'clock, and then the children's service at eleven o'clock. Usually there are two or three christenings at twelve. My Sunday sermon takes about 20 minutes to deliver, but sometimes the preparation takes a whole day, depending on how quickly ideas occur to me.

In the week there are various fixed appointments, like weddings on Fridays, confirmation classes on Tuesdays and Thursdays, and hospital visits on Wednesday afternoons. Confirmation instruction lasts two years, usually between the ages of thirteen and fifteen.

Then there is a large number of appointments which cannot be planned in advance, funerals, for example, which have to be fitted in as they crop up. Only this morning I got a letter: my colleague in the next parish is ill, can I take over his duties? Then the church roof leaks—I've got to get estimates from the builders, and so on and so forth.

Lesestück

Über 96% der Bevölkerung gehören einer der beiden christlichen Konfessionen an. Die statistische Gesamtzahl sagt allerdings noch nichts über das wirkliche Engagement der Kirchenmitglieder aus. In der Bundesrepublik Deutschland ist das Zahlenverhältnis der Konfessionen ziemlich ausgeglichen. Der evangelische Volksteil überwiegt im Norden, der katholische im Süden. Rheinland-Pfalz, Saarland und Bayern sind überwiegend katholisch, die übrigen Länder mit Ausnahme von Nordrhein-Westfalen und Baden-Württemberg, in denen die beiden Konfessionen nahezu gleich stark sind, überwiegend evangelisch.

Das Grundgesetz hat die Bestimmungen der Weimarer Reichsverfassung übernommen, soweit sie sich auf die Rechte der Religionsgesellschaften beziehen. Diese bleiben demgemäß Körperschaften des öffentlichen Rechts. Sie haben weiterhin Anspruch auf die historisch begründeten Staatsleistungen, und die kirchlichen Vermögensrechte sind garantiert. Ihnen ist das Recht gewährt, von ihren Mitgliedern Steuern zu erheben. Der Staat sichert

Religionsfreiheit zu; er schützt die Sonntagsruhe und die anerkannten Feiertage. Zu den Grundrechten gehört auch die Freiheit des Glaubens und des Bekenntnisses. Das Verbot der Staatskirche ist erneuert worden.

Die autonome Stellung der katholischen Kirche ist zusätzlich gesichert und geordnet durch verschiedene Konkordate der Länder und das Reichskonkordat, das nach 1949 von der Bundesregierung wieder anerkannt wurde. Die gleiche Stellung hat die evangelische Kirche auf Grund von Kirchenverträgen und Verfassungsbestimmungen. In diesen Verträgen ist bei prinzipieller Wahrung der Eigenständigkeit und gegenseitiger Respektierung der Unabhängigkeit von Kirche und Staat der gemeinsamen Verantwortung für die Bevölkerung so Rechnung getragen, daß man von einem partnerschaftlichen Zusammenwirken von Staat und Kirche im öffentlichen Leben sprechen kann.

Die Evangelische Kirche

Die „Evangelische Kirche in Deutschland" (EKD) ist als Bund lutherischer, reformierter und unierter Landeskirchen, nicht als eine Union mit einem gemeinsamen Bekenntnis gegründet worden. Sie setzt sich aus 20 Landeskirchen zusammen. Ihr gesetzgebendes Organ ist die Synode. Vorsitzender ihres Rates ist der bayerische Landesbischof Hermann Dietzfelbinger. Die Mehrzahl der lutherischen Gliedkirchen ist gleichzeitig in der Vereinigten Evangelisch-Lutherischen Kirche Deutschlands (VELKD) mit etwa 17,5 Millionen Kirchengliedern zusammengeschlossen. Außer ihr gibt es die Evangelische Kirche der Union (EKU) mit gut 20 Millionen und zwei reformierte Kirchen; diese umfassen jedoch weniger als eine halbe Million Glieder.

Die evangelische Kirche wirkte bis zum Herbst 1961 als starke Klammer im geteilten Deutschland. Seit 1961 mußte die Synode in Berlin (West) und Berlin (Ost) zu getrennten Tagungen zusammentreten. Seit 1961 ist die EKD faktisch in einen Ost- und einen Westteil gespalten. Im Jahr 1969 schlossen sich die Gliedkirchen in der DDR zum „Bund der Evangelischen Kirche in der Deutschen Demokratischen Republik" zusammen. Sie betrachten sich seither nicht mehr als Gliedkirchen der EKD. Die neue Verfassung der DDR hatte dafür die Voraussetzungen geschaffen.

Die Zusammenarbeit der evangelischen Kirche in Deutschland mit den Freikirchen, insbesondere den Methodisten und Baptisten, kommt in der „Arbeitsgemeinschaft christlicher Kirchen in Deutschland" zum Ausdruck. Die Mennoniten, die Gesellschaft der Freunde (Quäker) und die Heilsarmee besitzen durch ihre Aktivität ein größeres Gewicht als die Zahl ihrer Anhänger erwarten ließe.

Die äußere Mission der Evangelischen Kirche erstreckt sich über die meisten Missionsgebiete der Welt.

Die Katholische Kirche

Die katholische Kirche Deutschlands ist durch fünf Würdenträger im Kardinalskollegium vertreten. Es handelt sich um die residierenden Erzbischöfe von Köln, München und Paderborn, den freieresignierten Alterzbischof von Köln und den Bischof von Berlin, Erzbischof Alfred Kardinal Bengsch.

Der Heilige Stuhl ist durch einen apostolischen Nuntius bei der Bundesregierung vertreten. Diese unterhält ihrerseits eine Botschaft beim Vatikan.

Die Diözesan-Einteilung in Deutschland ist seit 1929 — abgesehen von der Schaffung des „Ruhrbistums" Essen (1950) — im wesentlichen unverändert geblieben. Da die Kirche politische Verschiebungen erst anerkennt, wenn sie von allen Beteiligten durch internationale Verträge gebilligt worden sind, hat der Heilige Stuhl bisher keine Neubesetzung der vakanten deutschen Bistümer jenseits der Oder-Neiße-Linie vorgenommen; diese werden vielmehr durch Administratoren polnischer Nationalität verwaltet. Bei dieser Stellungnahme kann der Heilige Stuhl sich auf das Reichskonkordat berufen.

Deutschland mit den Grenzen des Potsdamer Abkommens umfaßt sechs Kirchenprovinzen. Im Bundesgebiet liegen die Erzbistümer Bamberg, Köln, Freiburg und München-Freising. Das Erzbistum Paderborn verfügt im Bundesgebiet nur über seinen westlichen Teil. Ferner gehören zum Bundesgebiet die Bistümer Augsburg, Passau und Regensburg (Kirchenprovinz München-Freising), Eichstätt und Speyer (Kirchenprovinz Bamberg), Mainz und Rottenburg (Kirchenprovinz Freiburg), Aachen, Essen, Limburg, Münster, Trier (Kirchenprovinz Köln) geschlossen, während Teile der Bistümer Osnabrück (Kirchenprovinz Köln), Hildesheim und Fulda (Kirchenprovinz Paderborn) und Würzburg (Kirchenprovinz Bamberg) in der DDR liegen. Die deutschen Bischöfe haben gemeinsame Fragen seit dem Ende des 19. Jahrhunderts in der Fuldaer Bischofkonferenz beraten, die nach dem Konzil in die deutsche Bischofskonferenz umgewandelt worden ist. Die wissenschaftliche Ausbildung des theologischen Nachwuchses erfolgt an Universitäten, philosophisch-theologischen Hochschulen oder rein kirchlichen Hochschulen.

Die verschiedenen Männer- und Frauenorden nehmen an der theologischen und geistigen Auseinandersetzung in der Bundesrepublik Deutschland maßgeblichen Anteil. Ihr Engagement im sozial-karitativen Bereich ist eine entscheidende Ergänzung staatlicher Maßnahmen. In der katholischen äußeren Mission sind über 10 000 Kräfte aus Deutschland tätig. Die katholischen Verbände haben sich zum „Zentralkomitee der deutschen Katholiken" zusammengeschlossen.

Auf dem II. Vatikanischen Konzil gehörten die deutschen Bischöfe zu den Kräften, die maßgebend die Konzilsergebnisse mitbestimmt haben.

Aus: *Tatsachen über Deutschland*, Presse und Informationsamt der Bundesregierung, Bonn, 1972.

5 Straßnebauamt

Einführung

Der Sprecher ist Angestellter bei einer städtischen Verwaltung in der BRD. Er arbeitet im Bauamt und ist für die Straßenplanung innerhalb der Stadtgrenzen verantwortlich. Er stammt ursprünglich aus Ostdeutschland, lebt aber seit vielen Jahren in Norddeutschland.

Text

Wenn Sie sich etwas mit dem Stadtbild vertraut gemacht haben, wird ja unser Stadtgebiet geteilt durch die Bahnstrecke Hamburg eh.. Kiel, die also die Stadt in fast zwei gleiche Hälften teilt, wobei die östliche Hälfte der Stadt das eigentliche Stadtzentrum beinhaltet, und die Industriegebiete, und das westliche Stadtgebiet überwiegend das reine Wohngebiet ist. Beide Stadtteile sind verbunden durch Bahnübergänge, und zwar hatten wir bislang im Stadtgebiet vier Bahnübergänge, die durch Schranken, also beschrankte Bahnübergänge, den Verkehr zwischen den beiden Stadtteilen regelten, und außerdem noch den überörtlichen Verkehr aufnehmen mußten. Es war also im Rahmen des gesamten Neuaufbaus der Stadt, die ja in den letzten Jahren eine enorme Entwicklung durchgemacht hat, von 1950 bis heute, eine Steigerung um über 100% eh.., daß diese Verkehrsverhältnisse verbessert werden, und auch der Zusammenhang zwischen den beiden eh.. Stadtteilen bestehen bleibt. Die Bahnübergänge oder die Bundesbahn ist ja ein derartiges Hemmnis zwischen beiden Teilen, sodaß die Gefahr bestand, daß sich im westlichen Stadtteil, in der westlichen Hälfte ein eigener Stadtteil entwickeln würde, ein Stadtkern entwickeln würde, der dem.. eh.. hauptsächlichen Stadtkern Konkurrenz machen würde, und damit.. eh.. dem.. dem.. eh.. eigentlichen Stadtkern in der Stadt die Bedeutung entzieht. Und diese Gefahr mußte vermieden werden dadurch, daß wir die Bahnübergänge von der Bundesbahn unabhängig machten. Es war also unsere.. eh.. erste und wichtigste Aufgabe, die vorhandenen beschrankten Bahnübergänge durch Brückenbauten von den — von den Zugzeiten unabhängig zu machen, um den Verkehr fließend in die Stadt zu bekommen, sodaß also jeder Bürger in der westlichen Hälfte in wenigen Minuten in das sogenannte Stadtzentrum kommen kann.

Und das waren zwei große Projekte, wovon eines der südlichen — im südlichen Stadtbereich bereits fertiggestellt ist, und im, der Innen — im direkten Innenstadtbereich sind wir jetzt hier am Bauen noch eh.. mit einer, in Form einer Hochstraße, die etwa bei 10 Millionen Mark Kosten liegt, eh.. die also den westlichen Stadtteil an die eigentliche Innenstadt anschließt. Eh.. diese, durch diese Bauvorhaben, aber, gibt es sofort wieder Auswirkungen auf die Innenstadt, denn der Verkehr von der einen Stadthälfte zur anderen wird jetzt durch diese Bauvorhaben plötzlich in neue Straßenzüge gelegt und eh.. diese Straßenzüge werden, erhalten sogar konzentriert den Verkehr. Es bleiben statt der bisher vier Bahnübergänge nur noch zwei. Diese zwei sind nicht mehr höhengleich sondern durch Überführungen eh.. gebaut und eh.. als Vergleichszahl hat also jeweils,

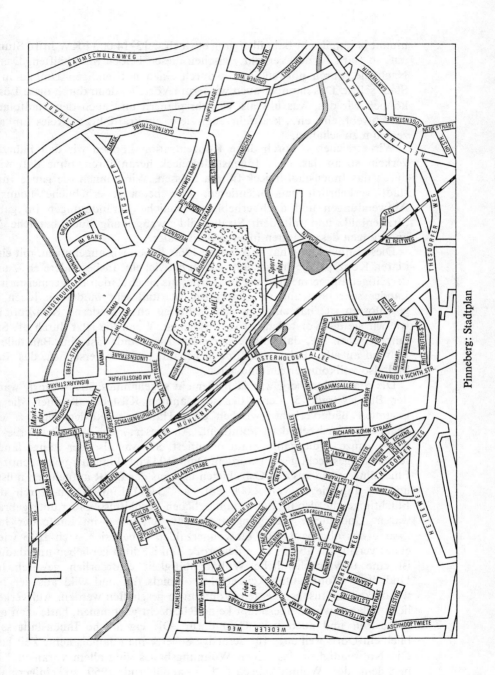

Pinneberg: Stadtplan

nimmt ja jeweils ein Bahnübergang etwa eh.. 13–14 000 PKW in 16 Stunden auf, so stark ist der Verkehr zwischen diesen beiden Stadthälften. Das hat Nachteile, durch notwendigen — durch einen notwendigen Umbau in der Stadt selbst. Das hat aber auch wiederum Vorteile, denn durch diese Lösung können wir das, was uns als Verkehrsplanern und auch den Stadtplanern vorschwebt, eine eh.. kraftfahrzeugfreie — ein kraftfahrzeugfreies Einkaufszentrum zu schaffen.

Wir erreichen — durch diese Konzentration können wir den Fahrzeugverkehr so an das, eh.. Innenstadtdreieck heranführen, ohne daß wir es durch das Innenstadtdreieck führen müssen. Wir können die ganze Innenstadt verkehrlich neu orientieren. Das bedeutet erhebliche finanzielle Aufwendungen und auch erhebliche bauliche Veränderungen im ganzen Straßenbild, und mit dem Straßenbild zwangsläufig auch bauliche Veränderungen des gesamten inneren Stadtbildes.

Diese Entwicklung hat angefangen 1960, haben wir angefangen, mit einem klaren Konzept, die Innenstadt neu zu entwickeln. Insbesondere eh.. unser derzeitiger Bürgermeister, der im Verhältnis zu eh.. den Bürgermeistern des Landes sehr jung und sehr tatkräftig ist, und sehr modernen Ideen aufgeschlossen ist; hat also uns sehr geholfen eh.. moderne Konzeptionen, wie wir sie uns vorstellen, zu verwirklichen. Wenn Sie jetzt durch die Stadt fahren, sehen Sie, daß unsere derzeitige Innenstadt fast eine Baustelle ist. Es wird an allen Ecken und Enden gebaut, und wir versuchen, das Stadtbild also vollkommen zu renovieren.

Die Stadt Pinneberg war ja früher ein sogenanntes Straßendorf, war an der Bundesstraße 5, der — der sogenannten Küstenstraße hier, die den gesamten Bäderverkehr zwischen eh.. Hamburg, Niedersachsen.. eh.. nach den Nordseebädern aufnimmt. An dieser.. eh.. Bundesstraße war das — ganze — die ganze Stadt orientiert. Sie war also der Länge lang so schon langgestreckt gebaut worden. Dann 1945 hat Pinneberg einen enormen Flüchtlingsstrom aus den Ostgebieten und aus der DDR aufnehmen müssen, und ist angestiegen von 8 000 auf ca. 23 000 Einwohnern durch diese Flüchtlinge, die also in.. eh.. unmöglichen Verhältnissen hier untergebracht waren. Und dieser Flüchtlingsstrom hat sich mit — im Laufe der Jahre zwar etwas abgebaut. Die Einwohnerzahlen haben sich nach 1945 wieder etwas verringert, aber.. eh.. der große Teil ist doch geblieben und dadurch ist eine unwahrscheinliche Wohnbautätigkeit erforderlich gewesen hier. Und diese Wohnbautätigkeit erfolgte damals frei und wild aus der Notwendigkeit heraus, es mussten Wohnungen geschaffen werden. Auf verkehrliche Belange wurde überhaupt keine Rücksicht genommen, hatte man auch keine Zeit und auch kein Geld dafür. Die eigentliche Innenstadt selbst blieb ein Dorf, weil eh.. für derartige Scherze man damals keine Zeit hatte. Die Notwendigkeit des reinen Wohnungsbaues ging allem voran und erst nachdem der Wohnungsbedarf 19 — annähernd 1960 so einigermaßen gesättigt war, eh — konnten wir herangehen, und konnten versuchen, aus dem, was nun da war, etwas zu machen, was stadtbildähnlicher wurde. Wir sind heute eine Stadt mit 35 000 Einwohnern, wobei wir einen enormen

Zuzug aus Hamburg haben, der auch heute noch anhält, weil wir eine Stadt sind, die doch eh.. eh.. sehr nahe mit Hamburg, und durch sehr gute Verkehrsverbindungen mit Hamburg verbunden ist. Sie können von Pinneberg aus 25 Minuten nach Hamburg in die Innenstadt kommen, und auf der anderen Seite ein Stadt sind, die im Grünen liegt. Eh.. können wir uns nur mit Zwangsmaßnahmen diesem Zuzug erwehren, indem wir die Bautätigkeit eh.. drosseln, daß wir die Leute veranlassen, nicht in dem Umfange zu bauen, wie sie es vielleicht eh.. aus wirtschaftlichem Interesse für erforderlich hielten. Und eh.. dadurch haben wir etwas Luft und schaffen jetzt mit diesem Zuzug, der jetzt noch von Hamburg kommt, eh.. schaffen wir jetzt in der Innenstadt eh.. einen.. ein neues Zentrum. Wir verbinden die neuen Wohnbauten, die teilweise in Hochhäusern konzentriert erfolgen, mit eh.. ganz bewußt mit Geschäftszentren und versuchen, diese Geschäftszentren an Fußgängerstraßen anzubinden, sodaß man also eh.. das Zentrum eh.. möglichst eh.. frei von Fahrzeugen bekommt. Wir werden das nicht in den nächsten 2/3 Jahren schaffen. Wir werden in diesem Jahr erstmals ein erstes Straßenstück von 350 Meter Länge als Fußgängerstraße dekorativ herrichten und unser Ziel ist es, in den nächsten fünf Jahren weitere, weitere Straßen in einer Gesamtlänge von rund einem Kilometer ebenfalls als Fußgängerstraßen zu machen. Und mit diesen Fußgängerstraßen ergibt sich wiederum ein weiteres Problem, und zwar die Frage des ruhenden Verkehrs, der Parkplätze, und das ist also das größte Sorgenkind, denn da, wo ein enormer Zuzug ist, und ein — ein Drang hin ist zum Hinziehen, werden Wohnungen gebaut, und die Baugrundstücke entsprechend teuer, und mit den teureren Baugrundstücken ist es für die Stadt immer schwieriger, entsprechendes Grundstück — entsprechende Grundstücke in die Hand zu bekommen, um Parkplätze oder Tiefgaragen zu bauen. Untersuchungen haben, die wir letztlich durchgeführt haben, haben ergeben, daß es für Parkhäuser wie es in Hamburg — wie sie sie in Hamburg gibt — eh.. die wirtschaftliche Basis noch fehlt. Dafür eh.. ist das Geschäftszentrum noch nicht anziehend genug in der Stadt. Wir haben jetzt durch, durch den Ausbau eines Kaufhauses und durch Modernisierung der Geschäfte und eh — durch großzügigere Geschäfte und Konzentration der Geschäfte auf wenige Punkte in der Innenstadt versucht, sie schon attraktiv zu machen, und ich glaube es ist uns auch weitgehend gelungen. Aber trotzdem fehlt für die, fehlt für die umliegenden Gemeinden immer noch der Zugpunkt, nicht nach Hamburg zu fahren. Insofern.. eh.. haben wir immer noch Schwierigkeiten, denn das Parkhaus als solches würde.. viel eh.. Stellflächen bieten für den ruhenden Verkehr auf geringer Grundfläche, und so sind wir immer noch gezwungen, durch ebenerdige Parkplätze oder durch Bau von Tiefgaragen, in dem wir dann die Fahrzeuge in zwei Etagen abstellen können eh.. den ruhenden Verkehr unterzubringen.

Note

The speaker grew up in the DDR and was already adult when he came to the West in the late 1950s. He settled in the Hamburg area where he has lived ever since. His intonation, and to a lesser extent his accent, show his East German origin, although there are now also traces of Hamburg in his vocabulary, for example *derartig*.

It is mainly his vowel sounds which are reminiscent of East Germany, **a** is long and sounds like a mixture of **a** and **o** sounds. **Aus, Aufgabe,** sound almost like **ow** as in English 'owl'. **Ei** is long, and following **t** sounds are softened almost to **d**. Listen to the way he pronounces *weitere*.

Lexikon

Aufwendung (die) (–en), expenditure
Ausbau (der), extension (of a building)
Auswirkung (die) (–en), effect
Bahn (die), railway (*colloq.*)
Bahnübergang (der) (⸚e), level crossing
Bau (der) (N.B. Bauten), building
Baugrundstück (das) (–e), building plot
Bedarf (der), need, requirement
Belang (der) (–e), consequence
beschrankt, see **Schranke**
Bundesstraße (die) (–n), main road. Federal German classification equivalent to 'A' roads in Britain
derartig, such
Dreieck (das) (–e), triangle
ebenerdig, ground level
Ecke — an allen Ecken und Enden, here, there and everywhere
entsprechend, corresponding(ly)
entziehen, withdraw, take away; **dem DAT. Stadtzentrum die ACC. Bedeutung entziehen**
erforderlich, required, necessary
erheblich, considerable, large
sich erwehren (dat. refl.), hold off, keep at bay
Flüchtling (der) (–e), refugee
Fußgängerstraße (die) (–e), pedestrian (shopping) precinct
großzügig, generous, on a large scale
Hand — in die Hand bekommen, get hold of, acquire
Hemmnis (das) (–se), hindrance
Hochhaus (das) (⸚er), multi-storey building
Kaufhaus (das) (⸚er), department store
Konkurrenz (die), competition (in business)
Kraftfahrzeug (das) (–e), motor vehicle; a civil service term, often abbreviated **Kfz**; *also:* **Fahrzeug**
Parkhaus (das) (⸚er), multi-storey car park
PKW (der) (–s) (pronounced pe-ka-vé), **Personenkraftwagen**, car (cf. **Lastkraftwagen (LKW)**, lorry)

Rahmen (der) (–), frame(work)
regeln, regulate
ruhender Verkehr, parked vehicles
sättigen, satisfy also: saturate
Schranke (die) (–n), level crossing barrier
Sorgenkind (das) (–er), problem child
Steigerung (die), increase
Tiefgarage (die) (–n), underground car park
Überführung (die) (–en), flyover
überörtlich, lit: outside town here: through (of traffic)
überwiegend, overwhelming
Umbau (der), reconstruction
Umfang (der) (–e), extent, size (N.B. *in* dem **Umfang,** of such a size)
veranlassen, compel, direct
sich verringern, reduce, to go down
vertraut, sich vertraut machen, become conversant with, get to know
Vorhaben (das) (–), design, intention
vorhanden, available
vorschweben (sep.), **das schwebt** *mir* **deutlich vor,** I have it clearly in mind
Zwangsmaßnahmen (die) (–n), compulsory measure
N.B. **wir sind** *am Bauen, colloquial,* we are in the process of building

Übungen

Ü1 Bilden Sie Fragen, auf die die folgenden Sätze antworten!

1. Weil sie die Wohnviertel von dem Einkaufszentrum trennt.
2. Man mußte Bahnübergänge überqueren.
3. Weil die Gefahr bestand, daß die Stadtmitte ihre Bedeutung verlieren würde.
4. Dadurch, daß man die Bahnübergänge durch Brücken ersetzte.
5. Nein, es gibt auch Nachteile; der Verkehr fließt jetzt zum Beispiel zu schnell in die Stadtmitte hinein.
6. Man will in der Stadtmitte verkehrsfreie Einkaufsstraßen schaffen.
7. Man muß die Straßen ausbauen, die die Stadtmitte umgehen.
8. Weil sie 1945 so viele Flüchtlinge aus dem Osten aufnehmen mußte.
9. Man hatte damals weder die Zeit noch das Geld dazu.
10. Weil die Leute nicht mehr in der Stadt einkaufen würden, wenn sie für ihre Autos keine Parkplätze finden könnten.

Ü2 Beantworten Sie die Fragen in 3–4 Sätzen!

1. Warum hat man im 19. Jahrhundert in diesem Teil Deutschlands (Schleswig-Holstein) so viele Bahnübergänge gebaut? Warum so selten Straßenbrücken?
2. Welches sind die Vorteile eines verkehrsfreien Einkaufszentrums? Gibt es auch Nachteile?

3. Welche Maßnahmen müßten von den Behörden Ihrer Heimatstadt getroffen werden, wenn sie auf einmal 20 000 Flüchtlinge aufnehmen müßte?
4. Beschreiben Sie eine Fußgängerstraße in einem neuen, verkehrsfreien Einkaufszentrum!
5. Warum hat diese Stadt nur ebenerdige Parkplätze oder Tiefgaragen gebaut? Warum keine Parkhäuser?

Ü3   Welche Begriffe passen zu den folgenden Definitionen?
1. Eine Straße, in der Kraftfahrzeuge verboten sind.
2. Eine Sperre, die die Straße von der Eisenbahnlinie trennt.
3. Parkmöglichkeiten   a) auf Straßenebene
                                    b) unter der Straßenebene
                                    c) mehrstöckige Parkmöglichkeiten
4. Eine Straße, die den überörtlichen Verkehr aufnimmt.
5. Der Teil der Stadt   a) Wo sich die Industrie befindet.
                                b) Wo die meisten Läden zu finden sind.

Ü4   Geben Sie eine Definition für die folgenden Begriffe!
1. eine Hochstraße
2. eine Baustelle
3. eine Bundesstraße
4. ein Flüchtling
5. ein Grundstück

Ü5   Suchen Sie im Text Synonyme für folgende Begriffe!
jetzig — total — realisieren — aktiv — notwendig — befriedigt — riesig — solche — weniger werden

Ü6   Finden Sie das Verb!
1. Wir versuchen, das Geschäftszentrum an die Fußgängerstraßen ...
2. Wir werden dieses Jahr eine neue Fußgängerstraße dekorativ ...
3. Sobald wir ein Problem lösen, finden wir, daß sich durch diese Lösung ein weiteres Problem ...
4. Die Hauptstraße muß den ganzen Verkehr nach Norddeutschland ...
5. Die Bevölkerung ist von 8 000 auf 23 000 ...
6. Wir haben einen großen Zuzug aus Hamburg, der auch heute noch ...
7. Der Wohnungsbedarf war annähernd 1960 einigermaßen ...
8. Es bestand die Gefahr, daß die neue Stadtmitte dem eigentlichen Stadtkern die Bedeutung ...
9. Es wurde zu viel gebaut; wir mußten diese Bautätigkeit durch Zwangsmaßnahmen ...
10. In einer Tiefgarage kann man die Fahrzeuge in 2 Etagen ...

Ü7   Geben Sie die amtlichen, „beamtendeutschen" Begriffe an, die für folgende im Text erscheinen!
1. Autos, Lastwagen usw.
2. Der Bau von Wohnungen und Häusern

3. zwingen
4. geparkte Autos, usw.
5. der Plan, etwas zu bauen
6. wie eine Straße aussieht
7. Gebäude

Ü8 Translate:
problem child
here, there and everywhere
road communications
compared with, in relation to
compulsory measures

Ü9 Fassen Sie mit Hilfe des abgebildeten Stadtplans die Verkehrsprobleme dieser Stadt zusammen!

Ü10 Machen Sie eine Skizze der Verkehrs-, Wohn- und Arbeitsverhältnisse in Ihrer Heimatstadt! Beschreiben Sie, wie die Situation verbessert werden könnte!

Ü11 Translate:
The main problem which has to be solved is that the railway cuts our town in two The shopping centre and industrial estate are in the western half, while most of the housing estates are in the East. The level crossings are a real barrier, and so we want to replace them by bridges, to keep traffic flowing into the town centre. We must then widen the roads which by-pass the centre, in order to contain all through traffic. If we build underground car parks along these ring roads, we can then begin to turn the main shopping streets into pedestrian precincts. The trouble is that the investment required is very high.

Lesestück

Erschliessungssystem

Für die Entwicklung des Erschließungssystems sind folgende Kriterien wichtig:

— getrennte Anordnung der Hauptwegenetze für Fußgänger und Fahrzeuge;
— Entwicklung sparsamer Verkehrswegenetze;
— Minimierung der Anzahl der Knotenpunkte bzw. der Konfliktpunkte;
— gute Orientierungsmöglichkeiten und Übersichtlichkeit im Straßennetz;
— Kopplung des Hauptfußwegenetzes mit einem Sekundärsystem für Feuerwehr, Krankenwagen, Müllfahrzeuge etc.;
— überwiegende Anordnung des ruhenden Verkehrs in Tiefgaragen;
— Anpassung der Wegenetze an das Gelände;

— Gewährleistung der Zugänglichkeit von zweckmäßigem Grundstückszuschnitt;

— Abstimmung des Wegenetzes mit den Versorgungsnetzen;

— Berücksichtigung des öffentlichen Personennahverkehrs;

— Gewährleistung der Zugänglichkeit und Erreichbarkeit der Grundstücke innerhalb zumutbarer Gehweiten;

— Abschirmung der Wohnungen gegen Verkehrslärm.

Das interne Straßenerschließungssystem des Siedlungsgebietes hat zwei Anbindungspunkte an das überörtliche Straßennetz:

— einen Anbindungspunkt an die im Westen gelegene Straße nach Gottwollshausen, den Westanschluß und

— einen zweiten Anbindungspunkt im Süden an die B 14, den Südanschluß.

Die Haupterschließung des Siedlungsgebietes ist eine Straßenverbindung zwischen dem West- und Südanschluß in Form von zwei ineinandergreifenden Schleifen. Dadurch ensteht eine Art Ringstraße, die den größten Teil des Siedlungsgebietes erschließt.

Der südliche Teil des Planungsgebietes wird durch eine Stichstraße erschlossen, die in das östliche Sondergebiet führt. Die wenigstens teilweise Erschliessung des Sondergebietes über das Netz der Teurershof-Siedlung ist unvermeidbar, da die Topographie keine separate Anbindung des Sondergebietes an die B 14 erlaubt.

In welcher Form das Sondergebiet später zusätzlich von Norden her erschlossen wird, ist Aufgabe einer in der Zukunft liegenden Planungsphase.

Die verkehrsmäßige Integration der Heimbachsiedlung erfolgt durch zwei untergeordnete Straßenspangen. Die interne Erschließung der Wohnbereiche erfolgt durch zwei sich überlagernde Systeme:

— Der ruhende Verkehr ist ausschließlich in erdgedeckten Tiefgaragen angeordnet, die durch Rampen direkt an die Hauptsammelstraßen angeschlossen sind. Hierdurch wird das Netz von Wohnsammelstraßen und Anliegerstraßen auf ein Minimum reduziert. Der Berechnung der Garagenplätze ist die Motorisierungsziffer von 1:3 (Pkw:E) zugrunde gelegt. Für die notwendigen Reserve- und Gäste-Einstellplätze sind Parkbuchten in ausreichender Zahl an den Straßen vorgesehen.

   Alle Wohnungen liegen nicht weiter als 80–100 m von einer Straße entfernt.

   In den Wohnbereichen höherer Dichte sind die Treppenhäuser direkt mit den Tiefgaragen verbunden, in den Wohnbereichen geringerer Dichte muß ein max. Fußweg von 80 m in Kauf genommen werden. (s. Abb. S. 19) So bleibt trotz der Entmotorisierung der Wohnsphäre der Komfort der Bewohner erhalten.

— Die notwendige Zugänglichkeit aller Hauseingänge für Fahrzeuge der Feuerwehr und Polizei sowie Krankenwagen und Müllwagen ist durch die Einführung eines Sekundärsystems gesichert. Es besteht aus einem entsprechend ausgebauten Fußwegnetz, das nur von den o.g. Fahrzeugen benutzt werden darf.

Durch diese beiden Maßnahmen wird ein größtmöglicher Grad an Wohnruhe und Sicherheit für die Bewohner erreicht.

Für die Anbindung des Wohngebietes Teurershof-Heimbach-Siedlung an das öffentliche Nahverkehrsnetz ist die Anordnung von Bushaltestellen am Tagesbedarfszentrum und an den beiden peripheren Ladengruppen vorgesehen. (s. Abb. S. 20)

Bei einer mittleren Haltestellenentfernung von 750 m und einem zugrunde gelegten max. Fußweg von 300 m zur Haltestelle liegen alle Einwohner der Teurershof-Heimbachsiedlung im Einzugsgebiet des öffentlichen Nahverkehrs.

Bei einer späteren Bebauung des Sondergebietes östlich vom Teurershof ist eine Verlängerung der Buslinie über die vorgeschlagene Anbindungsstraße möglich.

Schwäbisch-Hall Teurershof, Planungsamt der Stadt Schwabisch-Hall, 1971.

6 Stadtwerkedirektor

Einführung

Der Sprecher, der aus Westfalen stammt, ist Leiter der Stadtwerke, die die Stadt mit Gas, Wasser und Strom versorgen. Die Stadtwerke sind in jeder deutschen Stadt öffentliche Einrichtungen, d.h., sie sind Eigentum der Stadt. Allerdings sind sie wie ein Betrieb der Privatwirtschaft organisiert. Sie unterstehen dem Bürgermeister und der Ratsversammlung unmittelbar und indirekt auch der Landesregierung.

Text

Ja, die Aufgabe der Stadtwerke besteht im wesentlichen darin, die Bürger dieser Stadt mit Strom, Gas und Wasser zu versorgen. Eh.. die Stadtwerke haben darüber hinaus noch andere Aufgaben übertragen bekommen, die nicht unmittelbar zum engeren Bereich der Stadtwerke gehören, die also von der Verwaltung übertragen worden sind, und deshalb übertragen worden sind, weil die Verwaltung meint, daß diese Aufgaben von einem wirtschaftlich geführten Betrieb besser erledigt werden können, z.B. die Müllabfuhr. Bei der Müllabfuhr meint man also, weil ja auch Gebühren erhoben werden von dem Bürger für diese Leistung, auch diese müsse schon nach wirtschaftlichen und kaufmännischen Gesichtspunkten abgewickelt werden. Eh.. das fängt an beim Personaleinsatz, beim Einsatz der Geräte und Maschinen, insbesondere der Fahrzeuge.

Die eigentliche Aufgabe der Stadtwerke aber ist eben die Strom-, Gas- und Wasserversorgung, und das wichtigste Problem wohl überhaupt die Wasserversorgung. Wasser ist hier bei uns ein Gut, was immer seltener wird, das wir also schützen müssen. Wir fördern das Wasser aus dem Untergrund, aus wasserführenden Schichten, aus Sandschichten, und bereiten es auf, damit es chemisch und bakteriologisch einwandfrei ist und verteilen es eben über Rohrnetze. Eh.. gleichzeitig verteilen wir auch Strom und Gas. Das erzeugen wir nicht selbst, das beziehen wir von einem Regionalunternehmen, und wir meinen aber, daß man in einer Stadt die Dinge besonders preiswert abwickeln kann, wenn man alles zusammen macht. Wenn man also in einen gemeinsamen Graben Strom-, Gas- und Wasserleitungen hineinlegen kann. Man muß nur einmal aufgraben, und man hat also all diese Dinge zusammengefaßt.

Vielleicht ist wichtig, daß die gesamte Arbeit der Stadtwerke von den Bürgern der Stadt ständig kontrolliert wird. Es gibt einen Ausschuß, den sogenannten Werksausschuß. Dort sind also Bürger, die besondere Fachkenntnisse auf dem Gebiet der Strom-, Gas- und Wasserverteilung haben, die sich auch mit den Aufgaben der Stadt besonders beschäftigen, und die sich die Ergebnisse vorlegen lassen. Eh.. bei denen können auch Beschwerden vorgebracht werden. Das sind in der Regel gewählte Bürger, die also Parteien angehören, und eh.. wenn ein Abnehmer mit uns nicht zufrieden ist, dann kann er also zu seinem Kandidaten gehen, eh.. den er gewählt hat, und

kann also seine Beschwerden vortragen und kann ihm also darlegen, daß also die Stadtwerke doch hier und dort etwas nicht ganz richtig machen. Eh.. im Werksausschuß werden diese Dinge dann beraten. Der Werksausschuß läßt sich auch die Rechnungslegung, die Erfolgsrechnung, und die Bilanzen zeigen, und er hat auch zu beschließen, wo etwas gebaut werden soll, wo, z.B. eh.. eine Transformatorenstation gebaut wird, ein neues Wasserwerk errichtet wird, und wo Hauptversorgungsleitungen hingeführt werden sollen, um neue Baugebiete zu erschließen.

Die,.. alle Maßnahmen müssen natürlich finanziert werden, ob das Wasserwerke sind, Gasleitungen, Stromleitungen, und die Stadtwerke müssen sich finanziell selbst tragen. Eh.. es beginnt also bei der Planung. Eh.. wir gehen aus von der Stadtplanung, die uns sagt, wo neue Baugebiete entstehen, und danach entwickeln wir unsere Stadtwerkeplanung. Unsere Ingenieure müssen also danach eh.. die Leitungen planen für die neuen Gebiete, die Zuleitungen, und auch eh.. sich überlegen, was das alles kostet. Sie machen also Kostenvoranschläge, Kostenberechnungen. Eh.. diese Dinge werden A. grob in einem langfristigen Plan zusammengestellt, der meistens über fünf Jahre läuft und *genau* für einen Jahresplan, den sogenannten Wirtschaftsplan. Der Wirtschaftsplan gibt also Auskunft darüber, welche Materialien verwendet werden. Eh.. in welcher Zeit diese Bauvorhaben abgewickelt werden, in diesem Jahr, und wie sie finanziert werden müssen. Sie werden finanziert aus Abschreibungsmitteln wie in jedem Wirtschaftsbetrieb. Wir haben also eine rein kaufmännische Buchführung hier; wir schreiben also alle Vermögensgegenstände ab mit einem bestimmten Prozentsatz, dafür werden eh.. diese Abschreibungen sind Kostenbestandteile, eh.. die sich im Preis niederschlagen. Mit dem Preis bezahlt also der Bürger auch Abschreibungsmittel, die in einer Rücklage angesammelt werden, und dafür werden neue Anlagen gebaut.

Eh.. ein weiterer Finanzierungsanteil sind sogenannte Baukostenzuschüsse. Eh.. in Straßen, in denen also neue Leitungen verlegt werden, hat der Bürger, der ein Grundstück an diese Leitungen anschließen will ehm.. einen gewissen Baukostenzuschuß an die Stadtwerke zu zahlen, der sich meistens nach der Straßenlänge errechnet, nach der Straßenlänge vor seinem Grundstück. Der dritte Finanzierungsanteil sind Darlehen, die auf dem freien Kapitalmarkt aufgenommen werden, die also ausgehandelt werden in der Höhe des Zinssatzes und der Tilgung. Eh.. wie jeder kaufmännische Betrieb sind also gewisse Finanzierungsregeln zu beachten, d.h. also, wenn man eh.. sehr langlebige Anlagegegenstände finanzieren will, dann soll man möglichst dafür sorgen, daß auch die Tilgung so lang ist, damit die hereinkommenden Abschreibungen über den Preis ausreichen, um die Darlehen zu tilgen und auch natürlich zu verzinsen. Eh.. als letzter Finanzierungsanteil muß der Gewinn angesprochen werden, den die Stadtwerke haben. Die Stadtwerke müssen also einen Gewinn erwirtschaften, der mindestens vier Prozent des Eigenkapitals betragen soll. Eh.. die Stadt beläßt meistens diesen Gewinn in den Werken, um ihm die Möglichkeit zu geben, hier noch Finanzierungslücken zu, abzudecken.

Note

This speaker comes from Westphalia, but has lived for some years in Schleswig-Holstein, which explains occasional Schleswig-Holstein features in his speech, for example the way in which he pronounces Schornstein, also his intonation in places.

There is little evidence of his origin, except in the way he pronounces **l**, e.g. gebildet, which is dark, coming from the back of the throat. This feature is also common in the Rhineland.

Note the tendency of this speaker to make very wide use of passive verb forms, e.g.

übertragen worden sind — werden abgewickelt — können besser erledigt werden — wird ständig kontrolliert — soll gebaut werden — müssen finanziert werden.

This is a feature of scientific and technical spoken and written German.

Lexikon

abdecken (sep.), to cover (of costs) (N.B. also clear away, e.g. **den Tisch abdecken**)

Abnehmer (der) (–), customer, client

Abschreibung (die) (–en), depreciation

abwickeln (sep.), manage, carry out

Anlage (die) (–n), plant, machinery

anschließen (sep.), schloß (sich) an, hat (sich) angeschlossen, connect, link up (N.B. **anschließend**, after that, then)

ansprechen (sep.) + ACC. sprach an, hat angesprochen (*here*) = refer to, normally appeal to

Anteil (der) (–e), share, portion

aufbereiten (sep.), prepare

aushandeln (sep.), negotiate

Auskunft (die) (∸e), information

Ausschuß (der) (∸sse), committee, esp. in local or central government (e.g. **der Werksausschuß**, public works committee), **Finanzausschuß**, finance committee (of a parliament)

Baukostenzuschuß (der) (∸sse), charges paid by house or property owner for the installation of public services, e.g. roads, street lights, main services.
The use of this word in the text is unusual; normally **Anliegerleistung(en)** is the term used for public service charges. **Baukostenzuschuß** is more usually the contribution made by the tenant of a flat to the building costs for the flat. Where tenants pay such a fee, the monthly rent is usually correspondingly lower.

beachten + dir. obj., pay attention to (N.B. **beachtenswert**, worth noting)

beraten, beriet, beraten, advise (N.B. **raten** + DAT.)

Bereich (der) (*also* das) (–e), area; **im Bereich** ... (**auf dem Gebiet**), within the area of (a set of problems)

Beschwerde (die) (–n), complaint; **man beschwert** *sich bei* ...
Betrieb (der) (–e), firm, company (N.B. **in Betrieb setzen**, switch on, start)
Buchführung (die), book-keeping, accounting
Bestandteil (der) (–e), ingredient, component
darlegen (sep.), present
Darlehen (das) (–), loan (finance)
einwandfrei, clean, *also* incontestible
erledigen, complete, carry out; **erledigt**, *slang:* tired out
entwickeln, develop, also of films (cf. **Entwicklungsländer**, developing countries)
erschließen (erschloß, erschlossen), open up, develop
erwirtschaften, produce a profit
erzeugen, produce, manufacture
Fachkenntnisse (pl.), specialist knowledge (cf. **Englischkenntnisse**, i.e. Kenntnisse is normally used in its plural form (**die Kenntnis**))
Fachmann (der) (Fachleute), specialist
Fahrzeug (das) (–e), vehicle, i.e. official, bureaucratic word
Gebühr (die (–en), fees, charges, **die Stadt** *erhebt* **Gebühren**
Gesichtspunkt (der) (–e), viewpoint
Gewinn (der), profit
Grundstück (das) (–e), site, piece of land
Gut (das) (–̈er), good(s) (economics)
Hauptversorgungsleitung (die (–en), mains services (pipes)
Höhe (die) (–n), normally height, (*here*) the amount of, size of
kaufmännisch, commercial
Kostenvoranschlag (der) (–̈e), **Kostenberechnung** (die) (–en), costing
langfristig, long-term (cf. **die Frist**, period of time); **er wurde fristlos entlassen**, he was sacked without notice
langlebig, long-life, long-term
Leistung (die) (–en), normally achievement (*here*) service (economics)
Leitung (die) (–en), normally leadership, management, (*here*) mains pipe (e.g. **Wasserleitung**)
Lücke (die) (–n), gap, omission, cf. **Bildungslücke**
Maßnahme (die) (–n), (governmental) measure
Müllabfuhr (die), refuse disposal (cf. **Mülleimer** (der), dustbin)
niederschlagen (sep.), schlug (sich) nieder, hat (sich) niedergeschlagen, normally depress, beat down (*here*) affect, influence
Personal (das) (–), personnel, labour force
Prozentsatz (der) (–̈e), percentage
Regel (die) (–n), rules; **in der Regel**, as a rule
Rohr (das) (–e), pipe, tube (N.B. also = **Röhre** (die) (–n))
Rücklage (die) (–n), reserves (econ.)
Schicht (die) (–n), layer, stratum, also shift, **Schichtarbeit**
Stadtwerke (pl.), normally used in pl. Public Works Department *plus* gas, water + electricity authority
ständig, permanent, constant (cf. **ständiger Ausschuß**, standing committee

Strom (der), electricity
tilgen, redeem (of loan)
Tilgung (die) (–en), redemption of loan (i.e. repaying the capital); **Verzinsung**
  (die) (repaying) the interest
übertragen (insep.), **übertrug, hat übertragen,** transfer
unmittelbar, immediate; **mein unmittelbarer Vorgesetzter,** my immediate
  superior
Vermögen (das), property
versorgen, supply
verteilen, distribute
Verwaltung (die) (–en), administration
wesentlich, considerable; **im wesentlichen,** for the most part
wirtschaftlich, economical(ly)
Wirtschaftsplan (der) (–̈e), economic plan (N.B. **Wirtschaftswissenschaften**
  (at university)); **Volkswirt** (der) (–e), economist
Zins (der) (–en), interest; **Zinseszinsen,** compound interest
Zuleitung (die) (–en), connection (of pipes, etc.)

Übungen

Ü1 Beantworten Sie die Fragen!
  1. Nennen Sie die wesentlichste Aufgabe der Stadtwerke!
  2. Was haben die Stadtwerke mit der Müllabfuhr zu tun? Warum?
  3. Inwiefern stellt die Wasserversorgung ein besonderes Problem dar?
  4. Wie wird das Wasser verteilt?
  5. Warum erzeugt die Stadt nicht ihren eigenen Strom?
  6. Warum ist es praktisch, daß Gas-, Strom- und Wasserversorgung von
     einer einzigen Behörde verwaltet werden?
  7. Wer kontrolliert die Arbeit der Stadtwerke
       a) unmittelbar?
       b) indirekt?
  8. Welche Rolle spielen Kommunalpolitiker in der Arbeit der Stadtwerke?
  9. Nennen Sie eine der Methoden, neue Maßnahmen zu finanzieren!
 10. Warum ist eine enge Zusammenarbeit zwischen den Stadtwerken und
     dem Stadtplanungsamt erforderlich?

Beantworten Sie die folgenden Fragen in 2–3 Sätzen!
 11. Erklären Sie den Ausdruck „Baukostenzuschuß"!
 12. Welche Finanzierungsregeln müssen die Stadtwerke bei der Finanzierung
     neuer Projekte beachten?
 13. Welche Rolle spielt der Gewinn der Stadtwerke in der Finanzierung?
 14. Welche Auskünfte gibt der Wirtschaftsplan der Stadtwerke?
 15. Beschreiben Sie die Kontrollfunktion der Politiker in Fragen der Stadt-
     werke!

Ü2 Erklären Sie den Unterschied zwischen:
der Graben und das Grab
eine Wasserschicht und die Bevölkerungsschicht
versorgen und verteilen
erzeugen und beziehen
der Prozentsatz und der Zins

Ü3 Geben Sie die Nominalform an!

zahlen	abführen
drücken	leiten
investieren	sich beschweren
finanzieren	anschließen
entscheiden	handeln (2)
wechseln	betragen

Ü4 Bilden Sie kurze Sätze mit den folgenden Ausdrücken!
ein bestimmter Prozentsatz
im wesentlichen
in der Höhe
möglichst
einwandfrei
auf dem Gebiet

Ü5 Vervollständigen Sie die folgenden Sätze!
1. Die eigentliche Aufgabe der Stadtwerke ...
2. Wenn ein Abnehmer mit uns nicht zufrieden ist, ...
3. Der Wirtschaftsplan gibt Auskunft darüber, ...
4. Man muß nur einmal aufgraben, wenn ...
5. Wir erzeugen keinen Strom, sondern ...

Ü6 *Beispiel*

Hat man das neue Wasserwerk gebaut?
   Antwort: Ja, das neue Wasserwerk ist schon gebaut worden.
1. Hat man das neue Wasserwerk gebaut?
2. Hat man die Bilanzen vorgelegt?
3. Hat man die Beschwerden eingereicht?
4. Hat man die neuen Preislisten verteilt?
5. Hat man die neue Entwicklung finanziert?
6. Hat man die neue Leitung verlegt?
7. Hat man die neuen Darlehen ausgehandelt?
8. Hat man die Kosten abgedeckt?

Ü7 Tonbandübung

Fernwärme

Hören Sie zuerst zweimal die Tonbandaufnahme *Fernwärme*. Der Stadtdirektor spricht über einen Plan, den die Stadtwerke entwickelt hatten, die

ganze Innenstadt von einer großen Zentralheizungsanlage aus mit Fernwärme zu versorgen. Der Plan ist von der Ratsversammlung abgelehnt
worden. Die Kommunalpolitiker waren der Meinung, daß die Anlage Finan-
zierungsschwierigkeiten mit sich bringen würde. Außerdem befürchtete man,
daß die Kohlenhändler unter dem geplanten System Verluste erleiden
würden.

ablehnen (sep.), turn down, reject
abschaffen (sep.), get rid of
auftreten (sep.), trat auf, ist aufgetreten, crop up, happen
belasten, burden (N.B. **die Last**)
Berechnung (die) (–en), costing, account
berechtigt, justified, valid
eingehend, thorough(ly)
Fernwärmeversorgungsanlage (die) (–n), central heating plant
genehmigen, grant, pass (of an application)
Gewerbe (das), trade, vocation
knapp, in short supply; *here* = narrow
Luftreinerhaltung (die), air purification
Meinung (die) (–en), opinion (N.B. **ich bin der Meinung**, cf. **meines Erachtens,
    meiner Ansicht nach**)
Geruch (der) (–̈e), smell
örtlich, local
Ratsversammlung (die) (–en), Town Council, in some Länder = **Stadtrat**
Schornsteinfeger (der) (–), chimney sweep
vorkommen (sep.), kam vor, ist vorgekommen, happen, come about

A. Vervollständigen Sie jetzt die folgenden Sätze!
  1. Selbstverständlich kann es ..., daß die Stadtwerke einen Plan ...,
     und die Ratsversammlung bitten, ihn zu ..., aber daß die Ratsversamm-
     lung diesen Plan ...
  2. Wir wollten eine Fernwärmeanlage ..., um die gesamte Innenstadt mit
     Fernwärme zu ...
  3. Wir wollten die einzelnen Schornsteine ...
  4. Alle Bürger sollten die Möglichkeit haben, sich an diese neue Anlage
     ...
  5. Viele Mitglieder der Ratsversammlung meinten, daß die Stadtwerke
     durch diese Anlage finanziell zu stark ...
  6. Die berechtigte Sorge ..., daß die Schornsteinfeger alle ...

B. Bilden Sie Sätze mit den folgenden Ausdrücken!
    mit einer knappen Mehrheit
    vor allen Dingen
    eingehend
    zum anderen
    die entscheidenden Gründe

C. Mündliche Wiederholung

Fassen Sie die Episode *Fernwärme* in 5 Sätzen zusammen.

Ü8 Tonbandübung *Lebenslauf*

Hören Sie den Tonbandausschnitt *Lebenslauf* zweimal ab! Schreiben Sie dann mit Hilfe der folgenden Notizen einen Lebenslauf!

Wenn man sich um eine neue Stelle bewirbt, verlangen die Arbeitgeber in Deutschland gewöhnlich einen *lückenlosen, handgeschriebenen Lebenslauf*. Ein solcher Lebenslauf wird normalerweise in der Form eines kurzen Aufsatzes geschrieben. Man fängt mit der Familie an, z.B., *Ich, Franz X., wurde am 18.III.1953 in Köln als zweiter Sohn des Kohlenhändlers X. und seiner Ehefrau Gertrude geborene Schmidt* ...

Familie

Schulausbildung — städtisches Gymnasium — mittlere Reife Kaufmännische Lehre absolviert bei Stadtwerken in der Heimatstadt — Gehilfenbrief

Wehrdienst. Abitur nachgeholt — Abendkurse

Studium: Betriebswirtschaftslehre. 10 Semester Lehrer an der Kaufmännischen Berufsschule — zwei Jahre Lehrlinge ausgebildet — Kaufmännische Abschlußprüfung — Kaufmannsgehilfenbrief — Direktionsassistent bei den Stadtwerken

Tätigkeit als Direktor der städtischen Werke

Abschluß (der) (–e), completion; **Abschlußprüfung**, final examination

Ausbildung (die), training, education

aushändigen (sep.), give out, issue

Berufsschule (die) (–n), technical college for day release students, usually indentured apprentices. (N.B. **Volkshochschule**, at which adult evening classes for leisure activities and further education are held)

Betriebswirtschaftslehre (die), business economics. (N.B. **Wirtschaftswissenschaft(-en)**, economics)

ergeben sich, ergab sich, hat sich ergeben, result, arise (from); **das ergibt sich aus meiner Funktion als** ..., that arises from my function as ...

erteilen, give, communicate; **man erteilt**, z.B. **Unterricht**

Gehilfenbrief (der) (–e), trade qualification issued on completion of apprenticeship

Handelslehrer (der) (–), teacher of commercial or trade subjects

Laufbahn (die) (–en), career

Lehre (die) (–n), apprenticeship (cf. **der Lehrling, kaufmännische Lehre**, approx. equivalent to O.N.C. course in Business Studies)

vorstehen (sep.), stand vor, ist vorgestanden, be in charge of (N.B. **der Vorstand**, central or controlling committee)

vorziehen (sep.), zog vor, hat vorgezogen, prefer

Ü9 *Mündliche/schriftliche Nacherzählung*: Wir stellen auf Erdgas um.

Notizen und Vokabeln

Erdgas aus holländischen Feldern (Brigitta). Eine Reihe Probleme. Rohrnetz sanieren, Regler einbauen, Geräte umstellen, Brenner auswechseln. Ratsversammlung entscheidet, wer Kosten trägt — Abnehmer direkt oder über den Gaspreis. Argumente für und gegen: gerechter, Abnehmer direkt mit Umstellungskosten zu belasten. Einige haben sich schon moderne Geräte angeschafft. Steigender Absatz führt zu Senkungen, zumindest keine Preiserhöhungen durch höhere Löhne usw.

Ü10 Translate:

Our main job in the Works Department is to provide this town with gas, electricity and water. We are also responsible for refuse collection, but as I say the main job is gas, electricity and water. We take our gas and electricity from regional concerns, but obtain our own water from sandy strata underground, prepare it and distribute it through pipe networks.

It's obviously an advantage to have one authority for all three things— you only have to dig one trench for all three, for example.

We are controlled by the Mayor and Works Committee of the Borough Council, but operate economically like any private company, i.e. we have to cover our costs, finance new developments, partly from loans on the open market, partly from our own profit, which must amount to at least 4% of capital invested per annum.

Social questions often play a part in price-fixing and price increases have to be passed by the Council. We are getting North Sea gas from Holland soon, which means large conversion costs, new burners, pipes, etc. The Council has yet to decide whether the consumer should pay conversion costs directly, or via the gas price.

7 Offizier a.D.

Einführung

Der Sprecher, der aus Sachsen stammt (heute in der DDR) war Soldat in
der Reichswehr, d.h., in der Armee der deutschen Republik 1919–1933.
Während des 2. Weltkriegs war er in der Wehrmacht, d.h., in der Armee
des dritten Reiches. Auf diesem Tonband, sowie auch in den folgenden drei
Aufnahmen (*Witwe, Nachkriegszeit in Schleswig-Holstein, Einzelhändler*)
wird die deutsche Geschichte der letzten 50 Jahre lebendig. Wir werden
daran erinnert, daß Deutschland nicht nur in der Gegenwart existiert, sondern daß es viele Menschen gibt, die die Geschichte Deutschlands durchlebt
und überlebt haben, eine Geschichte, die der Student von heute meist nur
aus den Geschichtsbüchern kennt — eine Monarchie; einen verlorenen
Krieg; eine Revolution; eine sozialdemokratische Republik, geboren in
einer unglücklichen Stunde, von breiten Schichten der Bevölkerung abgelehnt,
verkündet und getragen von Politikern, die den gehaßten Friedensvertrag
von Versailles akzeptieren mußten; Inflation; eine Diktatur; Krieg; Besatzung; ein geteiltes Deutschland.

Der Vater des Sprechers war Monarchist; seine ablehnende Haltung der
Weimarer Republik gegenüber wird sehr deutlich ausgedrückt; ,,man konnte
einem solchen sonderbaren Staate nicht als Offizier dienen".

In einem anderen Satz beschreibt unser Offizier a.D. (außer Dienst) die
Reichswehr als ,,das 100 000-Mann-Heer". Sie wurde so genannt, weil der
Friedensvertrag von Versailles Deutschlands Armee auf 100 000 Mann
beschränkte. Die Reichsmarine durfte aus nicht mehr als 25 000 Matrosen
bestehen. Eine Luftwaffe war verboten.

Soldaten der Reichswehr waren Freiwillige, die 12 Jahre dienten. Sie
mußten einen Eid schwören, die Weimarer Verfassung zu verteidigen. Nach
der ,,Machtergreifung" der Nationalsozialisten und dem Tode Hindenburgs
(bis 1934 Präsident der Republik) mußten alle deutschen Soldaten einen
persönlichen Eid auf Hitler schwören, ,,. . . dem Führer des deutschen Reiches
und Volkes Adolf Hitler, dem Oberbefehlshaber der Wehrmacht . . .".

Text

Ich habe gelebt bis 1918 in einer Monarchie, die praktisch für mich eine
gemäßigte Diktatur war. Dann bin ich (sic!) ungefähr 14 Jahre in einer
Demokratie gelebt, indem die Deutschen von Demokratie noch nichts verstanden. Dann kam das 1000–jährige Reich Hitlers, eine reine Diktatur,
abgelöst durch die Diktatur der Besatzungsmächte. Deutschland ist seit
'48 ein sogenannter demokratischer Staat, in dem man nicht, von dem
man nicht verlangen kann, daß die Masse etwas von Demokratie versteht.

Ja, geboren bin ich in der Monarchie im Jahre 1904. Bin also jetzt 65 Jahre
alt und habe doch erheblich viel erlebt und durchgemacht. Erzogen in
einem Elternhaus eh.. Vater Offizier gewesen, besuchte ich das königlich-
sächsische, betone das sächsische Kadettenkorps, und wurde also rein
militärisch, in einer sehr harten, aber auch gerechten und guten eh.. Aus-

bildung erzogen. Im allgemeinen versteht ja der Ausländer nichts von Sachsen, Preußen, Bayern und den einzelnen Staaten, für die ist seit 1870, gibt es seit 1870 ein Deutschland. Daß wir aber in kleine Staaten, Bundesstaaten, aufgeteilt waren, in denen gewissermaßen immer noch eine — Stellung, Gegenstellung gegen Preußen war, macht sich der Ausländer ja nicht klar. Bin dann, als die Kadettenkorps aufgelöst wurden, 1920, laut Friedensvertrag von Versailles, zunächst mal auf eine kaufmännische Berufsschule gegangen, weil mein Vater der Ansicht war, man könne der Republik als Offizier nicht mehr dienen. Es war gänzlich ausgeschlossen, daß man einem solchen sonderbaren Staate eh.. dienen könnte. Eh.. Vater wollte unbedingt aus mir einen Kaufmann machen, da ich aber militärisch erzogen war, liebäugelte ich mit dem Militär, und trat 1925 in das 100 000-Mann-Heer ein, wo ja nur die besten und gesündesten Menschen eingestellt wurden. Dort haben wir eine sehr ordentliche, militärische Ausbildung erhalten. Wir sind nicht erzogen worden für irgendeinen Revanchekrieg, oder gegen einen, 'ne Feindschaft gegen unsere früheren Kriegsgegner, sondern allein, in einer guten, nationalen, nicht nationalistischen Erziehung, zur Verteidigung unserer eigenen Heimat. Daß die Sache anders kam, als wie wir, als sich die breite Masse vorstellte, ist nicht unsere Schuld, sondern liegt im System, daß Hitler an die Macht kam. Bin dann ausgeschieden 1937, und in die Privatindustrie gegangen, und zwar in die Rüstungsindustrie, weil ich glaubte, man würde dort am sichersten sitzen. Noch 1937 und '38 habe ich nie an einen Krieg geglaubt, allein durch die gutgetarnte eh.. System Hitlers, deutsche Städte neu zu bauen, Berlin neu aufzubauen, habe ich nie an einen Krieg gedacht, indem diese Städte wieder in Schutt und Asche versanken.

Habe natürlich den Krieg mitgemacht. Habe gegen England, gegen Rußland, gegen jedermann gekämpft, wie es jeder andere getan hätte, der seine Heimat verteidigte, in dem guten Glauben einer gerechten Sache. Daß die Sache nicht gerecht war, habe ich auch erst nach dem Kriege, nach dem Zusammenbruch erfahren. Zum Teil schon während des Krieges ging meine etwas nationalsozialistische Gesinnung restlos in die Brüche, durch die Lügen Goebbels, die verbreitet wurden; beispielsweise: Vernichtung eines deutschen Geleitzuges in Höhe von Norwegen, — Hammer — bei Hammerfest, den ich selber auch von Land aus miterlebte, und diese Nachricht von ei — von der Vernichtung eines englischen Geleitzuges kam wenige Tage durchs Radio. Daß derartige Lügen auf den kämpfenden Soldaten deprimierend wirken, dürfte auf der Hand liegen.

Note

Apart from actual meaning content there are several features of the speaker's recording which suggest that we are listening to a former officer. First there is the clipped and occasionally rather abrupt tone, then he sometimes omits the definite article (beispielsweise Vernichtung eines deutschen Geleitzuges ...). He also omits the first person pronoun.

The speaker was born and educated in Saxony (now part of the DDR) but has lived since the war in West Germany, mainly in the Rhineland. He does not speak with a very pronounced regional accent, but there are occasional reminders of his Saxon origin. One of the most characteristic features of the accent of this region is the confusion of voiced **b d g** sounds with unvoiced **p t k**. Hence

'Republik' sounds closer to 'Rebublik'.

'die breite Masse' sounds closer to 'die **pre**ide Masse'.

'natürlich' sounds closer to 'na**d**ierlich'.

In the last of the above examples there is another feature of Saxon (but not only Saxon) speech, namely the tendency to make long **i** sounds resemble **ü** (e.g. wirkten = würkten, irgend = ürgend), while **ü** sounds sometimes resemble long **i**, e.g. natürlich = nadierlich.

Other features which can be heard here are: a) normal German soft **s** is often unvoiced, e.g. am sichersten; b) many long vowel sounds become short, e.g. Städte sounds like Stätte.

Lexikon

auf der Hand liegen, be obvious, clear

ausscheiden (scheidet aus, schied aus, ist ausgeschieden), leave, depart from (membership of an organisation)

Besatzungsmächte (pl.), Occupation forces

Brüche — in die Brüche gehen, come to nothing, fail

deprimierend, depressing, demoralising

Friedensvertrag (der) (⁀e), peace treaty

Geleitzug (der) (⁀e), convoy, escort

gerecht, just, fair

Gesinnung (die) (–en), attitude, outlook

getarnt, disguised, camouflaged

gewissermassen, to some extent

100 000-Mann-Heer (das), popular name for 'Reichswehr', i.e. army of the Weimar Republic; so-called because the provisions of the Versailles treaty limited German Army to this size

sich klarmachen (sep. DAT. refl.), grasp, realise

kaufmännische Berufsschule, business studies college; (establishment of further education)

laut + GEN., under the terms of, according to

liebäugeln (+ mit), make sheeps' eyes at, have 'one's eye on'

Lüge (die) (–n), lie (N.B. der **Lügner**, liar; **lügnerisch**, deceitful)

mitmachen (sep.), take part in

Rüstungsindustrie (die), armaments industry

Schutt (der), rubble, refuse; (**Schuttabladeplatz**, rubbish dump, tip)

Vernichtung (die), destruction

Zusammenbruch (der) (⁀e), collapse, i.e. end of World War II

Übungen

Ü1 Beantworten Sie die Fragen!

1. Unter welchen politischen Systemen hat der Sprecher gelebt?
2. Was hält er von dem heutigen politischen System in seinem Land?
3. Wie lange existierte das tausendjährige Reich? Warum wurde es so genannt?
4. Warum war der Vater des Sprechers gegen dessen Eintritt in die Reichswehr?
5. Warum nannte man die Reichswehr das 100 000-Mann-Heer?
6. Warum glaubte der Sprecher im Jahre 1938, daß kein Krieg kommen würde?
7. Was hat er während des Krieges gemacht?
8. Was hielt der Sprecher von den Nationalsozialisten?
9. Wie hat er erfahren, daß Goebbels Lügen verbreitete?
10. Welche Rolle haben „Geleitzüge" im Zweiten Weltkrieg gespielt?

Ü2 Erklären Sie in einem Satz!

eine Monarchie
eine Diktatur
die Rüstungsindustrie
ein Friedensvertrag

Ü3 Geben Sie die Begriffe an, die im folgenden definiert werden!

1. Das Land, in dem man geboren wurde und in dem man aufgewachsen ist.
2. Eine Regierungsform, in der alle Gewalt vom Volk ausgeht.
3. Totale Zerstörung.
4. Eine Reihe von Kriegsschiffen, die zur Verteidigung von Handelsschiffen eingesetzt wird.
5. Die Streitkräfte der Weimarer Republik.

Ü4 Bilden Sie Sätze mit folgenden Ausdrücken!

es liegt auf der Hand
in die Brüche gehen
liebäugeln mit
deprimierend wirken

Ü5 Geben Sie für folgende Begriffe aus dem Text Begriffe mit einer ähnlichen Bedeutung an!

gänzlich   gewissermassen
gemäßigt   unbedingt
im allgemeinen   mitmachen

Ü6 Erklären Sie den Unterschied zwischen national — nationalsozialistisch!

Ü7 Geben Sie das Verb an!

1. Weil ich Soldat werden wollte, bin ich 1925 in die Reichswehr ....
2. Laut Friedensvertrag von Versailles wurde die deutsche Armee auf 100 000 Mann ....
3. Nur die besten jungen Männer konnten in die Reichswehr ....
4. Ich bin in die Rüstungsindustrie gegangen, weil ich glaubte, dort am sichersten zu ....
5. Ich habe im Krieg gekämpft, wie es jeder andere ... ... der seine Heimat ... wollte.
6. Die lügnerische Nazi-Propaganda hat selbstverständlich auf die deutschen Soldaten deprimierend ....

Ü8 Translate:

I've seen and been through a great deal in my life, having lived in a monarchy, a republic, a dictatorship and now in the Federal Republic. I was a boy during the first World War and fought in the Second World War.

The Versailles treaty limited the size of the German Army to 100 000 men, so I was lucky to be able to join the 'Reichswehr', as it was called then. My father was a monarchist, very bitter about the outcome of the war, and could not understand my wish to serve in an army which upheld a republic. He wanted me to go into business. In 1939 I believed that Germany was fighting in a good cause. This belief was not shattered until the end of the war, when we found out what had been happening in concentration camps.

Lesestück

Die höheren Offiziere, die eigentlichen Bildner der Reichswehr, kamen aus dem alten Generalstab, wenn nicht aus Ludendorffs Oberster Heeresleitung; Könner, die sich im Krieg bewährt hatten, Techniker der Militärmacht. Keine Freunde ausschweifender Abenteurer, disziplinlosen Söldnertums, wie es, ihnen zum Ekel, in den Freikorps erschienen war; keine politischen Phantasten. Aber auch keine Freunde dessen, was nun bestehen sollte. Sie nahmen die Republik für ein vom Feinde diktiertes Provisorium, mit dem man eine Zeitlang spielen mußte; man würde dann weitersehen. So einer war der Chef des „Truppenamtes", General Hans von Seeckt, ein guter Befehlshaber und feiner Stilist; kühl und dreist, kultiviert, gescheit bis zu einem gewissen Grade, aber letzthin politisch unwissend — der Mann hielt den kommenden Krieg zwischen England und Frankreich für eine sichere Sache —, hochmütig und von abgründiger Frechheit im Verkehr mit den neuen demokratischen Politikern. Treue empfand er nur für seinen König, und wenn er von der Abdankung Wilhelms II. sprach, so konnten ihm hinter dem Monokel, das sein starres Gesicht kontrollierte, die Tränen kommen. Ein schöner Zug, die Treue. Aber sollte Republik sein, dann hätte ein solcher wie Seeckt nie ihr General sein dürfen. Zu sehr verachtete er seine neuen Auftraggeber, um auch nur eindeutig *gegen* sie Stellung zu nehmen, so, daß sie gewußt hätten, mit wem sie es zu tun hatten. Nicht einmal das verdienten sie in seinen Augen, sie, deren ganze Macht ja auf dem Treubruch vom November 1918 beruhte. Man ging mit ihnen um, man half ihnen sogar gelegentlich, man tat zunächst nichts gegen sie, dazu war von Seeckt zu klug; aber man war nie einer von ihnen, obgleich man doch von eben dieser Regierung ernannt worden war, von ihr seinen Sold empfing; drohte ihnen Gefahr von der extremen Rechten, den Freikorps, Teilen der Armee selbst, so ging ein schadenfrohes, sphinxisches Lächeln über das steinerne Gesicht. „Reichswehr schießt nicht auf Reichswehr", sprach dann das Orakel, oder „die Reichswehr steht hinter *mir*", was nicht erklärte, wo das Orakel selber stand.

G. Mann: *Deutsche Geschichte des 19. und 20. Jahrhunderts*, S. 686f., Fischer, 1969.

8 Witwe

Einführung

Die Frau, die hier spricht, stammt aus Berlin. Sie erzählt aus ihrem Leben während der Nazi-Zeit als Frau eines jüdischen Lehrers. Die Einzelheiten über die Judenverfolgung im nationalsozialistischen Deutschland sind allgemein bekannt. Die Situation, von der sie spricht, braucht keine weitere Einführung. Ihre Aufnahme spricht für sich selbst.

Text

Ja, gerade jetzt, in den Tagen dieser Wahl, denke ich wieder an die Wahl 1933, als Hitler herankam. Da saßen wir, mein Mann und ich, der eben, mein Mann, war Jude, saßen wir voller Angst und Bangen und zählten die Stimmen, die immer mehr und mehr wurden. Während unser Hauseigentümer voller Freude das zählte, waren wir also voller Angst. Vorher hatten wir nächtelang im, wir wohnten in Berlin Grunewald, im Grunewald, die SA-Truppen marschieren sehen und hören, die sangen also wirklich dies kitschige Lied: *Wenn's Judenblut vom Messer fließt* ... was uns das Grauen einbrachte, aber was sich nachher in der Tat verwirklichte.

Ja, dann hatte mein Mann ein, zwei, drei, seine Stellung verloren, und wir haben uns ganz schwer durchgerungen bis zum Jahr 1937. Mein Mann hatte so Sprachunterricht gegeben. Er hat, war immer sehr sprachbegabt und dann haben wir eingesehen, daß wir nicht bleiben konnten und sind ausgewandert, ich zunächst mit nach Italien und da ich aber, da wir noch ein ganz kleines Babychen hatten, das ein Jahr alt war, bin ich dann doch wieder zurückgegangen, weil wir eben rundweg alle unsere Staatsangehörigkeit verloren hätten. So hat sie nur mein Mann verloren. Und ich, als „Arierin", immerhin als „jüdisch versippte Arierin" konnte ja wenigstens noch tätig sein. Und das — da hab' ich also für meine Kinder gearbeitet, zunächst mal eh.. hat man mir eine ganz miese Stellung gegeben, die durchaus nicht meinen Kenntnissen entsprach, durch Beziehungen habe ich aber dann.. eh.. eine sehr gute bekommen und dieser Chef, der hat mich auch gehalten die ganze Zeit, sodaß ich also den ganzen Krieg in Berlin erlebt habe. Die ganzen Bombenangriffe, ich war stets und ständig in den, in der Stadt und habe meine, sogar meinen ältesten Sohn auf eine ganz raffinierte Weise mit seiner Schule — er durfte eigentlich nur bis 14 — bis zu 14 Jahren in die Schule gehen, eh.. denn „Mischlinge" mußten mit 14 Jahren abgehen. Sie durften keinerlei Ausbildung haben, weder, nicht einmal Geselle oder sowas werden, sie mußten ungelernte Arbeiter werden, so lautete das Gesetz. Also ich hab's geschafft, er ist dann nach Ostpreußen evakuiert und den Kleinen hab' ich auch mit hingebracht, ohne daß die Leute wußten, daß sie „Mischlinge" waren.

Ich saß die ganze Zeit hier in Berlin, und ein Bombenhagel nach dem anderen ging über uns hinweg, und die Kinder waren in Ostpreußen, mein Mann war aus, saß in Italien und war inzwischen interniert und in ein Konzentrationslager gekommen. Allerdings wurden sie da nicht so behandelt wie in unseren Konzentrationslagern, aber immerhin, bis, als die Deutschen nachher nach Italien 'raufkamen, von Afrika, da war's aus. Da mußte er fliehen und wär' um ein Haar also auch umgekommen, denn sein ganzes Lager ist nach Auschwitz gekommen und er, der er wieder die italienische Sprache so gut beherrschte, und eh.. und mit den Südländern es sehr gut harmonierte, man hatte ihm gesagt: „flieh", und das hat er auch gemacht, und auf diese Weise hat er sich also erhalten. Das wußte ich aber nicht. Ich hab' über ein Jahr gar keine Nachricht gehabt. Ich wußte nur, daß das ganze Lager nach Auschwitz gekommen ist. Und diese — aus dem Lager sind alle umgekommen, sie sind alle getötet worden.

Mein ältester Sohn war inzwischen, diese Schule, die nach Ostpreußen evakuiert war, ausgerechnet nach Rastenburg, in die Nähe des Führerhauptquartiers. Ich fuhr immer so alle vier Wochen mal dahin, eine Nacht hin, sah die beiden Kinder, bin wieder zurückgefahren. Eh.. mein ältester Sohn wurde dann nachher von Ostpreußen in die Tschechei verlegt. Und dort geschah es dann, daß auf dieser Bahnstrecke er sich eines Tages seinen Finger verletzte und man sagte: „Ja, du mußt vorne zur Lokomotive gehen, da ist der Kasten, der Verbandskasten. Und als er nun da zwischen den Schienen — zwischen den Gleisen nach vorne ging,.. eh.. saß, war auf der anderen Seite, stand auch ein Zug und er guckte und sah, daß das eh.. ganz vergitterte Waggons waren, und da kam sofort ein SS-Mann auf ihn zu und sagte: „Was machst du denn hier?" Da sagte er: „Ja, ich hab' mir den Finger verletzt" und zeigte das, und da sagte der: „Ja, komm' mal her, haben wir sofort". Machte also einen Waggon auf und rief 'rein: „Ist hier ein Arzt?" und hatte gleich 'ne Peitsche in der Hand und peitschte gleich da so irgendwie hinein, daß die Leute alle in die Ecken krochen und dann kam mal so einer heraus und sagte er: „Verarzte mal den Jungen", und das hat der dann gemacht und eh — dann ging also mein Sohn wieder zurück und guckte. Es war gerade in der Zeit, in der wir annahmen, daß mein Mann vielleicht also auch nach Auschwitz auf dieselbe Weise dahin gekommen ist. Natürlich waren das alles sehr üble Sachen.

Also in der Zeit, als mein ältester Sohn noch in Berlin auf die Schule ging, eh.. wußte er nie: muß ich nun zur HJ, oder muß ich nun nicht, bin ich nun nicht in der HJ? Und da ging ich eines Tages also zur — in die Höhle des Löwen und fragte.. eh.. wollte nun mal die Sache klarstellen. Da sagten die mir — da saß ein ganz junger SS-Sturmbannführer hinter einem Zimmerchen und ich hörte ihn da lachen und schäkern mit jemandem, und draußen sassen also soundsoviel Leutchen, die warteten. Na, endlich kam ich auch heran und da sagte er: „Ja, eh.. der ist nicht in der Partei,.. eh.. der gehört nicht in die HJ, aber Beitritt muß er zahlen!" Daraufhin hatte er natürlich keine — durfte er nicht Uniform tragen und durfte alle solche Sachen überhaupt nicht machen.

Dann wurde ich bestellt eines Tages zur Partei. Ich bin voller Angst und Bangen hingegangen, habe vorher noch sämtliche Unterlagen, Papiere und Bücher verbrannt und habe meine Söhne vorgenommen und da hab' ich gesagt: „Habt ihr irgendetwas gesagt? Erinnert euch!" Und dann bin ich also dahinspaziert mit dem Gedanken, „wer weiß, ob du wieder nach Hause kommst?" Und dann sagt man mir auf der Partei: „Ja, also entschuldigen Sie, meine Dame, aber wir haben Sie hierher bestellt, weil wir um Ihre Mitarbeit bitten wollten". Woraufhin ich beinahe hysterisch lachte, weil ich vorher soviel Angst hatte. Und da sagte ich: „Ja, wie kommen Sie darauf, Sie sind doch hier Parteiorganisation". „Ja, ja, aber wir brauchen Sie, wir brauchen eben doch ein eganze Menge Damen, die uns ein bißchen ehrenamtlich helfen und wir werden Sie schon nicht so sehr in Anspruch nehmen". Ja, und dann sagte ich: „Ja, hören Sie, also das, glaube ich, dürfte doch wohl ein Irrtum sein". Sie haben wohl eine falsche Adresse bekommen, oder so etwas, denn ich bin nämlich die Frau eines Juden". Ich sage — Da sagten die: „Ja, wie ist denn das möglich, wie können Sie denn, wie kommen Sie denn zu einem jüdischen Mann?" Ich sag': „Na, ja, das war nun so, ich will Ihnen mal zeigen, das ist gar nicht so außergewöhnlich. Würden Sie denn gleich auf den ersten Anhieb denken, überhaupt, daß das ein Jude ist? Abgesehen davon, daß es mich ja auch sowieso nicht gestört hat?" Und zeigte das Bild meines Mannes und.. eh.. der ist nun ziemlich groß und blond und schmal gewesen, schlank. Und daraufhin nahmen die beiden das Bild, und einer sagte zum anderen: „Ist das möglich? Glaubst du, daß das ein Jude ist?" „Ausgeschlossen. Guck dir mal die Kopfform an, das ist kein Jude. Also, meine Dame, da informieren Sie sich mal bei Ihrer Schwiegermutter. Das ist ein Fehltritt". Daraufhin sagte der Herr weiter, die waren offenbar mir sehr wohlgesonnen, „also, da fragen Sie Ihre Schwiegermutter ganz genau, und dann müssen Sie folgenden Weg gehen: dann müssen Sie das erklären lassen, denken Sie doch mal, dann sind ja Ihre Kinder gar keine Juden, und das würde doch ganz anders sein, dann sind sie ja nur Dreivierteljuden. Sie müssen dafür sorgen, daß das geändert wird!"

Es ist mir vollkommen klar, und ich habe die Unterlagen in der Hand gehabt, daß man beabsichtigt hatte, auch die „Mischlinge" und die also versippten, „jüdisch versippten"Frauen, genausogut umzubringen wie die anderen, weil sie immer noch die Mittelsleute gewesen sind, um die.. eh.. Geschehnisse weiterzutragen. Also es gibt regelrecht ein Gesetz, das ich gesehen habe, in dem das mit zur Endlösung des Judenproblemes gehörte.

Note

This lady comes from Berlin, although it is many years since she lived there; at present she lives in North-Rhine Westphalia.

Her accent is clear of any regional colouring, except perhaps for the way in which she lengthens some long vowel sounds, e.g. mein Sohn, Wohnung, Mal zu Mal. There is certainly no evidence of such typical Berlin features as ick instead of ich, uff instead of auf, jekommen instead of gekommen (this is also typical of Cologne and East Prussia), sch instead of ch.

There is also no evidence here of the Berliner's love of words of French origin (e.g. *partout*) which can still be heard more in that city than in any other in Germany.

Berliners have the same reputation as Cockneys for quick and rather caustic wit. In addition they have the reputation for talking too much and being over-inquisitive, as is illustrated by the rather unkind saying (which Berliners tell against themselves with some relish): ,,Was ein richtiger Berliner ist, bei dem muß die Schnauze extra begraben werden!"

Note the use by the speaker of idiomatic, almost cliché expressions such as: die Höhle des Löwen — the lion's den; Angst und Bangen — fear and trembling; also characteristically German spoken idioms such as: stets und ständig. Such alliterative survivors of the oral tradition are still popular in spoken German: cf. mit Stumpf und Stiel (bag and baggage; lit: (broom) brush and handle).

Note also the use of the polite subjunctive form in: das dürfte doch wohl ein Irrtum sein — there must be some mistake.

Lexikon

abgesehen davon, daß, apart from the fact that

alle 4 Wochen, once a month

allerdings, of course

Angriff (der) (–e), attack; **Bombenangriff,** air raid

Angst (die), fear; **Angst und Bangen,** fear and trembling

Anspruch (der) (–e), demand, requirement; **in Anspruch nehmen** (*or* **beanspruchen**), make demands on

Arier (der) (–), –die **Arierin,** Aryan (cf. **arisch**)

Ausbildung (die), training, education

ausgerechnet, of all (things) (e.g. **ausgerechnet hier,** here of all places)

ausgeschlossen, out of the question

auswandern (sep.), emigrate (cf. *ein*wandern)

Bahnstrecke (die) (–n), railway line

beabsichtigen, intend

behandeln, treat (also medically)

beinahe, almost

Beitritt (der), entry; joining (*here*) subscription, dues

Beziehung (die) (–en), relationship, contact (political) relations

Chef (der) (–s), boss, superior

durchaus, absolutely; **durchaus nicht,** by no means

sich durchringen (sep.), (rang sich durch, hat sich durchgerungen), struggle through (N.B. **ringen**＝wrestle)

ehrenamtlich, honorary (i.e. unpaid)

Eigentümer (der) (–), owner, proprietor

einsehen (sep.), (sah ein, hat eingesehen), concede, agree, accept; **Das sehe ich nicht ein!,** I don't accept that

Endlösung (die), 'final solution', Nazi euphemism for the murder of the Jews

erhalten, (N.B. *sich* **erhalten,** to save oneself)

Fehltritt (der) (–e), slip-up, mistake
Führerhauptquartier (das), Hitler's headquarters, at that time in East Prussia
Geschehnis (das) (–se), event, happening
Geselle (der) (–n) (wk. noun), companion; (*here*) someone who has served an apprenticeship; skilled worker
Gleis (das) (–e), railway track, *also*: platform in railway station
Grauen (das), horror, fear; **mir graut(es)**, I'm horrified
gucken (*also* **kucken**), (*slang*) look
Hagel (der), hail; **der Bombenhagel**... the bombs rained down
herankommen (sep.), to have one's turn
Höhle (die) (–n), cave, lair, den
HJ (die), **Hitlerjugend**, Hitler Youth, Like SS, SA, KZ, etc., it is common to use the initial letters as a word (pronounced Hayót)
Jude (der) (–n) (wk. noun), die **Jüdin**, Jew, **jüdisch**, Jewish
kitschig (der **Kitsch**), tawdry, rubbish, in bad taste
klarstellen (sep.), clear up, clarify
kommen auf + ACC., to get the idea; **Wie kommen Sie darauf?**, Where did you get that idea from?
Konzentrationslager (das) (–), concentration camp, often used in abbreviated form **KZ** (pron. Katsét)
kriechen (kroch, ist gekrochen), creep
lauten, normally: sound, but das Gesetz lautet: the law prescribes, states (N.B. *läuten*, to ring)
mies, *colloq.* scruffy, poor
Mischling (der) (–e), hybrid, mongrel: Like 'jüdisch versippt', an official Nazi classification for, amongst others, half-Jewish people. Carries a derogatory sense
Mitarbeit (die), collaboration, co-operation
offenbar, apparently
ohne, daß sie wußten, (N.B. without their *knowing*)
Peitsche (die) (–n), whip (N.B. **Schlagsahne** (die), whipped cream)
raffiniert, clever, quick-witted, cunning
rundweg, plainly, clearly
SA (die), (**Sturmabteilung**) SA or 'Brownshirts'; the private army of the NSDAP
sämtlich(e), all
schaffen, (*here*) to manage, cope (*colloq.*)
schäkern, jest, fool about
Schiene (die) (–n), rail (on railway track)
Schwiegermutter (die) (⁻), mother-in-law (cf. **Schwager/Schwägerin**, brother/sister-in-law)
sprachbegabt, linguistically gifted
SS (die), **die Schutzstaffel**, black uniformed élite Nazi army, originally Hitler's personal bodyguard
Staatsangehörigkeit (die) (–en), nationality, citizenship
stets, constant(ly), always; **stets und ständig**, all the time (see note)

stören, bother, disturb

Sturmbannführer (der) (–), Rank in the SS, these ranks had regular army equivalents but carried pseudo-medieval Germanic names

Tat (die) (–en), deed, act; **in der Tat**, indeed, in fact

Tschechei (die), often used in speech as an abbreviation for die Tschechoslowakei

übel, bad, evil

umbringen (sep.), (brachte um, hat umgebracht), to kill

umkommen (sep.) (kam um, ist umgekommen), to die

ungelernt, unskilled

Unterlage (die) (–n), document

verarzten, treat (medically)

Verbandskasten (der) (∸), first aid box (cf. **erste Hilfe**)

vergittert, wired in, sealed

verletzen, injure (**die Verletzung**)

versippt, related to; **die Sippe**, clan, tribe; **jüdisch versippt**, official Nazi classification for non-Jewish German married to a Jew

verwirklichen, realise, bring about; **sich verwirklichen**, to happen, come about

vornehmen (sep.) (nahm vor, hat vorgenommen), to tackle (someone), call to account

Waggon (der) (–s), railway truck (goods) (cf. **der Wagen**, (railway) carriage)

Wahl (die) (–en), election; *also*: choice

wohlgesonnen, well disposed (towards)+DAT.

woraufhin, whereupon (**daraufhin**: thereupon)

zunächst, at first, *NOT* next

Übungen

Ü1   Beantworten Sie die Fragen!

1. Warum hatte die Sprecherin im Jahre 1933 so viel Angst?
2. Welches waren offensichtlich die politischen Ansichten des Hauseigentümers?
3. Wohin ist die Familie ausgewandert?
4. Wie hat der Mann der Sprecherin seine Familie bis 1937 ernährt?
5. Warum ist die Sprecherin vor dem Krieg nach Deutschland zurückgekehrt?
6. Wie hat sie eine gute Stelle bekommen können?
7. Was bedeutete es, in der Nazi-Terminologie „Mischling" zu sein!
8. Wie hat sie es geschafft, daß ihre Kinder evakuiert wurden?
9. Was bedeutete es damals, evakuiert zu werden?
10. Wo hat der Mann der Sprecherin die ersten Jahre des Krieges verbracht?
11. Wie konnte er aus dem Internierungslager entkommen?
12. Was ist aus den meisten in Italien jüdischen Internierten geworden?

13. Warum wurde die Schule ihres Sohnes gegen Ende des Krieges von Ostpreußen in die Tschechoslowakei evakuiert?
14. Was war die HJ?
15. Warum durfte der Sohn der Sprecherin nicht HJ-Mitglied werden?
16. Warum hatte die Dame Angst, als sie von der NS-Partei einen Brief bekam?
17. Was wollten die Nazis von ihr?
18. Warum glaubte die Dame, es handele sich um einen Fehler?
19. Warum glaubten die SA-Leute nicht, daß ihr Mann Jude sei?
20. Was beabsichtigten die Nazis, nach Ansicht der Sprecherin, mit den „Mischlingen" und „jüdisch versippten" Ariern?

Ü2 Beantworten Sie die Fragen in 3–4 Sätzen!

1. Was passierte, als der Sohn der Sprecherin sich den Finger verletzte?
2. Was ist wahrscheinlich aus den Menschen geworden, die in den Eisenbahnwaggons waren?
3. Unterscheiden Sie zwischen hauptamtlicher und ehrenamtlicher Arbeit!
4. Warum wäre es für die Sprecherin besser gewesen, wenn ihr Mann nur Halbjude gewesen wäre?
5. Was wollte der SA-Mann sagen, als er von einem „Fehltritt" sprach?

Ü3 Geben Sie Synonyme an!

umbringen	Beziehungen
sämtlich	raffiniert
der Hauseigentümer	ungelernt
verwirklichen	schaffen (ich habe es geschafft)
sich durchringen	außergewöhnlich
schmal	umkommen
offenbar	daraufhin
Unterlagen	durchaus
zunächst	

Ü4 Finden Sie die fehlenden Worte!

1. Die Sprecherin war die Frau eines ...
2. Mein Mann konnte Sprachunterricht geben, weil er sehr ... war.
3. Ich habe zuerst eine uninteressante Stelle bekommen, die durchaus nicht meinen ... ...
4. Dann habe ich durch ... eine gute Stelle bekommen.
5. Ich bin nach Deutschland zurückgekehrt, weil ich sonst meine ... verloren ...
6. Mischlinge mußten mit 14 Jahren die Schule verlassen, so ... das Gesetz.
7. Mein Mann harmonierte mit den Italienern, weil er die Sprache ...
8. In Italien wurden die Leute in den Kzs nicht so schlecht wie in Deutschland ...

9. Mein Sohn war evakuiert worden, ... nach Rastenburg, in die Nähe des Führerhauptquartiers.
10. Mein Sohn hat sich den Finger ...; er mußte also zur Lokomotive gehen, wo sich der ... befand.
11. Der SS-Mann sagte: „Wir brauchen eine Menge Damen, die uns ein bißchen ... helfen".
12. Ich sagte zu ihnen: „Würden Sie glauben, daß das ein Jude ist, ... davon, daß es mich sowieso nicht ... hat?"
13. Sie wollten mir helfen; sie waren mir offenbar ...
14. Es ist mir vollkommen klar, daß die Nazis ..., auch die Mischlinge ...
15. Der Sohn war nicht in der HJ, aber er mußte ... bezahlen.

Ü5   Schreiben Sie Sätze mit folgenden Ausdrücken!

stets und ständig
Angst und Bangen
um ein Haar
die Höhle des Löwen
auf den ersten Anhieb

Ü6   Geben Sie die Nominalform an!

stimmen	kitschig
wählen	evakuiert
verwirklichen	übel
behandeln	hysterisch
verbinden (2)	groß
annehmen	beitreten
denken	lösen

Ü7   Sagen Sie in einem Wort!

die Absicht haben
in Anspruch nehmen
einen Antrag machen
eine Bewerbung schreiben

Ü8   Finden Sie die Verwandtschaft!

1. Der Vater meiner Frau ist mein ...
2. Die Tochter meiner Schwester ist meine ...
3. Der Bruder meiner Frau ist mein ...
4. Der Sohn meines Onkels ist mein ...
5. Die Schwester meiner Mutter ist meine ...
6. Die Tochter meiner Tante ist meine ...
7. Der Sohn meines Bruders ist mein ...
8. Die Schwester meiner Frau ist meine ...

Ü9   A. Hören Sie sich den letzten Tonbandauschnitt an und beantworten Sie die Fragen in Ihrer Muttersprache!

1. How in the speaker's view did East Germans think of West Germany until recently?
2. Give two of the reasons mentioned by tne speaker for the change in this attitude which has taken place in recent years.
3. What categories of DDR citizens are allowed free access to West Germany?

B. Translate in one word, using vocabulary appearing in the text:

in the beginning
by far the greatest part
by no means
all manner of

C. Wiederholen Sie in 5 Sätzen das Problem, das die Dame behandelt.

Ü10   Translate:

My husband was Jewish and so we went in fear of our lives after the Nazis came to power in 1933. We struggled on, although my husband had lost his job. He was very gifted linguistically and had a complete command of Italian, and so in 1937 we emigrated to Italy, but I went back to Germany a year later because if I had stayed in Italy I would have lost my German citizenship. As an Aryan I was allowed to live normally, and so I found a good job through my contacts in Berlin.

My two sons were evacuated from Berlin to East Prussia because of the bombing. The law stated that children of mixed Jewish marriages had to leave school at 14, but the school never found out that my children were half Jewish, although the Nazi Party office knew because my eldest son was not allowed to join the Hitler Youth.

Lesestück

[160]   *Gesetz ,,zum Schutze des deutschen Blutes und
            der deutschen Ehre", vom 15. September 1935*

Durchdrungen von der Erkenntnis, daß die Reinheit des deutschen Blutes die Voraussetzung für den Fortbestand des deutschen Volkes ist, und beseelt von dem unbeugsamen Willen, die deutsche Nation für alle Zukunft zu sichern, hat der Reichstag, einstimmig das folgende Gesetz beschlossen, das hiermit verkündet wird.

§ 1. 1. Eheschließungen zwischen Juden und Staatsangehörigen deutschen oder artverwandten Blutes sind verboten. Trotzdem geschlossene Ehen sind nichtig, auch wenn sie zur Umgehung dieses Gesetzes im Auslande geschlossen sind.

2. Die Nichtigkeitsklage kann nur der Staatsanwalt erheben.

§ 2. Außerehelicher Verkehr zwischen Juden und Staatsangehörigen deutschen oder artverwandten Blutes ist verboten.

§ 3. Juden dürfen weibliche Staatsangehörige deutschen oder artverwandten Blutes unter 45 Jahren nicht in ihrem Haushalt beschäftigen.

§ 4. 1. Juden ist das Hissen der Reichs- und Nationalflagge und das Zeigen der Reichsfarben verboten.

2. Dagegen ist ihnen das Zeigen der jüdischen Farben gestattet. Die Ausübung dieser Befugnis steht unter staatlichem Schutz.

§ 5. 1. Wer dem Verbot des § 1 zuwiderhandelt, wird mit Zuchthaus bestraft.

2. Der Mann, der dem Verbot des § 2 zuwiderhandelt, wird mit Gefängnis oder mit Zuchthaus bestraft.

3. Wer den Bestimmungen der §§ 3 oder 4 zuwiderhandelt, wird mit Gefängnis bis zu einem Jahr und mit Geldstrafe oder mit einer dieser Strafen bestraft.

§ 6. Der Reichsminister des Innern erläßt im Einvernehmen mit dem Stellvertreter des Führers und dem Reichsminister der Justiz die zur Durchführung und Ergänzung des Gesetzes erforderlichen Rechts- und Verwaltungsvorschriften.

§ 7. Das Gesetz tritt am Tage nach der Verkündung, § 3 jedoch erst am 1. Januar 1936 in Kraft.

Nürnberg, den 15. September 1935,

am Reichsparteitag der Freiheit . . .

9 Nachkriegszeit in Schleswig-Holstein

Einführung

Dieser ältere Herr stammt aus Schleswig-Holstein. Er beschreibt seine Erlebnisse in der unmittelbaren Nachkriegszeit 1945–47, als seine Stadt von der britischen Armee besetzt war.

Nach den Abkommen von Jalta und Potsdam wurde Deutschland nach dem Krieg in Besatzungszonen aufgeteilt. Die Regierungen der Siegermächte (UdSSR, Großbritannien, Frankreich, USA) übernahmen die Regierungsgewalt in ihren Zonen, d.h., jede Zone unterstand dem Oberbefehlshaber der Besatzungstruppen. Die Zone, die von Großbritannien besetzt wurde, umfaßte die heutigen Länder Schleswig-Holstein, Niedersachsen, Hamburg und Nordhein-Westfalen.

Die Stadt Berlin gehörte keiner Zone an, sondern wurde in vier Sektoren aufgeteilt. Die deutschen Gebiete östlich der Oder-Neisse wurden nach dem Potsdamer Abkommen „unter polnische und sowjetische Verwaltung gestellt", und die dort wohnende. Bevölkerung wurde nach Westen ausgewiesen (was allerdings nicht in dem Abkommen vorgesehen war).

In der unmittelbaren Nachkriegszeit lebten die Deutschen in katastrophalen Zuständen. Die Hauptprobleme waren die des nackten Überlebens — Unterkunft, Kleidung, Heizung, etwas zu essen. Die Lage war in Westdeutschland noch schwieriger zu bewältigen a) weil eine große Zahl Flüchtlinge und später Vertriebener aus den Ostgebieten nach Westen kam und b) wegen der Demontage-Politik der Alliierten, die die Zerstörung der deutschen industriellen Produktionsmittel verlangte.

Text

Ja, Sie fragen mich, ob wir die Zeiten nach dem Zusammenbruch von dem Einmarsch der Engländer bei uns, ob das in Vergessenheit geraten ist oder wie es damit ist, ob wir noch hier und da daran denken und — und über die Schwierigkeiten, die wir damals erfahren haben uns Gedanken machen. Nun muß ich sagen, ja, vergessen ist das nicht, aber es ist ja wohl bei den Menschen so, daß unerfreuliche Sachen und Erlebnisse, daß die in, ganz in den Hintergrund gehen und nur von Zeit zu Zeit einmal sich wieder nach vorne drängen, zum Nachdenken führen, auch zu einer Aussprache darüber, aber wie gesagt, nicht vergessen sind. So, also will ich ruhig mal anfangen mit dem Einmarsch der Engländer hier. Die Besatzungstruppen.

Der Landrat, der derzeitige Landrat, war mir sehr bef — war sehr befreundet mit mir und da er wußte, daß ich die englische Sprache beherrschte, bat er mich, als Dolmetscher in die Kreisverwaltung zu kommen. Das tat ich gerne und so war ich eigentlich recht eng verbunden mit den damaligen Ereignissen. Die einrückenden Truppen, die waren der Bevölkerung gegenüber sehr zurückhaltend, hatten ja wohl auch strikte Order, sich nicht mit den Deutschen zu verbrüdern, denn die Erfahrungen, die hinter uns lagen, die waren ja sehr, sehr bitter und sie waren für uns Deutsche, gleich wie wir

auch immer uns gegenüber.. eh.. der Hitlerregierung verhalten hatten,
sehr beschwerend, denn die häßlichen Vorkommnisse, die furchtbaren
Vorkommnisse, die waren ja allmählich uns allen doch klar geworden,
wenngleich auch ich auch heute noch sagen muß, daß es sehr viele Deutsche
gegeben hat, die die Nachrichten, die von fremden Sendern über.. eh..
Grausamkeiten, über unglaubliches Verhalten der Naziregierung berichteten,
kaum geglaubt wurden, aber jetzt wurde es uns doch klar, allen, wie schwer,
wie schlimm es gewesen ist.

Und wie sah das nun in der Bevölkerung aus? Lebensmittel waren schon
seit geraumer Zeit rationiert: Lebensmittelkarten, Bezüge, die waren an der
Tagesordnung. Man kann sich denken, daß die Lebensmittel äußerst knapp
waren und somit auch die Rationierung sehr, sehr bescheiden. Leben von
dem, was einem laut Karten zugestanden wurde, konnte man nicht. Das
war nicht ausreichend. Jeder mußte sehen, wie er sich etwas beschaffte. So,
zum Beispiel, zog die Bevölkerung der Städte aufs Land und versuchte, bei
den Bauern — wie man es sagte — zu hamstern. Eigentlich ein verkehrter
Ausdruck, denn der Hamster, der sorgte ja für seine Winternahrung, wenn
er sich vergraben hatte, wir aber benötigten die Sachen, um leben zu können,
im Augenblick. Es war nicht immer leicht, sich etwas zu beschaffen. Durch
besondere Arbeiten beim Bauern erreichte man, daß man etwas bekam;
auch mußten viele Wäschestücke daran glauben, die man zum Tausch sich
heranholte, aber so ganz allmählich erst wurde alles besser, das aber ganz
langsam, ging dieses vor sich. Am schwersten 'dran waren zum Beispiel
Menschen, die sich von ihrer Zigarette nicht trennen konnten. Sie versuchten,
sich Zigaretten zu besorgen, wo immer es möglich war. Sie gaben viel Geld
dafür. Es gab auch gewissenlose Familienväter, die, um ihre Gier nach
Zigaretten zu befriedigen, Lebensmittelmarken hergaben, sich damit schwer
vergehend an ihren Kindern, an ihrer Familie. Natürlich gab es Käufe in
Menge auf dem sogenannten „Schwarzen Markt". Das konnten natürlich
nur solche,.. eh.. Leute machen, die über genügend Geld verfügten, denn
man muß ja nicht vergessen und übersehen, daß die Mark, daß die Währung
sehr sich verschlechterte. Eine weitere, sehr erschwerende Sache kam hinzu.
Es kamen sehr viel Flüchtlinge zu uns vom Osten her, der von den Russen
besetzt wurde. Und vor den Russen war die Furcht — wohlberechtigt —
sehr groß. So, in dieser Hinsicht sah es bei uns im Westen ja anders aus,
nämlich wo die Besetzung erfolgte durch Engländer und Amerikaner. Bevor
ich über diese Besetzung weiterrede, möchte ich noch kurz erwähnen, daß
selbstverständlich die Unterbringung der Flüchtlinge nicht einfach war. Es
war einfach nötig, daß die Einwohner, die sehr weitläufig bislang in ihren
Häusern gewohnt hatten, daß die zusammenrücken mußten, um Platz für
diese armen, unglücklichen Flüchtlinge freizubekommen. Im großen und
ganzen war die Einsicht erfreulicherweise so groß, daß es nur in wenigen
Fällen zu Zwangsmaßnahmen kommen mußte. Und da haben uns auch die
Besatzungsbehörden, die — in diesem Falle die Engländer — sehr unter-
stützt. Dafür hatten sie sehr viel Verständnis. Wie erfreulicherweise wir
gerade in unserer Stadt, mit den, mit der Besatzungsmacht, sehr gut zurecht-

kommen konnten. Der Gouverneur unseres Kreises war ein Kommunalbeamter aus einer kanadischen Stadt. Er war ein sehr energischer und zum
Teil auch, möcht' ich sagen, harter Mann, aber gerecht und vor allem sehr
einsichtig. Das Merkwürdige war, und das kann ich aus meinen Erlebnissen
als Dolmetscher ja besonders gut beurteilen.. eh.. dieser Gouverneur war
wenig beliebt bei seinen — seinen eigenen Offizieren, aber wir, die wir
zwischen der Bevölkerung und der Besatzungsbehörde vermittelten, wobei
ich als Dolmetscher ja.. eh.. besonders mitzuwirken hatte, wir konnten
mit diesem Gouverneur sehr gut zurechtkommen. Er stellte Forderungen;
bis zu dem und dem Termin wollte er den und den Bericht haben. Er paßte
scharf auf, im Anfang aber nur, daß diese Daten eingehalten wurden. Wenn
wir ihm aber klarmachten, daß seine Forderung zu scharf war, daß wir den
Bericht, den er einmal verlangte, bis zu einem bestimmten Termin nicht,
oder unmöglich schaffen konnten, so ließ er durchaus mit sich reden und
gab sich dann einverstanden mit dem Termin, den wir ihm nannten. Wir
haben ihn nicht einmal enttäuscht und so wurde die Arbeit zwischen ihm
und den deutschen Behörden sehr viel leichter und auch für beide Teile,
glaube ich sagen zu dürfen, erfreulich, denn wir konnten wirklich für alle
Seiten arbeiten, denn es waren ja wirklich sehr, sehr schwierige Lagen zu
meistern.

Ich möchte da nur eine Sache erwähnen und kurz wiedergeben. Eines
Tages wurde der Kreisverwaltung bekanntgegeben, daß im ganzen Kreis,
in jedem Ort die Greuelfilme gezeigt werden sollten, die die Greuel und
Untaten der Hitlerregierung wiedergeben sollten. Ich mußte mit einem
Beamten der Kreisverwaltung in — auf die Dörfer gehen und in den dortigen
Wirtschaften Raum reservieren. Der Gouverneur hatte uns auch gewarnt,
wir sollten Sanitäter überall bereithalten, denn es würd' ohne Zweifel auch
Leute, die die Sache nicht vertragen können. Aber, Bedingung sei, daß jeder
sich die Greuelfilme ansehen sollte. Sollte — jeder, der sich — der sich
dieser Forderung unterwarf, sollte dann einen Stempel auf seine Lebens-
mittelkarte bekommen; falls nach einer gewissen Zeit Lebensmittelkarten
ohne Stempel seien, sollte Ausgabe von Lebensmitteln verweigert werden.
Ich habe, ich konnte es mir erfreulicherweise leisten, denn der Gouverneur
war ein sehr, sehr aufgeschlossener Herr, ich.. eh.. versuchte ihn von
dieser Aktion abzubringen. Und ich ging soweit zu sagen, daß ich mir kaum
vorstellen könnte, daß an und für sich — mit wenigen Ausnahmen — so
furchtbare Ereignisse zu verzeichnen seien. Er entgegnete mir, daß er an der
Spitze der einmarschierenden Truppen mit einem Apparat sehr entsetzliche
Sachen hätte aufnehmen können und er könnte sie mir zeigen. Aber dennoch,
er hörte auf nicht nur meine, sondern auch — meine Meinung — sondern
auch auf die der leitenden Beamten der Kreisverwaltung und im Kreis
Pinneberg wurde die ganze Aktion abgesagt. In anderen Kreisen soll sie
durchgeführt worden sein mit wenig gutem Erfolg. Aus diesem Beispiel ist
auch zu ersehen, daß unser Gouverneur, wenn er auch ein großes Arbeitstier
war, ein Mensch geblieben ist. So ist es auch verständlich, daß wir mit
einem solchen [Gouverneur ̄manche Schwierigkeiten, manche vermeidbaren

Erschwerungen nicht zu erfahren brauchten. Aber dennoch, daran läßt sich ja leider nicht rühren, die Knappheit an Lebensmitteln und die Knappheit an allem, was ein Mensch benötigt fürs Leben, die waren, die waren natürlich sehr groß und ließen sich nicht so leicht beseitigen. Das konnte erst mit der Zeit geschehen, wo sich alles auflockerte, wo Einfuhren aus dem Westen kamen, aus USA und aus England und wo auch immer her und die vielen CARE-Pakete, die mit ganz besonderer Freude begrüßt wurden, die viel Jubel, vor allem bei den Kindern auslösten, das war schön. Gute Ernten trugen auch dazu bei, daß durch unsere Landwirtschaft die Lage besonders gebessert werden konnte und weiter die größte Not allmählich ihr Ende fand.

Note

The speaker is an elderly man and the speed of the recording is a reflection of his normal spoken speed. He comes from Schleswig-Holstein, although he lived for many years in the German enclave of Tsing-Tao in China. He does not speak with a strong regional accent, but it is clear from his speech that he comes from the far north of Germany.

In parts of Lower Saxony and in Hamburg, Bremen and Schleswig-Holstein, one of the most obvious characteristics of the regional accent is the tendency, even amongst educated speakers, to use the hard **s** sound instead of the **sch** sound used elsewhere in words like Stimme, Stadt, Stein. There are many such examples in this recording.

In this part of Germany, especially in Schleswig-Holstein (where, by the way, many speakers still use „Plattdeutsch") spoken intonation varies from other areas in that the high and low notes of a normal utterance (i.e. the 'voice music') are more extreme, reminding one a little of Welsh English. As one approaches the Danish border there is also a more nasal quality in speech, although this characteristic is not particularly evident in the present chapter.

Other features of Schleswig-Holstein which *can* be heard here are:

lockerte — stronger than normal stress on final **e**;
verständlicherweise — **r** is not pronounced.

Lexikon

ablehnen (sep.), refuse, reject
absagen (sep.), cancel
allmählich, gradual(ly)
arg, unpleasant, horrible
auflockern, loosen, ease, become easy
aufpassen (sep.), look out for, pay attention, take care of (N.B. **ich muß** *auf das* **Kind aufpassen**)
Aussprache (die) (–n), discussion, explanation
beherrschen, command, have a command of (e.g. a language)

beitragen (sep.) (trägt bei, trug bei, hat beigetragen zu + DAT.), contribute; **was auch dazu beigetragen hat, war** ..., another contributing factor was ...

Besatzung (die) (–en), occupations- **truppen**, occupation troops; *also:* die **Besetzung**, the act of occupation

beschaffen, get hold of, acquire

bescheiden, modest (also in the sense of small, not much)

beschwerend, difficult, *legal.* incriminating

beseitigen, get rid of, overcome

beurteilen, judge

Bevölkerung (die) (–en), population

Bezüge (pl.), rations (cf. **der Bezugschein**, ration card)

CARE-Paket (das) (–e), charity food parcels which were sent from America in the immediate post-war period in order to help feed the hungry in Europe

Datum (das) (pl. Dat*en*), date, in pl. *also-* dat*a*

Dolmetscher (der) (–), interpreter

drängen, push

Einfuhr (die) (–en), import, cf. der Import

einhalten (sep.) (hält ein, hielt ein, hat eingehalten), stick to, keep; **einen Termin einhalten**, meet a deadline

einrücken (sep.), move in (of an army, or large body of people)

Einsicht (die), insight, understanding

enttäuschen, disappoint

erfahren (erfährt, erfuhr, hat erfahren), learn, find out, experience

Ereignis (das) (–se), event

Ernte (die) (–n), harvest

Forderung (die) (–n), demand, requirement

Gedanke (der) (–n) (wk. noun), thought; **ich bin nie auf den Gedanken gekommen, daß** ..., it never occurred to me, that ...

geraten (gerät, geriet, ist geraten), **in Schwierigkeiten geraten**, get into difficulties. Not to be confused with perfect tense of **raten** (guess or advise)

geraum, lengthy, large, considerable

sich gestalten, form, come about

Gier (die), greed (for = nach)

gewissenlos, unscrupulous; **das Gewissen**, conscience

Gouverneur (der) (–e), military governor

Grausamkeit (die) (–en), cruelty

Greuelfilm (der) (–e), horror film; (*here*) film made by Allied troops immediately after liberating concentration camps

hamstern, barter; used specifically to describe the way in which the civilian population in Germany went into the countryside and bartered with farmers for food in the early post-war years

häßlich, ugly, unpleasant

jeglich, any, all

Kommunalbeamte (r), local government official (cf. **die Kommunalpolitik**, local politics; **Kommunalwahl**, local election)

Kreis (der) (–e), circle; (*here*) administrative region of local govt. Each German Land is divided into larger towns and 'Kreise'. Each Kreis usually includes a number of villages and small towns

Landrat (der) (–e), Chairman of 'Kreis' council. In most 'Länder' he is also the full-time chief executive of the 'Kreis', elected for 6–12 years.

Landwirtschaft (die), agriculture

laut + GEN., according to

Lebensmittel (das) (–), normally used in pl.: food, also groceries (N.B. **Gemüsehändler**, greengrocer)

meistern, overcome

Nachdenken (das), reflection, thought

Nachricht (die) (–en), news. For TV, radio the plural is always used

Nahrung (die), food, nourishment

Sanitäter (der) (–), medical orderly

Tagesordnung (die), order of the day; in debate: **zur Tagesordnung**, on a point of order

Tausch (der) (–e), exchange, barter

Termin (der) (–e), appointment, deadline

Untat (die) (–en), misdeeds, evildoings

unmerklich, imperceptible

Unterbringung (die), accommodation

unterstützen (insep.), support

sich verbrüdern, establish close relations, fraternise

verfügen über + ACC., to have available, at one's disposal

vergehen, (*here*) commit an offence

sich verhalten (verhält sich, verhielt sich, hat sich verhalten), behave, adopt an attitude

verkehrt, the wrong way round, wrong

vermeidbar, avoidable; **unvermeidbar**, inevitable

vermitteln, mediate, *also:* investigate

Verständnis (das), understanding

verweigern, refuse

Vorgang (der) (–e), procedure, event

Vorkommnis (das) (–se), event, happening

Währung (die) (–en), currency

Wäschestück (das) (–e), article of underclothing, (bed)linen

weitläufig, spread out

wohlberechtigt, justifiable, justified

zugestehen (sep.) (gestand zu, hat zugestanden), admit; **zugestanden**, admittedly

zurechtkommen (sep.) (kam zurecht, ist zurechtgekommen), to manage, cope with

zurückhaltend, reticent

Zusammenbruch (der) (–e), collapse; along with 'die Stunde Null' term often used in connection with events in Germany in 1945

zusammenrücken (sep.), move up, push together, squeeze up
Zwangsmaßnahme (die) (–n), compulsory measure

Übungen

Ü1   Beantworten Sie die Fragen!

1. Warum verhielten sich die Besatzungstruppen der deutschen Bevölkerung gegenüber zurückhaltend?
2. Wie sah die Lebensmittelrationierung in Deutschland nach dem Kriege aus?
3. Was hat die Bevölkerung der Städte gemacht, um zu überleben?
4. Warum war es für Raucher besonders schwer in der Nachkriegszeit?
5. Was haben manche gemacht, um Zigaretten zu bekommen?
6. Was war der „Schwarze Markt"?
7. Warum sind so viele Flüchtlinge aus Ostdeutschland gekommen?
8. Welche Maßnahmen wurden getroffen, um die Flüchtlinge unterzubringen?
9. Was wissen wir über den persönlichen Hintergrund des Gouverneurs?
10. Was für ein Mensch war er?
11. Warum wurden die sogenannten Greuelfilme gezeigt?
12. Wer sollte sich diese Filme ansehen?
13. Warum sollte der Sprecher während der Vorstellung dieser Filme Sanitäter bereithalten?
14. Welche Rolle haben CARE-Pakete in der deutschen Nachkriegszeit gespielt?
15. Die Zurückhaltung der Besatzungsmächte dauerte nicht lange. Welche Gründe gibt der Sprecher dafür?
16. Warum konnte der Sprecher die Arbeit zwischen Besatzungsmacht und deutscher Verwaltung so gut beobachten?
17. Warum versuchten die deutschen Beamten den Gouverneur von der Greuelfilm-Aktion abzubringen?
18. Warum respektierten die deutschen Beamten den kanadischen Gouverneur?

Ü2   Schreiben Sie Fragen, auf die die folgenden Sätze Antworten sind!

1. Er kam aus Kanada.
2. Er hat als Dolmetscher gearbeitet.
3. Er war mit dem Landrat befreundet.
4. Durch seine Beziehungen zum Landrat.
5. Sie hatten strenge Befehle.
6. Weil man von den Rationen nicht leben konnte.
7. Weil sie vor den Russen Angst hatten.
8. Sie hätten keinen Stempel auf die Lebensmittelkarten bekommen, und dann hätten sie nach einiger Zeit keine Lebensmittel mehr bekommen.
9. Gute Ernten haben dazu beigetragen.
10. Man hatte Angst, daß die Zuschauer in Ohnmacht fallen würden.

Ü3   Setzen Sie in die Passivform!

Beispiel: Man sollte Zwangsmaßnahmen treffen!
Antwort: Zwangsmaßnahmen sollten getroffen werden!

1. Man sollte im ganzen Kreis die Greuelfilme zeigen.
2. Man sollte in den Wirtschaften Räume reservieren.
3. Man sollte Sanitäter bereithalten.
4. Man sollte die Ausgabe von Lebensmitteln verweigern.
5. Man sollte diese Aktion im ganzen Kreis durchführen.
6. Man konnte einige unangenehme Sachen vermeiden.
7. Man konnte mit dem Fotoapparat schreckliche Bilder machen.
8. Man konnte den Gouverneur dagegen warnen.
9. Man konnte durch Zwangsmaßnahmen die Lage wesentlich verbessern.
10. Man konnte der großen Not ein Ende machen.

Ü4   Wiederholen Sie die Sätze in indirekter Rede!

1. „Ich habe entsetzliche Sachen mit meinem Fotoapparat aufnehmen
   können."
   Er sagte mir . . .
2. „Es wird ohne Zweifel Leute geben, die es nicht vertragen können."
   Er sagte mir . . .
3. „Ich kann es mir kaum vorstellen."
   Er sagte mir . . .
4. „Am Anfang waren die Soldaten sehr zurückhaltend."
   Er erklärte . . .
5. „Ich habe Verständnis dafür."
   Er behauptete . . .
6. „Er paßt immer scharf auf, daß die Daten eingehalten werden."
   Sie erklärten, . . .
7. „Muß der Film im ganzen Kreis gezeigt werden?"
   Sie fragten, ob . . .
8. „Er hat unser Angebot abgelehnt."
   Herr Schmidt sagte, . . .
9. „Ich kann es Ihnen zeigen."
   Er sagte, . . .
10. „Es war eine schreckliche Zeit."
    Er behauptete, . . .

Ü5   Geben Sie das Verb an! Bilden Sie einen Satz mit dem Verb!

der Zusammenbruch	die Nachricht
das Ereignis	der Tausch
die Aussprache	die Furcht
der Einmarsch	der Zwang
die Besatzung	die Erfahrung

Ü6 Setzen Sie das fehlende Verb ein!

1. Ich fragte ihn, ob die unglückliche Nachkriegszeit in Vergessenheit ...
2. Er hat mit seinem neuen Apparat sehr schöne Bilder ...
3. Weil der Gouverneur dagegen war, mußte die Aktion ...
4. Weil sie Schokolade und Süßigkeiten enthielten, haben die CARE-Pakete vor allem auch bei den Kindern viel Jubel ...
5. Die Besatzungstruppen haben in der ersten Zeit jeden Kontakt mit der Zivilbevölkerung ...
6. In der Nachkriegszeit mußten wir viele Probleme lösen, es gab sehr schwierige Lagen zu ...
7. Man konnte nicht von dem leben, was einem laut Lebensmittelkarten ... wurde.
8. Auf dem schwarzen Markt konnten nur diejenigen kaufen, die über genügend Geld ...

Ü7 Finden Sie Wörter im Text, für die die folgenden Wörter Synonyme sind!

tatkräftig	längere Zeit
ausgedehnt	absolut
skrupellos	sich etwas erlauben
falsch	der Mangel
brauchen	die Situation
zuerst	immer
damalig	erwidern

Ü8 Setzen Sie das fehlende Wort ein!

1. seine Gier ... Zigaretten
2. er verfügte ... viel Geld
3. ... Augenblick habe ich recht viel zu tun
4. er hat es ... dem schwarzen Markt gekauft
5. der Gouverneur war ein Kommunalbeamter ... einer kanadischen Stadt.
6. bis ... dem und dem Termin mußte der Bericht auf seinem Schreibtisch liegen
7. ... Anfang war das Wort
8. Der Mensch vergißt nicht unerfreuliche Sachen, aber sie treten ... den Hintergrund

Ü9 Aufsatzthema

Sie sind ein Deutscher, der 1945 aus Ostdeutschland nach Flensburg geflohen ist. Beschreiben Sie in 10–15 Zeilen das Leben unter der britischen Besatzung. Wie haben Sie Unterkunft bekommen? Wie haben Sie genug zu essen bekommen, usw.?

Ü10 Translate:

When the British troops arrived here in 1945 they were very reserved at first in their attitude to the German population. There were strict orders against fraternising, and many of them had seen terrible things in the concentration camps which they had liberated in the months before they came here.

Because I had a good command of English I was asked to act as interpreter for the military governor. He was a hard man, but fair, and a fruitful relationship soon existed between him and the local German officials. This was important, because there were terrible problems to overcome.

The town was full of refugees from the East, who had to be accommodated somehow. The occupation authorities helped with compulsory measures, which forced those with spare rooms to take in a refugee family.

Food was rationed, of course. Because these rations weren't enough to live on, people bought on the black market if they had enough money, or went out to farms in the country and bartered with the farmers. It was only very gradually that the situation improved.

Lesestück

Meistens begann der Schwarze Markt um zehn Uhr morgens. Da waren die Kinder, die von alliierten Soldaten erbettelte Zigaretten zu verkaufen suchten, da war ein 20–jähriger Kriegsinvalide, der ein Medaillon loszuwerden trachtete. Da war eine Frau, die 200 Gramm Butter anbot, die Ration ihres Kindes für die nächsten zehn Tage; sie brauchte das Geld für die Miete; ein altes zerlumptes Männchen offerierte Nähgarn und Seifenpulver, ein gutgekleideter Herr Nylons, das Paar zu dreihundert Mark.

Es gab die „Gewerbsmäßigen" und es gab die „Gelegentlichen".

Es wurde an den unmöglichsten Stellen gehandelt. Da war zum Beispiel die Toilettenfrau in einer Konditorei am Kurfürstendamm, die Süßstoff, Puddingpulver und Fettmarken anzubieten hatte. Da war der Küster eines Krematoriums, der den tieftrauernden Hinterbliebenen reinseidene Herrensocken anbot, die er im Verbrennungsraum verborgen hielt. Da war eine Trümmerfrau, die Essig in großen Mengen einkaufte und in Portionen zu fünf Litern abgab; sie verdiente fünf Mark am Liter. Da waren die Schwestern einer Privatklinik, die die Blumen, die ihre Kranken bekamen, verschoben. Sie erklärten, sie seien verwelkt und überreichten sie wenige Minuten später einem anderen Kranken und bekamen dafür von jemandem fünfzig oder hundert Mark in die Tasche geschoben. Da waren schließlich die Ärmsten der Armen in den Bahnhofshallen, die ihre eigenen Fett- und Kartoffelmarken zum Verkauf anboten. Sie hatten sonst nichts anzubieten. Aber sie wußten genau, wieviel die Marken wert waren, es war unmöglich, sie zu betrügen, sie kannten die Kurse wie gelernte Börsianer.

Und während die Berliner den ganzen Winter über froren, gab es auf dem Schwarzen Markt soviel Kohle, wie man haben wollte. Sie kostete allerdings das 40- bis 50fache des regulären Verkaufspreises. Als es dann Frühjahr wurde, gab es in ganz Berlin kein Gemüse und Obst, aber plötzlich, im Mai 1946, bot der Schwarze Markt Erdbeeren an.

Bald gab es kaum noch eine Stelle in Berlin, wo nicht Schwarzmarktgeschäfte getätigt wurden. In den Massagekabinen einer privaten Badeanstalt konnte man prima Leinen erwerben. In den Höfen einer Schule Uhren, die die Kinder in den Trümmern gefunden zu haben behaupteten. Eine 18jährige Schülerin ließ sich aus Chemnitz Wäsche en gros schicken und verkaufte sie an ihre Mitschülerinnen mit gewaltigem Aufgeld. Mit dem Verdienst gedachte sie Öl zu kaufen, ihr „Freund" wußte eine gute Quelle, und mit Öl, so meinte sie, könne man bessere Geschäfte machen als mit Wäsche.

Im Wartezimmer eines Anwalts erschien eine Klientin und brachte ein Pfund Butter mit. Damit wollte sie eigentlich den Anwalt bezahlen. Aber bis sie an die Reihe kam, hatte sie schon so vielen anderen Klienten von der Butter erzählt, daß vier davon je ein Viertelpfund kauften. Die Butter wurde gleich im Wartezimmer verteilt.

C. Riess: *Berlin Berlin*, S. 60, Non-Stop-Bücherei, Berlin 1953.

10 Einzelhändler

Einführung

Der Einzelhändler ist ein älterer Herr, der sein ganzes Leben in Holstein verbracht hat. Er ist Inhaber eines großen Ladens und beschäftigt 10–15 Angestellte. Das Geschäft ist auf Herren- und Knabenbekleidung konzentriert.

Die Probleme des Einzelhändlers in der BRD unterscheiden sich kaum von denen anderer EWG-Länder, in denen es auch eine Mehrwertsteuer (MWSt) gibt.

Die Geschichte dieses Geschäftes widerspiegelt im kleinen die Entwicklung Deutschlands seit 1945 — von blutigen Soldatenmänteln, die zum Weiterverkauf angeboten wurden, bis zum heutigen Wohlstand.

Text A

Eh.. ich wurde kein Soldat, weil ich mit zwei Jahren Kinderlähmung hatte und konnte da denn hier die ganze Wirtschaft während des Krieges zu Hause mitmachen und beobachten. Bis 1943 war ich als Angestellter; 1943 mußten wir auf Grund der damaligen Verhältnisse eine Kriegsbetriebsgemeinschaft begründen, mit einem anderen Textileinzelhändler, der eingezogen war eh.. dadurch vergrößerte sich der Betrieb ums doppelte, wurde dann aber nach Kriegsende sofort wieder aufgelöst. In der Zeit von Kriegsende bis zur Währungsreform hatten wir außergewöhnliche Zeitungen — Zeiten. Eh. einzigst ist es mir gelungen, ich habe immer mit Textilwaren gehandelt. Selbst wenn's blutige Soldatenmäntel waren, die wir reinigen ließen, und dann, weil die Farbe verboten war, in Hamburg in den Färbereien auffärben ließen, teilweise auftrennen, eh.. teilweise haben wir die Decken färben mitlassen, und haben aus diesen Sachen dann in der Textilwirtschaft eh.. Bekleidung für die Bevölkerung, für die zurückkehrenden Soldaten anfertigen lassen. Dadurch ist es mir gelungen, bis zur Währungsreform immer Verbindung von Textilien zu bleiben, und nicht in Eisenwaren oder Holzwaren, oder allen möglichen Gelegenheitsgeschäfte zu machen, um über Wasser zu bleiben.

Eh.. mit dem Tag der Währungsreform eh.. begann für uns ein ganz anderes Leben. Am ersten Tag der Währungsreform bekamen wir pro Kopf 40 Mark. Sechs Familienangehörigen waren wir, da hatten wir 240 Mark. Mit den 240 Mark bin ich nach Hamburg gefahren, morgens mit dem ersten Zug, habe dafür Kurzwaren wie Stiefelbänder, Gummibänder eingekauft. Das war ein dermaßen rarer Artikel, daß ich sie mittags wieder ausverkauft hatte. Bin mit dem Zug 'raufgefahren und konnte da schon für 400–500 Mark einkaufen, weil wir einige Kleinigkeiten eh.. auf Bezugschein eh.. weiterverkaufen konnten und abends sind wir noch mal nach Hamburg gefahren, sodaß wir dreimaligen Lagerumschlag an einem Tag — am Tag der Währungsreform schafften. Eh.. am dritten Tag nach der Währungsreform bekamen wir für einen Tag Kredit. Da konnten wir eh.. kaufen, und durften am anderen Tag bezahlen. Möglich war der Kredit nur, weil wir uns eh.. von der Firma aus ewig kannten.

Eins möchte ich einführen, ein Einzelhändler, der heute ein Geschäft führen will und vorankommen will, also mit Pluszahlen arbeitet und wenig Kapital hat, der muß sich betriebswirtschaftlich dermaßen schulen, daß er ein Steuerfachmann, Dekorationsfachmann, Personalchef, Statistiker, vor allen Dingen Warenkaufmann und Verkäufer, also psychologisch geschult sein muß und dieses vielfach in einer Person zu finden, ist heute weit unzumutbar, auf Grund der Arbeitsteilung und der 40-Stundenwoche, die wir haben. Eh.. nebenbei habe ich meine Mitarbeiter auch zu den vornerwähnten Schulungen geschickt, habe sie laufend ausgebildet. Habe meinen Mitarbeitern zum Anreiz 14 Monatsgehälter bezahlt, eins zu Weihnachten und eins als Tantieme im Frühjahr nach Bilanzabschluß. Eh.. bisher kann ich wohl mit den wirtschaftlichen Ergebnissen zufrieden sein. Ich hab' nach'm Krieg 5–6 mal gebaut, den Laden vergrößert, das Nachbargrundstück zugekauft, eh.. vor im Herbst 57–67 — im Herbst 67 haben wir den Laden ganz neu eingebaut mit flexiblen Einrichtungen. Wir können unsere eh.. Ware wechseln, wohin wir wollen, wir können die Ständer von den Wänden nehmen und in die Mitte des Ladens stellen, und umgekehrt auch, also nach ganz modernen Richtlinien. Wie ja vielleicht auch in England, eh.. das Dulau-System bekannt sein könnte.

Eh.. unsere Arbeitszeiten eh.. sind in den letzten Jahren etwas anders geworden. Früher gab's kaum Feierabend. Eh.. durch die Rationalisierung und bewußte Ausbildung sind wir in der Lage gewesen, keine Überstunden mehr zu machen. Wir machen seit Jahren überhaupt keine Überstunden, seitdem wir die 42½-Stundenwoche haben. Die 40-Stundenwoche wird in ein, zwei Jahren bei uns eingeführt. Eh.. meine Arbeitszeit habe ich seit einem Jahr etwas zurückgeschraubt. Ich fange morgens um halb 9 an, mache zwei Stunden Mittag, um halb sieben Feierabend. Auf der anderen Seite bin ich aber häufig abends zu Tagungen unterwegs. Ich bin Kreis- und Bezirksvorsitzender des Einzelhandels, des Textileinzelhandels, im Landesvorstand, eh.. des Textileinzelhandels — Fachgruppe Schleswig-Holstein eh.. bin Kassenrevisor der Bezirksstelle und damit im Beirat des Textileinzelhandelsverbandes als Kassenrevisor. Eh.. nebenbei bin ich der stellvertretende Vorsitzende unseres hiesigen Sportvereins, mit 2 800 Mitgliedern. Eh.. so hat man noch andere Hobby. Die Abende waren bis vor einigen Jahren noch stark besetzt. Aber wie gesagt, ich habe mich etwas zurückgezogen. In der Freizeit werden viel Fachzeitungen gelesen, die Tagespresse wird verfolgt eh.. in der Freizeit und der Arbeitszeit wird im Orte, wo wir wohnen, Behördenkämpfe durchgeführt. Über Verkehrsbehinderungen, über Einbahnstraßen, über Parkplätze eh.. Wir sind in der Nähe Groß-Hamburgs. Von der Mönckebergstraße[1] wohnen wir mit der S-Bahn 18 Minuten entfernt. Folgende Schwierigkeiten treten hier auf. Eh.. Bewohner unserer Stadt, die in der Nähe der S-Bahn wohnen, sind schneller in der Mönckebergstraße auf Grund der S-Bahn und der Rolltreppen im Kaufhof, bei

---

[1] Mönckebergstraße — große Einkaufsstraße in Hamburg-Stadtmitte.

Karstadt, bei Horten,[1] wie zu Fuß in unserem Zentrum; und diese Schwierigkeiten, die heute eintreten, die wir hier in Pinneberg ganz speziell durch die Trennung des Ortes in Ost und West durch die Eisenbahn haben, eh.. bisher haben wir da schwer drunter gelitten. Ob es besser wird, wenn im Herbst des Jahres 1969 die Brücke, die Sie ja gesehen haben, eh.. in Betrieb kommt, muß die Zeit ergeben.

Text B (Die Mehrwertsteuer)

Eh.. seit dem 1. Januar 1968 haben wir in Deutschland die Mehrwertsteuer bekommen. Eh.. auf Grund meiner Tätigkeit in verschiedenen Gremien war ich rechtzeitig drüber unterrichtet, und habe die Steuer unbedingt für den Einzelhandel günstig erkannt. Eh.. die Auswirkungen dieser Mehrwertsteuer treten heute schon für uns als Einzelhändler zu Tage. Wir sind in der Lage, bei öffentlichen Angeboten mitzukonkurrieren, bis bei der Mehr — bis bei der Umsatzsteuer von 4%, die wir vorher als Einzelhändler immer aufschlagen mußten, und der Großhandel, vor allem der sogenannte Großhandel, brauchte als Großhändel nur 1% Umsatzsteuer bezahlen. Folglich waren wir als Einzelhändler bei vielen Angeboten zu teuer. Eh.. diese Tendenz setzt sich immer mehr durch. Es war für viele schwer, die Mehrwertsteuer in ihrer letzten Konsequenz zu begreifen. Die Mehrwertsteuer wurde zu Anfang mit 10% eingesetzt, nach einem halben Jahr mit 11%. Am 1. Januar 1968 wurde die Mehrwertsteuer eingeführt mit 10%. Ab ersten siebten erhöht auf 11%, und die haben wir heute noch. Eh.. außer gewissen technischen Schwierigkeiten in der Buchführung, sind wir aber glatt über die Hürden gekommen und heute ist die Masse der Einzelhändler dankbar, daß die Mehrwertsteuer gekommen ist. Eh.. mehr, die technische Durchführung der Mehrwertsteuer ist heute eine Selbstverständlichkeit für den Einzelhandel geworden. Es gibt Branchen, andere Branchen, wo's bedeutend schwieriger ist. Für uns Einzelhändler eh.. läuft es in etwa so: Der Fabrikant verkauft uns, als Beispiel 10 Anzüge @100 Mark, macht zusammen 1 000 Mark. Auf diese Summe von 1 000 Mark werden 11% Mehrwertsteuer gesondert drunter gesetzt, sodaß wir eh — 1 110 Mark den Rechnungsbetrag haben. Eh.. diesen Rechnungsbetrag — von diesem Rechnungsbetrag ziehen wir bei sofortiger Zahlung 4% Skonto ab, und haben dann die entsprechende Nettosumme zu überweisen. Die 4% gehen gleichzeitig von der eh.. Mehrwertsteuer und von dem Nettobetrag ab. Eh.. für die Errechnung dieser Geschichten eh.. existieren Tabellen, die viele Kollegen haben. Eh.. wir persönlich haben uns eine — einer Datenverarbeitungsanlage angeschlossen, und lassen unsere Buchführung durch Kontrollzahlen eh.. berechnen. Eh.. die Auszeichnung eh.. dieser Ware, bleiben wir bei dem Beispiel Anzüge @ 100 Mark plus 11% Mehrwertsteuer, erfolgt im folgenden Maße: Früher haben wir in etwa auf den Anzug Netto 100 also, der 100 Mark kostete, 50% draufgeschlagen, sodaß der Anzug,

---

[1] Names of chains of department stores in West Germany.

ich muß mich berichtigen, eh.. nicht 100 Mark, sondern 111 Mark hat der Anzug früher gekostet, da haben wir 50% draufgeschlagen, sodaß in etwa 168 Mark Verkaufspreis heraus käme. Nach Einführung der Mehrwertsteuer haben wir die Grundlage für die Kalkulation etwas geändert, und zwar nehmen wir heute als Grundlage den Nettopreis; das wäre in unserem Beispiel 100 Mark und auf diese 100 Mark, wenn wir in etwa bei dem gleichen Aufschlag bleiben wollen, müssen wir 65 bis 70% aufschlagen, also 100 Mark Nettopreis plus 70% sind 170, abgerundet als Kaufmann, um den optischen vorteilhaften Preis zu bekommen, 168 Mark. Eh.. diese Einführung ist uns heute schon in Fleisch und Blut übergegangen. Zuerst haben wir Tabellen gehabt. Wir haben den Rechenschieber, die Rechenscheibe gehabt, und eh.. sind heute aber in der Lage, selbst beim Einkauf gedanklich eh.. diese eh.. Technik zu beherrschen. Der einfachste Weg ist heute Nettoeinkauf mal zwei minus 10%, das ist der bei 80% Aufschlag in etwa ein hm.. Richtpreis fur den Verkauf.

Note

This speaker is an elderly man. His accent and intonation place him clearly in North Germany, in Schleswig-Holstein. For details of pronunciation see chapters *9. Nachkriegszeit in Schleswig-Holstein* and *13. Prokurist*. It is worth noting that although, like other speakers (e.g. Verkaufsleiter) he is engaged in commerce, his work is at a local level (his business is a large men's outfitters). Partly for this reason, and perhaps partly because of his age, there is no evidence of modern Anglo-Saxon loan word vocabulary in his recording. Examples of specifically North German usage are: dermassen, derartig.

This speaker provides some evidence, both of the slightly nasal quality of Schleswig-Holstein speech and also of the extremes of intonation, mentioned elsewhere.

Lexikon

anfertigen (sep.), finish, manufacture
Angestellte (der) (adj. endings), employee, normally: white collar worker
Anreiz (der) (–e), inducement, incentive
sich anschliessen (schließt sich an, schloß sich an, hat sich angeschlossen) + DAT., to join, link up with
auflösen (sep.), dissolve
aufschlagen (schlägt auf, schlug auf, hat aufgeschlagen), (*here*) to add on (of a price), mark up
Auszeichnung (die) (–en), (*here*) label, pricing
Behördenkampf (der) (⸚e), representations to, or disputes with, the local authority
Beirat (der) (⸚e), advisor, advisory council
betriebswirtschaftlich, in the area of business management

Bezugschein (der) (–e), ration coupon
Buchführung (die), book-keeping, accounts
Datenverarbeitungsanlage (die) (–n), computer
Dekoration (die), window-dressing, shop lay-out
Endverbraucher (der) (–), consumer
Einbahnstraße (die) (–n), one-way street
eingezogen, from einziehen; *also:* **einberufen**, call up for military service
Einzelhändler (der) (–), retail trader
Feierabend (der), *colloquial*, **wir machen um 5 Uhr Feierabend**, we finish work
   at 5 o'clock
folglich, as a result, in consequence
Geschichte (die) (–n), here used colloquially, meaning things, matters
gesondert, separately
Gremium (das) (Gremien), committee
Großhändler (der) (–), wholesale dealer
Grundlage (die) (–n), basis, foundation
Kassenrevisor (der), auditor
Kinderlähmung (die), poliomyelitis (infantile paralysis)
Kriegsbetriebsgemeinschaft (die) (–en), business mergers ordered by the
   German government during the war
Kurzware (die) (–n), small goods, haberdashery
Lage (die) (–n), position, **in** *der* **Lage**, in *a* position . . . to
Lagerumschlag (der) (–̈e), turnover, sale of stocks
Landesvorstand (der) (–̈e), committee of an organisation at „Land" (i.e.
   State level, in this case Schleswig-Holstein)
Mehrwertsteuer (die) (**MWS**), Value added tax
Monatsgehalt (das) (–̈er), monthly salary; 14 Monatsgehälter (it is common
   in many German companies for workers to be paid one or two extra
   months' salaries per annum, usually at Christmas and before the summer
   holidays)
Netto, net (cf. **Brutto**, gross)
Rechenscheibe (die) (–n), calculator
Rechenschieber (der), slide rule
Rechnungsbetrag (der) (–̈e), amount of bill
rechtzeitig, in good time
Richtlinie (die) (–n), line, direction; *nach* **modernen Richtlinien,** along modern
   lines
Rolltreppe (die) (–n), escalator
Skonto (der, das) = **Diskont**, discount
Steuerfachmann (der) (–leute), tax expert
am *anderen* **Tag**, next day
Tantieme (die) (–n), bonus, profit-sharing
Überstunde (die) (–n), overtime
Umsatzsteuer (die) (–n), turnover tax
unzumutbar, expecting too much
vorankommen (sep.), get on (in the world)

Währungsreform (die), (West German) currency reform of 1948. A vital ingredient in the economic measures which stabilised West German economy and provided the basis for reconstruction after the war. In order to start the new Deutsche Mark (which replaced the Reichsmark) circulating. every German citizen was given DM 40.–. Bank accounts, salaries etc. were revalued at the rate of 10 RM to 1 DM

Übungen

Ü1 Schreiben Sie Fragen, die die folgenden Sätze beantworten!

1. Weil er als kleines Kind Kinderlähmung hatte.
2. Weil die feldgraue Farbe verboten war.
3. Er hat mit dem neuen Geld Kurzwaren gekauft.
4. Nur für einen Tag.
5. Er gibt es ihnen zum Anreiz.
6. Ja, er hat mehrmals aus- und umgebaut.
7. Vielleicht, weil er jetzt etwas älter ist.
8. Ja, er interessiert sich für den Sport.
9. Weil sie schneller und bequemer nach Hamburg fahren können.
10. Ja, man ist dabei, Brücken über die Eisenbahnlinien zu bauen.

Ü2 Beantworten Sie die Fragen!

1. Der Sprecher meint, daß die Mehrwertsteuer für seine Branche günstig sei. Warum?
2. Warum hat der Sprecher einen Vorteil, wenn er seine Rechnungen sofort bezahlt?
3. Was hat diese Firma mit einer Datenverarbeitungsanlage zu tun?
4. Nach welchem System kalkuliert man jetzt den Einzelpreis?
5. Als die alte Umsatzsteuer noch in Kraft war, hatten Großhändler einen Vorteil. Welchen?

Ü3 Vervollständigen Sie die Sätze!

1. Er ist nicht eingezogen worden, weil er ... zwei Jahren Kinderlähmung hatte.
2. ... Grund der heutigen Verhältnisse hat sich unser Gewinn verdoppelt.
3. In den 60-er Jahren vergrößerte sich der Betrieb ... doppelte.
4. Meine Frau mußte auch schwer arbeiten, damit die Familie ... Wasser blieb.
5. Ich bezahle meinen Angestellten ... Anreiz vierzehn Monatsgehälter.
6. Wir haben das Geschäft ... modernen Richtlinien entwickelt.
7. Im Juli 1968 wurde die Mehrwertsteuer von 10% ... 11% erhöht.
8. ... sofortiger Bezahlung bekommen wir 5% Skonto.

Ü4   Suchen Sie im Text Begriffe mit ähnlicher Bedeutung!

teilnehmen an   der Ausschuß
einberufen   infolgedessen
außerordentlich   kalkulieren
derartig   Diskont
vorwärtskommen   Computer

Ü5   Geben Sie Begriffe an, die hier definiert werden!

1   Ein Kaufmann, der andere Händler beliefert.
2. Ein Händler, der den Endverbraucher bedient.
3. Eine Steuer, die man auf alle Güter und Dienstleistungen bezahlen muß.
4. Eine Straße, normalerweise in der Stadtmitte, in der der Verkehr in nur
    einer Richtung fahren darf.
5. Einrichtungen in einem Geschäft, die zur Ausstellung der Ware gebraucht
    werden.
6. Kleine Sachen, wie z.B. Gummibänder, Knöpfe, Reißverschlüsse, usw.

Ü6   Definieren Sie!

eine Kriegsbetriebsgemeinschaft
ein Angestellter
eine Färberei
Eisenwaren
der Personalchef

Ü7   Finden Sie das Verb!

1. Wir haben auch alte Soldatenmäntel verkauft, aber weil die Farbe
    verboten war, mußten wir sie zuerst ... ...
2. Ich habe nach dem Krieg das Nachbargrundstück ..., und den Laden ...
3. Weil das Einkaufszentrum durch die Eisenbahn von dem Wohnviertel
    ... ist, hat unser Geschäft sehr darunter ...
4. Durch die Gründung der Kriegsbetriebsgemeinschaft hat sich unser
    Betrieb ums doppelte ...
5. Nach dem Krieg haben wir aus alten Decken Bekleidung für die Be-
    völkerung ... ...

Ü8   Sagen Sie!

Ein Anzug @ DM 100,–. Nettopreis × 2 – 10% = DM 180.–

Ü9   Translate:

Like everybody else in Germany clothing retailers had a very difficult time
just after the war. However, we worked hard and managed to keep our
heads above water by buying old army uniforms and blankets and having
them dyed and made into clothing for the civilian population.
It was not until after the currency reform that things got better. I remember
selling my entire stock on the first day after the new money was introduced.

Recently I have cut down my own working hours in the shop, partly because I'm not getting any younger, but also because I am busy with my work for the local and national retailers' associations. Until a few years ago I did everything; it meant being a salesman, tax specialist, shopfitter and personnel manager. The introduction of value-added tax in 1968 meant a lot of extra work at first, but we soon got used to it. In any case we now have all our bookkeeping done for us by computer, which saves time and money.

Lesestück

Der Anteil des Gesamtsteueraufkommens am Bruttosozialprodukt sank 1968 auf 22,6 v.H. Dieser Rückgang ergab sich trotz aufkommenssteigernder Steuerrechtsänderungen (Erhöhung der Steuersätze bei der Mehrwertsteuer, Erhebung der Ergänzungsabgabe zur Einkommen- und Körperschaftsteuer, Einschränkung der Tarifvergünstigungen für das Kreditgewerbe). Vor allem wirkte die mit der Einführung der Mehrwertsteuer verbundene Entlastung der Altvorräte stark einnahmemindernd; hinzu kam aber auch, daß die Einnahmen aus der veranlagten Einkommensteuer nicht mit der wirtschaftlichen Entwicklung Schritt hielten, das Aufkommen aus den Zöllen wegen des Binnenzollabbaus und der Zollsenkungen durch die Kennedy-Runde zurückging sowie der in 1967 einmalig erhöhend wirkende Sondereinfluß der Zahlungsterminvorverlegung bei den wichtigsten Verbrauchsteuern im Jahr 1968 entfiel.

Im Jahre 1969 stieg die volkswirtschaftliche Steuerquote auf 24,0 v.H. Dieses Ergebnis ist vor allem auf die Entwicklung des Mehrwertsteueraufkommens, bei dem sich die Wirkungen des Auslaufens der Entlastung der Altvorräte und der erstmals für ein ganzes Jahr geltenden Steuersatzerhöhungen summierten, zurückzuführen. Ferner kam es konjunkturbedingt zu Mehreinnahmen bei der Lohnsteuer und der Körperschaftsteuer, wobei die Körperschaftsteuer durch die teilweise rückwirkende Anpassung der Vorauszahlungen (sogenannte fünfte Vorauszahlung) außerordentlich zeitnah erhoben wurde. Außerdem ist 1969 die Straßengüterverkehrsteuer neu eingeführt worden. Hinzu kommt, daß die Gemeinden im Hinblick auf die Beteiligung von Bund und Ländern an der Gewerbesteuer im Rahmen der Finanzreform ab 1. Januar 1970 Gewerbesteuereinnahmen größeren Umfangs in das Jahr 1969 vorverlagert haben.

Finanzbericht 1973, Bundesministerium fur Finanzen.

11 Geschäftsführer

Einführung

Der Sprecher ist Geschäftsführer eines Elektronikbetriebs mit ca. 50C Beschäftigten. Seine Firma stellt Bauelemente für die Elektroindustrie her. Er kommt aus Norddeutschland.

Die meisten Privatbetriebe sind:

a) G.m.b.H. (Gesellschaft mit beschränkter Haftung). Eine G.m.b.H. muß mindestens zwei Gesellschafter haben und einen Kapitalwert von DM 20 000. Der Geschäftsführer wird von den Inhabern angestellt.

b) AG (Aktiengesellschaft) — gewöhnlich sind nur große Betriebe AG Eine Aktiengesellschaft bekommt ihr Investitionskapital durch Ausgabe von Aktien, die an der Börse (z.B. in Frankfurt) gekauft und verkauft werden. Je nach dem Gewinn bekommen die Aktionäre Dividenden.

c) KG (Kommanditgesellschaft) — Gewöhnlich mittelgroße Betriebe. Eine Kommanditgesellschaft besteht aus Inhabern, die mit ihrem ganzen Vermögen haften, die auch den Betrieb führen; sie besteht aber auch aus Kommanditen, d.h. Leuten, die der Firma Geld zur Verfügung stellen und die nicht an der Arbeit der Firma teilnehmen. Diese haften *nur* mit dem investierten Geld.

Alle Betriebe mit mehr als 5 Arbeitnehmern müssen einen Betriebsrat haben, der von den Arbeitnehmern aus ihren eigenen Reihen gewählt wird. Der Betriebsrat soll darüber wachen, daß die ausgehandelten Tarifverträge (s. Kapitel *Gewerkschaftsfunktionär*) eingehalten werden.

Text A

Wir sind ein Werk der Bauelementeindustrie und beliefern die gesamte Elektroindustrie in Deutschland. Auf Grund der EWG Partnerschaften haben wir diese Tätigkeit auf alle Länder in der EWG ausgedehnt. Für uns ist es schwer, in die EFTA[1] zu liefern und wir haben daher Lizenzverträge mit einem Werk in England und mit einem Werk in Dänemark abgeschlossen. Zur Zeit überlegen wir, ob wir wegen der günstigeren Arbeitsbedingungen ein Werk in Portugal bauen. Wir stellen speziell Widerstände her, und ich kann Ihnen sagen, daß die Widerstände in einem Fernsehgerät etwa 4 bis 500 Stück betragen, in einem Radiogerät 2 bis 300 Stück. Die Kundschaft setzt sich aus allen bedeutenden Elektrokonzernen wie Siemens, Grundig Saba, Telefunken, AEG zusammen. Wir arbeiten auch mit größeren Werken in den USA. Unser Anteil an dem deutschen Markt beläuft sich zwischen 20 und 50%. Obwohl wir ein Mittelbetrieb sind mit 4–500 Beschäftigten sind wir bekannt in der ganzen Welt. Wir haben 56 Vertretungen, und wenn ich nach Hong Kong komme, weiß man dort haargenau, wer unsere Firma ist.

Dieses ist vielleicht auch ein Grund, daß ich diesen Posten in der Firma angenommen habe. Ich war vorher Wirtschaftsprüfer, im englischen ist das

„accountant" und als man mir nach acht Jahren dieser Tätigkeit diesen Posten anbot, habe ich ihn angenommen. Vielleicht werden Sie fragen: warum? Ich kann Ihnen sagen. Als Wirtschaftsprüfer sehen Sie immer Dinge, die in der Vergangenheit waren. Sie sehen, wie eine Firma gearbeitet hat, und wie sie vielleicht nicht hätte arbeiten sollten. Mich reizte es nun einmal, festzustellen, ob ich auch eine Tätigkeit ausführen könnte, wo ich am Morgen etwas auf den Schreibtisch bekomme und das am Abend erledigt haben muß, und ich kann Ihnen sagen, daß diese Tätigkeit wesentlich hektischer ist, aber meinem Naturell mehr liegt. Ich selbst bin der Geschäftsführer dieser Firma, und auch beteiligt, im englischen glaub' ich, sagt man Managing Director. Welche Aufgabe besteht heute für einen Managing Director? Früher waren das vielleicht die persönlichen Kontakte, die man pflegen mußte. Man freute sich, wenn man eine gute Verzinsung von seinem Geld bekam, und kümmerte sich vielleicht weniger um die personellen Probleme und um die Produktion. Heute ist die Wirtschaftslage und die Konkurrenzsituation anders geworden.

Eines der wesentlichen Probleme eines Managing Directors ist das Personalproblem. Wie bekommt er die Leute, die seine Ideen in die Tat umsetzen? Wir haben gleichzeitig drei/vierhundert Frauen beschäftigt und 100 Männer. Sie müssen sich also auch in die Probleme der Frauenarbeit hineinvertiefen. Wie schaffen Sie es, daß Sie so viele Frauen bekommen? Hier spielen verschiedene Überlegungen eine Rolle. Wir haben, nachdem wir das Werk hier aufgebaut haben, überlegt, wie können wir Halbtagskräfte beschäftigen? Und wir kamen dann auf die Idee, zu annoncieren. Wir bekamen für den Morgen einen Anteil, dann konnten wir an dem Nachmittag keine Kräfte mehr bekommen. Woran lag das? Die Kinder, die morgens zur Schule gingen, kamen um eins — zwei nach Hause und mußten beaufsichtigt werden. Wir haben uns dann überlegt, welche Arbeitszeit wäre die beste? Wir kamen auf die Zeit von 5 bis 11 Uhr abends. Zu diesem Zeitpunkt kommen die Männer nach Hause und die Frauen können weggehen. Die Männer holen dann oft ihre Frauen um 10–11 abends im Wagen von der Fabrik ab, und das Familienleben ist so einigermaßen gerettet.

Note

The managing director's accent is that of North Germany, possibly Schleswig-Holstein or the West of Lower Saxony because of the way he stresses final –en on some infinitives. On the other hand he sometimes barely pronounces the final –(e)n in other verbs, and the short, hard a sounds in some words (Markt); the way he uses glottal stops instead of t and d sounds in the middle of words also points to the Hamburg area.

However the regional colouring is very weak here; by and large he speaks *Hochdeutsch* but with slight North German characteristics outlined above.

[1] Recorded before the United Kingdom joined the Common Market.

Lexikon A

AEG (Allgemeine Elektrizitätsgesellschaft), Trade mark of large German electrical company
annoncieren, advertise, put an advertisement in the papers
Arbeitskräfte (pl.), labour (force)
ausdehnen (sep.), extend, spread out
Bauelement (das) (–e), component
sich belaufen auf + ACC., to amount to
Beschäftigte (adj. endings), employee (cf. **Arbeitnehmer)**
betragen, amount to
einigermaßen, to some extent
erledigen, to complete, finish off
EWG (die), **Europäische Wirtschaftsgemeinschaft**, EEC
Geschäftsführer (der) (–), managing director
haargenau, absolutely, spot on
herstellen (sep.), manufacture
Konkurrenz (die), competition
Kundschaft (die), clientele, customers (cf. **der Kunde** (wk. noun), **die Kunden**
Lizenzvertrag (der), licence agreement (to produce goods on which patent are held by another firm)
Mittelbetrieb (der) (–e), medium sized company
Posten (der) (–), post, position
Vertrag (der) (–̈e), contract; **man** *schließt* **einen Vertrag** *ab*
Verzinsung (die), rate of interest

Übungen A

Ü1 Beantworten Sie die Fragen!
1. In welcher Branche arbeitet diese Firma?
2. In welchen Ländern werden die Produkte dieser Firma verkauft?
3. Warum war es bis jetzt nicht so einfach, auch nach England zu exportieren?
4. Warum hat die Firma eventuell vor, in Portugal ein Werk zu bauen?
5. Wie setzt sich die deutsche Kundschaft des Konzerns zusammen?
6. Warum hat der Sprecher seine Stelle angenommen?
7. Wie unterscheidet sich die Arbeit eines Wirtschaftsprüfers von der eines Geschäftsführers?
8. Warum ist das Personalproblem so wichtig in der BRD?
9. Warum muß der Sprecher sich mit Problemen der Frauenarbeit befaßen?
10. Was ist Schichtarbeit?
11. Was halten Sie von der Lösung, die der Geschäftsführer zum Problem „Arbeitskräfte" gefunden hat?
12. Wie hat die Firma ihre Arbeitskräfte bekommen?
13. Welche anderen Aufgaben hat ein Geschäftsführer?

14. Was sind „Halbtagskräfte"?
15. Warum ist diese Firma wichtiger als andere Mittelbetriebe ihrer Größe?

Ü2 Setzen Sie das Verb ein!
1. Unser Anteil an dem deutschen Markt ... auf etwa 30%.
2. Man muß die persönlichen Kontakte ...
3. In unserer Firma ... wir 400 Frauen.
4. Die Kinder kommen um ein Uhr nach Hause und müssen ... ...
5. Die Frauen werden um 11 Uhr von ihren Männern ...

Ü3 Bilden Sie Sätze mit den folgenden Ausdrücken!
günstige Arbeitsbedingungen
haargenau
hätte arbeiten sollen
gute Verzinsung
die heutige Wirtschaftslage

Ü4 Erklären Sie kurz!
a) welches Personalproblem diese Firma hatte und
b) wie sie es gelöst hat.

Text B

Unser Werk beginnt im Durchschnitt um zehn vor sieben, und das Büro beginnt um acht Uhr zu arbeiten. Ich selbst eh.. fange meine Arbeit um neun an und ich kann Ihnen auch sagen warum. Meine Kinder sind noch klein und müssen um neun in den Kindergarten. Da ich mittags und abends sehr oft geschäftliche Besprechungen habe, sehe ich meine Kinder so selten, außer an den Wochenenden; deshalb habe ich es eingeführt, daß um halb neun ein allgemeines Frühstück mit der ganzen Familie, meiner Frau, ich habe einen Sohn von sechs, und eine Tochter von vier, sowie unser Mädchen, daß also morgens ein gemeinsames Frühstück stattfindet, wo ich vorher vielleicht auch mit den Kindern noch etwas spiele, und wir uns an den Tisch setzen. So haben wir einmal am Tage eine gemeinsame Mahlzeit.

Um neun — viertel nach neun beginne ich dann meine Arbeit hier in der Firma. Dieser Zeitpunkt ist auch deshalb günstig, weil die Post um acht — halb neun von dem Postamt abgeholt wird, von der Sekretärin geöffnet wird, und um die gleiche Zeit, etwa neun Uhr, fertig auf meinem Schreibtisch liegt. Ich gehe dann die Post durch und treffe bestimmte Entscheidungen sofort, d.h., ob ein Lieferant oder ein Kunde mit dieser oder jener Ware beliefert oder nicht beliefert werden soll. Eine generelle Postbesprechung haben wir nicht. Jeder Abteilungsleiter sieht seine Post selbst durch und ruft mich gegen zehn oder halb elf an und sagt, „Ich habe hier dieses Problem oder jenes Problem. Wollen wir darüber diskutieren, oder können Sie am Telefon entscheiden?" Je nach der Sachlage wird dann zwischen zehn und

elf bei den einzelnen Abteilungen eine Entscheidung getroffen. Von 11 bi
12 sehe ich mir die Zeitung an, oder diktiere Briefe. Für die Mittagszeit vo
12–1 gehe ich entweder mit Kunden oder Gästen essen, oder ich fahre nacl
Hause und nehme hier ein kurzes Mahl ein. [1][Am Nach]mittag habe ich, je
den Tagen entsprechend, verschiedene Sachbereiche und Sachbearbeiter
besprechungen. An einem Tage wird die Produktion besprochen, ob di
Kapazitäten eingehalten werden, welche Kapazitäten noch zur Verfügung
stehen. An einem anderen Tage werden die Verkaufssachbearbeiter gebeten
die einem mitteilen, welche Schwierigkeiten mit welchem Kunden sind, ar
einem dritten Tage wird der Zustand unserer Maschinenanlagen, Neuinvestitionen durchgesprochen, je nach den erforderlichen Erkenntnissen werder
am Donnerstag und Freitag freie Besprechungen abgehalten. Gegen vie
Uhr am Nachmittag wird die Post hereingebracht und durchgegangen
Obwohl in Deutschland die Sitte herrscht, daß die Geschäftsleitung an
liebsten alles unterschreibt, sind wir hier mehr nach der angelsächsischer
oder amerikanischen Methode vorgegangen. Das bedeutet, jeder Sachbearbeiter unterschreibt seine Post selbst, und nur in Zweifelsfällen, oder sehwichtige Aufträge werden mir selbst vorgelegt. Gegen fünf Uhr geht dandas Personal in seinen Feierabend, und die leitenden Herren kommen of
um fünf noch zu einem kleinen Portwein oder Whisky zu mir und besprecher
persönliche Dinge, die man dann nicht besprechen kann, wenn am Tag di
Telefone läuten und die Kunden einen mit Anfragen überhäufen. Gegen hall
sechs gehen dann die meisten nach Hause.

Ich bleibe dann bis sieben in meinem Büro, um in diesen anderthalt
Stunden die Fachzeitschriften oder auch englische, amerikanische Publikationen über die Elektroindustrie zu lesen, und in Ruhe meine eigener
Berichte durchzugehen. Am Tage ist dieses ziemlich unmöglich, da malaufend durch Telefongespräche oder durch die Mitarbeiter in Ansprucl
genommen wird. Gegen sieben fahre ich dann nach Hause. Meistens sindann die Kinder im Bett und oft passiert es auch, daß sie schon schlafen
Ich nehme dann das Abendessen mit meiner Frau und unserem Mädcher
ein. Eine gewisse Schwierigkeit ist hier mit unserem Mädchen, da diese sehspät Feierabend hat, aber sie hat dafür von 3 bis um 5 am Nachmittag frei
Ich bin froh, daß wir ein Mädchen bekommen konnten, es handelt sich hieum ein jüngeres Mädchen aus Dänemark. Generell ist es sehr schwer i
Deutschland, eine Haushaltshilfe zu bekommen, und gerade für abends
aber wir haben in diesem Jahr Glück gehabt und eine zukünftige Krankenschwester bei uns im Haushalt. Also wir nehmen das Abendessen gemeinsar
ein und dann sehen wir um acht meistens die Tagesschau. Danach haber
wir die Möglichkeit, entweder nach Hamburg einmal ins Theater, oder in
Kino zu fahren, oder wir sehen einen Fernsehfilm. Die meiste Zeit verbringich auch damit, daß ich Fachzeitschriften oder auch neue Literatur lese
für die man sehr schwer Zeit erübrigen kann. Ich versuche aber pro Jah
2–3 Romane der Neuzeit zu lesen, um so auch etwas auf diesem Gebietfit zu sein. Eh.. Wir selbst gehen sehr spät ins Bett, meistens hören wir ode

[1] The words in square brackets are not audible on the tape.

sehen wir die 12 Uhr Nachrichten und gehen dann zwischen 12 und halb eins schlafen. Dieses ist nicht allgemein, aber mein persönlicher Rhythmus besteht darin, daß ich abends besser arbeiten kann als am Morgen. Ich glaube, daß Sie deshalb diesen Tagesablauf nicht gleichsetzen können mit dem Tagesablauf aller Deutschen.

Lexicon B

Durchschnitt (der), *im* **Durchschnitt**, on average
Entscheidung (die) (–en), decision; **man** *trifft* **eine Entscheidung**
leitender Herr, normally **leitender Angestellter** (adj. ending), senior member of staff
Maschinenanlage (die) (–n), plant (in a factory)
Sachbearbeiter (der) (–), specialist, person responsible for an area of work
Sachbereich (der) (–e), specialist area
Tagesschau (die), German television news and commentary
Verfügung (die), availability, **zur Verfügung** = available
vorlegen (sep.), bring to the attention of, **jemandem etwas vorlegen**

Kapazität?

Übungen B

Ü1   Beantworten Sie die Fragen!
  1. Beschreiben Sie die Arbeitszeiten in Deutschland und England!
  2. Warum fängt der Geschäftsführer erst um 9 Uhr an, zu arbeiten?
  3. Welche Entscheidungen muß der Sprecher treffen, die sich aus der Besichtigung der Post ergeben?
  4. Können die Abteilungsleiter über alle Probleme in ihren Abteilungen selbst entscheiden?
  5. Welche Abteilung gibt es im allgemeinen in einer Fabrik?
  6. Warum verbringt der Sprecher so viel Zeit beim Lesen der Zeitung?
  7. Was für Besprechungen werden am Nachmittag gehalten?
  8. Wie unterscheidet sich die Leitung dieser Firma von der anderer deutschen Firmen, was die Post betrifft?
  9. Was machen die leitenden Angestellten gewöhnlich nach „Feierabend"?
  10. Warum lädt der Sprecher die leitenden Angestellten ein?
  11. Warum kann er das nicht am Tag machen?
  12. Was macht der Sprecher am Abend?
  13. Was sind Fachzeitschriften?
  14. Was ist die Tagesschau?
  15. Welche Hobbys hat der Sprecher?

Ü2   Definieren Sie!
     die Geschäftsleitung
     das Personal

Feierabend
leitender Angestellter

Ü3   Translate:

on average
the firm ought to have put an advertisement in the paper
a good return on our money
various considerations
we had an idea
I reached the decision
we employ 200 men
how much is available

Ü4   a) Bilden Sie Adjektive!

das Geschäft
im Durchschnitt
der Punkt
die Zukunft

b) Bilden Sie die Nominalform!

anfangen	mitteilen
liefern	investieren
diskutieren	beaufsichtigen
besprechen	annoncieren

Ü5   Bilden Sie Sätze mit:

generell
laufend
einigermaßen

Ü6   *Mündliche Dolmetscherübung:* Hören Sie sich den letzten Tonbandauschnitt an! Fassen Sie die deutschen Antworten in Ihrer Muttersprache kurz zusammen!

— Which aspect of your work gives you most satisfaction?

— Ich kann Ihnen sagen, daß die Tätigkeit, die wir hier als Elektroindustrie haben, insoweit sehr interessant ist, als daß jeder große Konzern unsere Artikel braucht. Wenn beispielsweise ein Flugzeug oder ein Tanker einen Widerstand nicht bekommen, so können sie nicht fahren oder nicht fliegen. Das bedeutet, daß unsere Industrie von allen ernst genommen werden. Obwohl ich nur der Leiter einer kleineren Industrie bin, bin ich sowohl bei den großen Werken wie Siemens, AEG, Telefunken bekannt und werde dort jederzeit sehr angesehen behandelt. Ich kann Ihnen sagen, daß wir auch in England bekannt sind und ich auch dort von den großen Elektrokonzernen wie Thorn und Dubilier empfangen werde, und daß wir über Lieferungen dorthin verhandeln.

— How often do you personally go around the works?

— Eh — Ich gehe täglich ein-bis zweimal durch das Werk und zwar wenn ich mittags das Werk verlasse, gehe ich aus dem Büro durch die gesamten Werkhallen, und auch abends, wenn ich das Werk verlasse, gehe ich durch die Werkhallen. Ich gehe vielleicht ein bis zweimal wöchentlich auch durch die Sozialräume und die Kantine im Werk.

— You have someone in charge of sales, someone in charge of production. Is there any one of these people in a managerial position, whose work you are particularly interested in? Do you supervise the work of sales or of research more than one of the others?

— Ich bin von meiner Ausbildung her Volkswirt und habe dieses drei Jahre an einer Universität studiert. Dann war ich acht Jahre Wirtschaftsprüfer. Demgemäß bedeutet es für mich keine sehr großen Schwierigkeiten und keine lange Zeit, die Finanzoperationen unseres Werkes zu überwachen. Das bedeutet, ich überwache unsere Finanzabteilung. Das weitere ergibt sich aus meiner Position als Geschäftsführer. Hier muß ich den Kontakt mit unseren ausländischen Kunden pflegen. Das bedeutet, daß ich auch die Verkäufe im wesentlichen überwache. Für die Forschung und die technische Abteilung habe ich einen technischen Direktor angestellt, dem es obliegt, diese Dinge zu leiten. Wir haben hier wöchentlich eine Besprechung und entscheiden dann nach Vorträgen der verschiedenen Abteilungsleiter, welche Maßnahme getroffen werden soll.

— Who decides on the percentage of your profit which will be reinvested in research and new ideas?

— Diese Entscheidung wird von den gesamten Inhabern getroffen. Wir sind vier Inhaber. Gleichzeitig haben wir drei Direktoren. Alle drei Monate haben wir eine Direktionssitzung, an dem die Inhaber und die Direktoren teilnehmen. In diesen Besprechungen, die teilweise zwei Tage dauern, werden die entsprechenden Anträge vorgelegt und entschieden.

— Is there any cooperation between German industry and universities in the field of research and consultancy?

— Wir selbst haben oft Aufgaben, die wir einem Institut zur Bearbeitung geben. Wir können kein großes Forschungsteam beschäftigen, weil die Elektroindustrie in Deutschland nicht so gut ausgebaut ist wie in Amerika. Die amerikanische Industrie ist auf unserem Gebiet 2 bis 3 Jahre voraus, eine Tatsache, die sicher allen einleuchtet, wenn man an die Mondflüge der Amerikaner denkt und die daraus resultierenden Forschungen. Hier mitzu- halten ist für uns unmöglich. Ich versuche also daher, aus der Fülle der Angebote, gewisse Lizenzen herauszunehmen, bzw gewisse Forschungsaufträge zu erteilen. Dieses ist mehr auf unser Gebiet bezogen. Bei der deutschen Industrie allgemein kann ich sagen, daß man sich sehr bemüht, mit der Universität zusammenzuarbeiten, und hier, meines Erachtens, nicht so weit ist wie in den angelsächsischen oder in den amerikanischen Ländern. Meines Erachtens werden in Amerika viel mehr Beträge vom Staat und auch von der Industrie an die Universitäten geleitet, um gewisse Forschungsaufträge durchzuführen. Dieses ist meiner Meinung in Deutschland nicht so stark der Fall.

Ü7 Translate:

We employ 3–400 women and about 100 men. Although only a medium-sized firm, we supply the entire German electrical industry with components. In fact our share of the market runs to about 30%. Not that selling is a problem. With the demand so high, it's more a question of distribution than selling.

Nowadays one of the major concerns of a managing director is the personnel problem. For a labour intensive firm like ours, employing so many women, shift work is the answer, half-day shifts etc.

Like most executives in any industry, I start my day by going through the post, making decisions, like whether this or that customer should be supplied. Then I dictate letters, have telephone discussions with departmental heads. In the afternoon, depending on what day it is, we have meetings about various specialist subjects, one day we discuss production, another reinvestment in new plant.

Most evenings I stay in my office until 7 or 8, reading the technical journals and publications about the electrical industry.

Lesestück

Management-Lehre an den Hochschulen?

„Was ist Führungswissen, und ist es an der Universität lehrbar?" Diese Frage beschäftigt seit 1970 die Forschungsgruppe Industrielle Trainingsprogramme an der Universität Konstanz. Zur Diskussion des Problems legte die Gruppe jetzt eine hundertseitige Dokumentation vor.

Die Konstanzer Forscher ermittelten, daß in der Bundesrepublik — so etwa beim Düsseldorfer Komitee für Aus-, Fort- und Weiterbildung des Managements — genügend brauchbare Zusammenstellungen über die Lehr- und Trainingsinhalte der Manager-Ausbildung vorliegen, daß sie aber weder in den Seminaren der Management-Institute noch in der innerbetrieblichen Fortbildung der Firmen konsequent angewendet werden.

Auf einer Arbeitssitzung der Forschungsgruppe forderten 13 geladene Ausbildungsleiter der Industrie energisch, daß schon die Hochschulen ihre Studenten mit Führungswissen versorgen und in Führungsverhalten trainieren sollten. Rainer L. d'Arcy, Leiter der Personalförderung der Varta AG in Hannover, beklagte sich: „Akademisches ist im Bereich des Managements ebenso verpönt wie Management bei den Akademikern. In der Bundesrepublik gibt es keine akademische Manager-Ausbildung".

Wolfram Burisch, Dozent für Industriesoziologie in Konstanz und derzeit kommissarisch mit der Projektleitung der Forschungsgruppe betraut, weist jedoch diese Forderung der Industrie an die Hochschulen heftig zurück: „Universitäten sind gesellschaftliche Institutionen und keine Funktionärs-Akademien der Wirtschaft". Nach seiner Meinung muß es dabei bleiben, daß die funktionelle und praxisbezogene Ausbildung des Führungsnachwuchses Sache der Unternehmen ist.

Diese Aufgabe allerdings möchten viele Firmen nicht gerne selbst übernehmen. Nur einige Großkonzerne sind bereit, sich ihre Führungsfunktionäre selbst zu erziehen. Varta-Ausbilder d'Arcy teilt die Unternehmen nach ihrer Einstellung zu Fortbildungsfragen in vier Gruppen ein:

„Erstens Firmen, die konsequente und vollständige innerbetriebliche Trainingsprogramme für ihre Nachwuchs-Manager haben, so Unilever, Ford, IBM, Siemens, BASF oder Henkel;

zweitens Firmen, die ihre Manager planmäßig und systematisch durch Seminare schulen;

drittens Firmen, die ihre Führungskräfte gelegentlich und fallweise, häufig unter Status- und Belohnungs-Gesichtspunkten, zu Seminaren senden;

viertens Firmen, die gar keine Schulung ihrer Mitarbeiter für nötig halten".

Manager, 5. Mai 1973.

12 Verkaufsleiter

Einführung

Der Sprecher ist Leiter der Verkaufsabteilung bei der Firma, deren Geschäftsführer wir im vorigen Kapitel gehört haben. Er spricht über seine Probleme als Verkaufsleiter in einer Periode des rapiden, wirtschaftlichen Wachstums.

In dieser Situation ist die Nachfrage an Ware größer als das Angebot, d.h., er könnte mehr verkaufen, als seine Firma herstellen kann. Er stammt aus Norddeutschland (Raum Hamburg).

Text

Eh.. Wir sind hier ein Betrieb in der — aus der Elektroindustrie und stellen Bauelemente her, elektronische Bauelemente, im speziellen Widerstände und Potenzometer. Wir liegen hier im Norden Deutschlands, während sich die Elektroindustrie konzentriert auf Mitteldeutschland und Süddeutschland und im Raum Frankfurt — Stuttgart — München — Baden-Württemberg, sprich Schwarzwald, und eh.. es ist in Deutschland eigentlich gang und gäbe, daß der Verkäufer zum Einkäufer reist. Nur in ganz besonderen Situationen ist es umgekehrt, aber vorwiegend muß der Verkäufer den Einkäufer besuchen und eh.. deshalb reise ich nicht so sehr viel, aber jeden Monat zu den wichtigsten Kunden, um vorwiegend freundschaftliche Gespräche zu führen, Kontaktgespräche zu führen, nicht unbedingt mit einem festen Programm bei den Kunden, sondern wie man so schön sagt eine Goodwill-Reise. Eh.. das ist recht zwanglos dieses Gespräch, man muß sich natürlich vorher anmelden, damit der Einkäufer oder ein Entwicklungsmann auch.. eh.. Zeit nimmt für dieses Gespräch. Eh.. Notwendig ist es sicherlich, daß man in der Mittagszeit seinen Kunden einlädt zum Mittagessen, oder für einen Nachmittagskunden, daß man ihn zum Abendessen einlädt, um weiterhin die engen Kontakte zu pflegen. Das hat nichts mit großer Bestechung oder eh.. mit Korruption etwas zu tun. Das ist ganz einfach zur Vervollkommnung des persönlichen Kontakts. Es werden also kaum geschäftliche Gespräche in diesen Freizeiten geführt, sei es mittags oder abends, es ist nur persönlicher Kontakt.

Wir leben jetzt hier in Deutschland in einer Boomzeit, d.h., die Industrie floriert außergewöhnlich gut und es ist jetzt — es ist jetzt die Situation da, daß der Verkäufer möglichst nicht zum Einkäufer fährt, sondern daß es viel notwendiger ist, daß der Einkäufer zum Verkäufer fährt, um seine Ware zu bekommen, denn es sind gerade in unserer Branche doch Lieferfristen heute auf dem Markt zu erkennen von 40, 50, 60, 70 Wochen, d.h. über ein Jahr Lieferfristen für Bauelemente. Wir wissen nicht, wie lange dieser Boom anhält, wir sind aber relativ optimistisch und eh.. diese Situation bringt viele Probleme mit sich. Der Verkäufer normalerweise liebt es, zu verkaufen. Heute hat er eine völlig andere Aufgabenstellung bekommen, nämlich die Aufgabenstellung: Verteilung. Er muß seine Ware so gut es geht verteilen, denn er soll nur zufriedene Kunden haben, und es ist eine große Problematik, alle Kunden zufriedenzustellen, wenn man nicht genügend Ware hat.

Zur Preisstellung hier in der Bundesrepublik bei Bauelementen kann man eigentlich verschiedene Antworten geben. Eh.. Wir selbst arbeiten nach folgendem System: wir gruppieren Kunden ein in verschiedene Gruppen, Großindustrie, Mittelindustrie, Kleinindustrie und Händler, Distributer und haben danach feste Preislisten erstellt, teilweise noch innerhalb der einzelnen Gruppen mit Staffelpreisen. Diese Preise sollen eingehalten werden in ganz Deutschland. Selbstverständlich kommt es immer wieder vor, daß eh.. Großabnehmer Sonderkonditionen aushandeln, und eh.. wir auch Sonderkonditionen mit uns aushandeln lassen. Aber das sind Verhandlungen, die gezielt auf bestimmte Lieferumfänge abgestimmt sind und dann gibt es Rabatt oder Bonus oder wie man auch immer diese Nachlässe bezeichnet eh.. in Größenordnungen von einigen Prozenten. Ich würde sagen, 5% außerhalb der Preisliste ist schon außergewöhnlich viel und es müßte ein ausgesprochener Sonderfall sein. Und diese Preispolitik, die in dieser Deutlichkeit und in dieser Klarheit praktisch nicht von unseren Mitbewerbern geführt wird, hat sich in Deutschland sehr gut durchgesetzt, denn der Kunde weiß ganz einfach, wenn er etwas zu bestellen hat, es kostet so und soviel, und die deutsche Vitrohm[1] hat Preise, eh.. die auch mein Konkurrent, nämlich der Nachbarbetrieb, bekommt und er muß nicht jeden Bedarfsfall neu aushandeln, im Preis. Das ist eine wesentliche Vereinfachung. Hinzu kommt, daß der Einkäufer mit Nettopreisen von vornherein arbeiten kann, er muß nicht mehr überlegen, ich bekomme einen Jahresbonus, einen Jahresrabatt oder etwas ähnliches, sondern er hat den Nettopreis und er kann diesen Preis gleich in die Kalkulation einbeziehen. Es hat sich sehr bewährt und wir führen dieses System seit 1961 mit wirklich gutem Erfolg.

Eh.. die innere Verkaufsorganisation ist so aufgebaut: wir haben einen Außendienst, bestehend nur aus Vertriebsingenieuren. Einen kommerziellen Außendienst kennen wir nicht. Die Verkaufsingenieure haben nicht die Aufgabe des reinen Verkaufens, sondern nur beratende Funktion, d.h., die Anwender sollen nach bestem Wissen und Gewissen beraten werden und eh.. nicht unbedingt auf unsere eigenen Erzeugnisse hin; wenn es einen Anwendungsfall gibt, wo unsere Teile vielleicht nicht hineinpassen, dann werden unsere beratenden Ingenieure auch ohne große Hemmungen den Anwender auf die Konkurrenz verweisen und sagen: „Da bist du besser aufgehoben in diesem Fall, denn uns ist ein Kund — ein zufriedener Kunde in jedem Fall viel lieber wie ein Kunde, mit dem man jetzt einmal Umsatz macht, dann erlebt er eine Panne und kauft nicht wieder bei uns".

Note

The speaker is clearly from the North of Germany, probably the Hamburg area. Hamburg seems to be indicated by the very hard **a** sounds in Markt, Kontakt, aushandeln, by the use of glottal stops instead of **t** in Elementen,

---

[1] Name of company.

and by his flat intonation. On the other hand he does not use the North German **s**.

It is no accident that this speaker, more than any of the others in the course, uses large numbers of Anglo-Saxon loan words. This is almost certainly determined by his work as sales director, for the area of language within which he operates has been subject to very considerable influence, largely from America. Indeed, apart from the language of the 'pop' world and some areas of journalism, that of marketing and management has probably borrowed more from Anglo-Saxon sources than has any other language area. Our speaker uses words like Boom, Distributer, Team, etc. quite unreflectingly as part of his everyday language. The reader needs only to browse through some of the „Stellenangebote" (situations vacant) pages of *Die Zeit* or *Die Welt* to see just how much English vocabulary has been taken into the German of advertising and sales.

Lexikon

anhalten (hält an, hielt an, hat angehalten), continue, go on. (N.B. curiously, in other contexts this verb means exactly the opposite, i.e. stop (of trains, bus); cf. *reizen*, to charm, or to irritate)

sich anmelden (sep.), announce oneself, arrange a visit. The same verb is used in a bureaucratic context. Citizens of the Federal Republic who move house from one area to another are obliged „sich *ab*zumelden" at the *Anmeldeamt* of the town from which they are moving, and „sich *anzu*melden" at the local administrative office of their new town

ausgesprochen, decidedly, very

aushandeln (sep.), negotiate

Bedarf(sfall) (der) (∸e), need, requirement

beratend, advisory

Bestechung (die) (–en), bribe(ry)

Betrieb (der) (–e), firm (used colloquially more frequently than Firma)

sich bewähren, prove (itself, oneself) viable

Branche (die) (–n), area (of industrial activity) (N.B. Branche does *not* mean branch of a firm; this is normally translated Stelle, Zweigstelle or Niederlassung)

sich durchsetzen (sep.), become established, justify (itself, oneself)

einbeziehen (sep.), incorporate, include

einhalten (hält ein, hielt ein, hat eingehalten), stick to, keep (a schedule, deadline)

Entwicklungsmann (der) (leute), company employee responsible for development, innovation, etc.

erstellen, produce, set up

florieren, flourish, grow; cf. blühen

gang und gäbe (no capitals), the norm, the widely accepted tradition

Gespräch (das) (–e), conversation (N.B. man *führt* ein Gespräch)

Hemmung (die) (–en), hesitation, inhibition

Lieferfrist (die) (–en), delivery date; **die Frist,** period of time (N.B. **er wurde fristlos entlassen,** he was dismissed without notice)

Mitbewerber (der) (–), competitor, same meaning here as **der Konkurrent**

Nachlass (der) (⸚e), (*here*) reduction (in price)

Nettopreis (der) (–e), net price (cf. **Brutto** = gross)

Preisstellung (die) (–en), pricing, price policy

Rabatt (der), discount price reduction

Sonderfall (der) (⸚e), special case; **Sonder–,** is frequently used as a prefix in this way

sprich, that is, i.e.

Staffelpreis (der) (–e), graduated or differential price (list)

teilweise = **zum Teil,** to some extent, in part

umgekehrt, the other way around

unbedingt, absolutely; **nicht unbedingt,** not necessarily

Vereinfachung (die) (–en), simplification

Vervollkommnung (die), perfection, making complete

verweisen (verwies, hat verwiesen) **AUF + ACC.,** to point to, indicate, suggest

vorwiegend, predominant(ly), main(ly)

wesentlich, important

Wissen (das), **nach bestem Wissen und Gewissen,** cliché expression = to the best of my knowledge

zwanglos, relaxed (lit. unforced)

Note the following useful expressions which can be used in most utterances

Ich würde sagen, daß . . ., I should say . . .

sei es . . ., whether it be . . .

. . . **wie man so schön sagt** . . ., . . . as they say

Übungen

Ü1 Beantworten Sie die Fragen!

1. Warum besucht der Verkaufsleiter seine Kunden?
2. Warum lädt er sie so oft ein?
3. Inwiefern ist die heutige Verkaufslage in der Elektrotechnik nicht normal?
4. Wie hat die Boomzeit die Rolle des Verkaufsleiters geändert?
5. Wie sieht die tägliche Routinearbeit eines Verkaufsleiters aus?
6. Was passiert im Laufe einer sogenannten Goodwill-Reise?
7. Wie setzt sich die Kundschaft der Firma zusammen?
8. Wie geht die Preisstellung in dieser Firma vor sich?
9. Kann eine Firma Bauelemente außerhalb der Preisliste kaufen? Unter welchen Umständen?
10. Was hat der Sprecher gegen das Reisen?

Ü2 Beantworten Sie die Fragen in 2–3 Sätzen!

1. In welchem Zusammenhang spricht der Verkaufsleiter von Bestechung?
2. Was muß der Verkaufsleiter tun, um seine Kunden möglichst zufrieden-zustellen, wenn er nicht genügend Ware hat?
3. Was versteht der Sprecher unter „Goodwill-Reise"?
4. Der Sprecher behauptet, daß seine Kunden feste Preislisten vorziehen. Aus welchem Grund?
5. Warum haben die Verkaufsingenieure nicht die Rolle des reinen Ver-kaufens?

Ü3 A. Geben Sie Begriffe an, die im folgenden definiert werden!

1. Ein Nachlaß im Preis, normalerweise von der Menge der gekauften Gegenstände sowie auch von sofortiger Bezahlung abhängig.
2. Die Zeit zwischen Bestellung und Lieferung.
3. Eine Periode des rapiden wirtschaftlichen Wachstums.
4. Das, was im Laufe des Tages passiert.
5. Mit korrupten Methoden den Versuch machen, jemanden zu beein-flussen.

B. Geben Sie ähnliche Definitionen für folgende Begriffe an!

1. Goodwillreise
2. Konkurrent
3. Sachbearbeiter
4. gang und gäbe
5. Brutto
6. Kartei

Ü4 Erklären Sie den Unterschied zwischen Branche — Zweigstelle.

Ü5 A. Geben Sie das Verb an!

Gruppe	Kontakt
Entwicklung	Bestechung
Vervollkommnung	Zufriedenheit
Konzentration	Verhandlung
Zwang	Gestalt
Erfolg	Empfinden

B. Bilden Sie Sätze mit diesen Verben!

Ü6 Geben Sie Synonyme für folgende Wörter an!

1. teilweise		6. Korruption
2. unschön		7. beschäftigt
3. generell		8. vorwiegend
4. Kontakt		9. Bonus
5. deutlich		10. vollkommen

Ü7 Was ist das Gegenteil von:

vorwiegend
konzentriert
unbedingt
zwanglos
Boomzeit

Ü8 Abschrift. Schreiben Sie den letzten Absatz des Textes direkt vom Band ab!
(Wir sind ein Team . . .)

Ü9 Setzen Sie das passende Verb in die folgenden Sätze ein!

1. Wir wissen nicht, wie lange dieser Boom . . ., sind aber relativ optimistisch.
2. Ich reise, um Kontaktgespräche mit den Kunden zu . . .
3. Es ist normal, daß der Verkäufer den Kunden zum Mittagessen . . .
4. Es ist ein großes Problem, die Kunden . . ., wenn man nicht genügend Ware hat.
5. Wir haben unsere Preisliste genau festgelegt, d.h., sie soll in ganz Deutschland . . . . . .
6. Es kommt allerdings manchmal vor, daß Großabnehmer Sonderpreise mit uns . . .
7. Wenn wir nicht helfen können, dann werden unsere Ingenieure die Kunden auf unsere Konkurrenten . . .
8. Als Verkaufsleiter muß ich natürlich die engen Kontakte zu den Kunden . . .

Ü10 Translate:

My main job as sales manager is to visit customers on goodwill trips, maintain friendly contacts, etc. I usually take customers out to lunch or dinner—some people say that's bribery, but really it's just to keep up personal contact.

In most industries it's normal for the salesman to visit the customer, but our components are in short supply and we have delivery dates of up to a year. In this situation it's more a question of sharing out goods than selling them, and the customers often come to us. It's a big problem when you don't have enough goods to satisfy the demand. Partly because of this we don't operate a discount system any more. Actually this has brought about a considerable simplification of our accounting, saves time and money. It's good for the customer too. He knows he's getting the same prices as his competitors, and *his* book-keeping is also made easier.

13 Prokurist

Einführung

Der Sprecher ist Prokurist bei einer Hamburger Reederei. Seine Haupt-
aufgabe besteht darin, Ladungen für die Schiffe seiner Firma zu besorgen
und die Fahrten der Schiffe so zu organisieren, daß diese möglichst selten
ohne Ladung auslaufen. Wenn er z.B. eine Holzladung nach London organisieren muß, versucht er gleichzeitig, eine Ladung für die Rückreise zu finden.
Der Herr ist Hamburger.

Text

Ja, ich arbeite in einer Firma hier in Hamburg und zwar ist es eine Schiffsmaklerfirma und Reederei. Wir disponieren in dieser Firma 90 Schiffe in
der Größe von ungefähr 250 bis 14/1500 Tonnen Tragfähigkeit. Die Schiffe
sind eingesetzt in der Nord- und Ostseefahrt, in der Irischen See und im
Mittelmeer. Ich bin Befrachter in dieser Firma und disponiere also die
Schiffe in diesem Fahrtbereich, d.h., ich besorge die Ladungen, ich gebe die
Anweisungen an die Kapitäne, besorg' Leute, Mannschaften und alles, was
damit zusammenhängt. Das ist ein sehr interessanter Beruf und er schafft
viele Kontakte, besonders zum Ausland hin, man ist viel unterwegs, jedes
Jahr einige Wochen in England, in Irland, Schweden, Finnland. In diesem
Jahr fahr' ich nach Prag, weil wir ja auch viel für die Tschechoslowakei
verladen von Hamburg, von Stettin, von Danzig, nach englischen Häfen.
Einige Male bin ich in Polen gewesen, vielleicht auch noch mal nach Rußland,
und innerhalb dieses Berufes, hab' ich schon gesagt, hat man einen weiten,
weiten Bekanntenkreis, der sich nicht nur auf die Länder Europas, sondern
auch durch weitere Verbindungen nach Amerika und so weiter fortsetzt.
Ich bin früher zur See gefahren, zwei Jahre lang und hatte die Absicht,
Kapitän zu werden, bekam dann einen Augenfehler und mußte die Seefahrt
aufgeben. Das nächstliegende war dann, daß ich eben ins Büro ging und
von dort aus heute dann noch den Kontakt mit der Schiffahrt habe. Meine
Familie fährt seit 3–400 Jahren zur See; ja, mein Vater ist Kapitän gewesen,
mein Großvater, mein Urgroßvater soweit man denken kann, meine beiden
Brüder fahren auch und da — das war eigentlich die Entscheidung, warum
ich gerne in dieser Sparte bleiben wollte und ich muß sagen, ich hab' das
nicht bereut. Mit England verbinden uns sehr viele gemeinsame Interessen,
besonders deshalb, weil die englische Flotte sich auf größere Einheiten
beschränkt und es in England praktisch keine „Coasters" gibt, wie wir sie
hier haben, d.h. also, der gesamte Import Englands von Holz, Zellulose,
Stückgütern aus dem skandinavischen Raum wird, man kann fast sagen,
zu 70% durch deutsche Schiffe befördert.
    Ja, wir wohnen hier ja etwas außerhalb Hamburgs. Wir brauchen mit dem
Wagen ungefähr 30–40 Minuten, je nach Verkehrslage, um ins Büro zu
kommen. Offiziell beginnen wir um halb 9 und wir fahren dann immer etwas
zeitiger los, sodaß wir ungefähr um 8 Uhr dort sind. Das erste, was dann
am Morgen auf uns zukommt, ist, daß wir die Fernschreiber kontrollieren
und wir haben dann von überall in Europa die verschiedenen Positionen

unserer Schiffe über Telegramm, über Fernschreiber, und die werden dann erfaßt, werden in Listen aufgenommen und es werden dann die verschiedenen Orders diktiert. Wir haben, in dieser Abteilung arbeiten wir mit sieben Mann, davon sind drei Damen. Jeder Mann bearbeitet ein spezielles Gebiet, ich beispielsweise die Holzbefrachtung von Skandinavien nach England, Irland, Frankreich, usw. Dänemark, und sind dann, wenn die Schiffe leer werden, bekommen wir Telegramme oder Fernschreiben von den verschiedenen Agenten, die uns dann bitten, uns Orders aufzugeben, wohin die Schiffe weiter laufen sollen, Einzelheiten der anschließenden Beschäftigung, die wir dann über Fernschreiber oder Telegramm an die Kapitäne geben, und die dann entsprechend auslaufen und die Reisen durchführen. Während des Tages werden uns sehr viele neue Ladungen angeboten über Fernschreiber, Telegramm, Telefon. Es ist ein sehr hektischer Betrieb und es erfordert natürlich immer eine gewisse Disposition voraus: Berechnung, wann kommen die Schiffe an? Wenn ich das vielleicht 'mal an Hand eines Beispiels erklären darf. Ein Schiff geht von Finnland am Montag ab nach London. Dann berechnen wir, daß das Schiff in vier Tagen in London ist. Dann muß die anschließende Ladung avisiert werden, d.h., beispielsweise, das Schiff soll in Belgien wieder laden nach Polen. Dann müssen wir also von Finnland schon die Waggons bestellen für die anschließende Ladung in Belgien, und wir müssen vorher uns erkundigen, wie die Aussichten in London sind. Gibt es wieder mal die üblichen Streiks, gibts die nicht, gibts „go slow" oder gibt es Regen, und entsprechend muß disponiert werden. Das ist besonders in England natürlich sehr, sehr schwierig, weil sich die Lage dort von Stunde zu Stunde ändern kann, und das kann keiner voraussehen. Wir haben Schiffe, die haben bis zu sechs Wochen in Hull, beispielsweise, gelegen und wir hatten die Ladung vielleicht acht Tage später disponiert, dann haben die Waggons in Belgien, in Frankreich gestanden, wir haben Geld bezahlen müssen, oder jedenfalls doch sehr große Schwierigkeiten gehabt. Wenn das Schiff nun von London weggeht nach Belgien, dann muß die nächste Ladung schon wieder in Polen arrangiert sein, d.h., man muß wieder rechnen: Belgien — Abfertigung — Löschen — Polen — Laden — Aussichten. Es ist eine Aufgabe, die einen praktisch den ganzen Tag mit der Masse der Schiffe in Gang hält. Neben dieser Sache, neben der reinen Befrachtung und Disposition, machen wir dann sehr viel Schiffs-An- und Verkauf und haben gerade in den letzten zwei Monaten wieder acht Schiffe verkauft nach verschiedenen Ländern, nach Jugoslawien, nach Finnland, nach England hin. Das sind auch Dinge, die viel Aufmerksamkeit erfordern, weil es ja immer um sehr, sehr große Beträge geht. Fehler dürfen da nicht gemacht werden, oder sind dann sehr peinlich, wenn sie gemacht werden, nicht wahr? Das geht so den ganzen Vormittag hin.

Note

Coming as he does from Hamburg, which has a long history of maritime trade with Britain, it is not surprising that the speaker uses a variety of English words quite unreflectingly as part of his normal German speech. This includes not only specifically English objects—Coasters, Go-Slow, but also the Anglo-Saxon loan-word alternatives to German words, such as Kontrakt (for Vertrag), Order (Bestellung).

A typical feature of Hamburg speech which can be heard here is the use of a glottal stop in place of the full consonant sound in the middle of the word. When the speaker says arbeiten, hatten, Bekanntenkreis, etc. the t sound is virtually inaudible, something reminiscent of cockney speech. Also the intonation of a sentence tends to be flatter than in other parts of Germany. Another feature typical of Hamburg (and also of other North German regions) is the way in which **ar** is pronounced medially. Mark, Markt, sound more like Märk, Märkt. This speaker does not, however, make use of the North German s sound in Stein, Stimme, which most Hamburger would not pronounce Sch.

Lexikon

abwägen (sep.), weigh up, estimate; *also:* **erwägen**
Angebot (das) (–e), offer, „Angebot und Nachfrage", demand and supply
anschließend, next, subsequent
Anweisung (die) (–en), instruction
auslaufen (sep.), läuft aus, lief aus, ist ausgelaufen), set sail
Befrachter (der) (–), freight agent
Bekanntenkreis (der) (–e), circle of acquaintances
bedauern, regret
disponieren, arrange
einsetzen, employ, occupy
Fernschreiber (der) (–), teleprinter, 'telex'
Flotte (die) (–n), fleet
Ladung (die) (–en), cargo
Mannschaft (die) (–en), (*here*) crew of a ship (*also:* **die Besatzung**)
markant, marked
Mittelmeer (das), Mediterranean
peinlich, embarrassing
Reederei (die) (–en), shipping business
Risiko (das), risk
Schiffsmakler (der) (–), ship's broker
Sparte (die) (–n), area of work, branch of a business
Stückgüter (pl.), crated goods
Tragfähigkeit (die), (load) capacity
Waggon (der) (–s), railway truck (N.B. **der Wagen**, railway passenger carriage)
zeitig, in good time
Zusammenbruch (der) (–̈e), collapse

Idiomatic expressions

an Hand eines **Beispiels**, by means of an example
in Gang halten, keep (one) busy
man fährt *zur* **See**, go to sea
in großer Zahl (sing.), in large numbers

Übungen

Ü1 Beantworten Sie die Fragen!

1. Beschreiben Sie die Arbeit einer Reederei!
2. In welchen Ländern sind Prag, Stettin, Danzig?
3. Hat der Sprecher immer in einem Büro gearbeitet?
4. Welches sind die Aufgaben eines Befrachters in dieser Firma?
5. Warum werden 70% der Importe Englands aus Skandinavien durch deutsche Schiffe befördert?
6. Was gefällt dem Sprecher an seiner Arbeit?
7. Welches besondere Frachtgebiet bearbeitet der Sprecher?
8. Was macht der Sprecher, nachdem er ins Büro kommt?
9. Welche geschäftliche Tätigkeit übt diese Firma außer Befrachtung aus?
10. Wie weit im voraus muß der Sprecher die Fahrten eines Schiffes planen?

Ü2 Beantworten Sie die Fragen in 3–4 Sätzen!

1. Warum müssen die Schiffsladungen so weit im voraus geplant werden?
2. Welche unerwarteten Geschehnisse können unter Umständen die Disposition der Schiffe unterbrechen?
3. Warum erfordert der Schiffsverkauf so viel Aufmerksamkeit?
4. Wie kommt es, daß die Firma unter Umständen in Belgien bezahlen muß, wenn in Hull gestreikt wird?
5. Warum hat der Sprecher diese Stelle in einer Schiffsmaklerfirma angenommen?

Ü3 Sagen Sie in einem Wort:

zum Beispiel
in Bewegung (auf Reisen)
einige Male

Ü4 Vervollständigen Sie die Sätze!

1. Unsere Schiffe sind in der Nord- und Ostsee ....
2. Fast der gesamte Import Englands von Holz wird durch deutsche Schiffe ....
3. Jeder Kollege in unserem Büro ... ein spezielles Gebiet.
4. Vielleicht kann ich das ... eines Beispiels erklären.
5. Meine Arbeit ist hektisch, sie hält mich den ganzen Tag ....
6. Das sind alle Dinge, die viel Aufmerksamkeit ....

7. Meine Familie fährt seit 300 Jahren zur See; deshalb wollte ich gerne in dieser ... bleiben.
8. Ich gebe Anweisungen an die Kapitäne, besorge Mannschaften, und alles, was damit ....

Ü5 Ein Schiff fährt von Schweden nach London mit Holz, von London nach Rotterdam mit Autos, von Rotterdam nach Danzig ohne Ladung, und von Danzig nach Schweden mit Fleisch. Beschreiben Sie in einigen Sätzen die Einzelheiten der Reise!

Ü6 Bauen Sie Sätze mit den folgenden Verbformen auf!
es werden diktiert
werden angeboten
wird befördert
muß avisiert werden
muß disponiert werden

Ü7 Abschrift: Schreiben Sie den Tonbandauszug ab!

Ü8 Geben Sie Synonyme an!
der Kontrakt
avisieren
die Situation
speziell

Ü9 Translate:
He went to sea
the work keeps you on the go all day
from one hour to the next
seven people (*colloq.*) work in our office
I've never regretted it

Ü10 Mündliche/Schriftliche Nacherzählung:

Die Abwertung der britischen Währung
Wenn die Währung eines Landes schwach ist, haben ausländische Handelspartner große Schwierigkeiten, besonders wenn es um langfristige Verträge geht.
Frachtraten normalerweise in der Währung des belieferten Landes festgelegt — Gerüchte, daß England abwerten wird — Vorsichtsmaßnahmen: 1. Frachten in D-Mark stipuliert — Widerstand der englischen Firmen — persönliche Beleidigung 2. Pfunde im voraus (auf Termin) verkaufen — das erfordert viel Arbeit — man muß der Bank sagen: in 6 Monaten liefern wir £5 000 — Bank legt sich fest auf Wechselkurs — Geldüberweisung nach Lieferung der Fracht braucht einige Tage — man verliert etwas aber man

hat eine gewisse Sicherheit — viele Firmen haben nach der Abwertung Geld verloren.

N.B. Ortsnamen, Hammina, Hull.

VOKABELN

Abwertung (die) (–en), devaluation
Beleidigung (die) (–en), insult
Gerücht (das) (–e), rumour
Pfund (das) (–e), pound sterling
Termin (der) (–e), date, time
auf Termin verkaufen, sell ahead, in advance
Überweisung (die) (–en), (bank) transfer
Vorsichtsmaßnahme (die) (–n), precaution
Währung (die) (–en), currency
Widerstand (der), resistance
-zig-tausend, tens of thousands (*colloq.*)

Ü11 Translate:

My job as shipping agent is to organize cargoes and crews for our 90 ships, which operate between the Mediterranean and the Baltic. It's a hectic job, because you have to arrange so much in advance. For example, you have to know the next-but-one cargo and destination for each ship.

Freight rates are our biggest problem; it's difficult to weigh up in advance what might happen. In the Korean War, for example, they went up by over 100% within days. An unstable currency is another problem, because we are normally paid in the currency of the country we deliver to. We always have to reckon with the risk of devaluation. At the time of the devaluation of the pound we had heard rumours, of course, so we sold our sterling payments in advance, i.e. before we had been paid, sometimes even before we carried the goods! We lost 1 or 2% for each month, but it was worth it, because at least it gave us *some* security. Many firms lost tens of thousands of marks overnight when devaluation came, because they hadn't taken this precaution.

Lesestück

BUDGETÄRE IMPLIKATIONEN EINER ABWERTUNG

Andreas S. Gerakis

DER AUTOR BESCHREIBT EINE METHODE ZUR SCHÄTZUNG DER BUDGETWIRKUNG EINER ABWERTUNG UND ZEIGT DIE ZU BERÜCKSICHTIGENDEN HAUPTFAKTOREN AUF.

Für ein Land, das von dauernden Zahlungsbilanzdefiziten bedroht ist, kann eine Abwertung unter gewissen Umständen die beste politische Alternative sein. Sie wird jedoch manchmal vermieden, weil die Regierungen glauben, daß sie ernstere wirtschaftliche oder politische Probleme verursachen könnte als diejenigen, die sie beseitigen sollte. Aufgrund verschiedener Mißverständnisse wird u. a. angenommen, daß eine Wechselkursänderung das Budgetdefizit erhöhen würde. Das vielleicht entscheidende Mißverständnis in diesem Zusammenhang entsteht, wenn die Behörden nicht berücksichtigen, daß die Regierung die Zentralbankgewinne aus Devisenoperationen erhält oder erhalten könnte. Deshalb werden die Zentralbanken im folgenden zum „Staatssektor" gezählt, der sowohl die Regierung als auch die abhängigen Staatsbehörden und -unternehmen umfaßt.

Zahlungsbilanzprojektionen

Jeder Versuch, die budgetären Implikationen einer Wechselkursänderung zu schätzen, sollte mit Projektionen der Zahlungsbilanzentwicklungen beginnen, und zwar unter der Annahme einer durchgeführten bzw. nicht durchgeführten Abwertung. Ein Beispiel hierfür gibt Tabelle 1. Gemäß Spalte 1 würde sich ohne Abwertung ein Gesamtdefizit von 10 Mill. $ ergeben. Spalte 2 zeigt als Ergebnis einer von den Behörden geplanten Abwertung, daß die privaten Exporte und andere Deviseneinnahmen von 90 auf 100 Mill. $ steigen würden. Die Importe und andere Ausgaben würden um 10 auf 70 Mill. $ abnehmen, da sich ausländische Güter und Dienste für Inländer verteuern müßten. Dies ist normalerweise — aber nicht immer — so. Wenn eine Abwertung z. B. von einer Beseitigung der Importrestriktionen begleitet ist, muß sich nicht zwangsläufig ein Anstieg der Importpreise ergeben.

Außerdem wurde angenommen, daß die Deviseneinnahmen und -ausgaben des Staates konstant bei 20 bzw. 40 Mill. $ bleiben. Tatsächlich ist es durchaus wahrscheinlich, daß diese Einnahmen auf die Wechselkursänderung nicht reagieren, während die Staatsausgaben (z.B. für Verteidigungsimporte und Schuldendienst) vermutlich nicht erhöht werden, wenn die Behörden aufgrund einer passiven Zahllungsbilanz gezwungen sind, die drastische und restriktive Maßnahme einer Abwertung zu ergreifen. Deshalb würde das Defizit des Staates aus seinen Deviseneinnahmen und -ausgaben — gemäß dem zweiten Beispiel in Tabelle 1 — genau wie ohne Abwertung, 20 Mill. $

TABELLE 1

Zahlungsbilanz mit und ohne Abwertung

(in Mill. US-Dollar)

	ohne Abwertung	mit Abwertung
A. Privater Sektor		
1. Einnahmen	90	100
2. Ausgaben	−80	−70
3. Überschuß oder Defizit	10	30
B. Staat		
1. Einnahmen	20	20
2. Ausgaben	−40	−40
3. Überschuß oder Defizit	−20	−20
C. Insgesamt		
1. Einnahmen	110	120
2. Ausgaben	−120	−110
3. Überschuß oder Defizit	−10	10

betragen. Insgesamt würde das Ausland aber einen Überschuß von 10 Mill. $ verzeichnen. Demnach wird zur Vereinfachung angenommen, daß eine Abwertung eine sofortige Wirkung auf die Zahlungsbilanz hat. In der Praxis kann es viel länger dauern, um die Verbesserung, die in diesem Beispiel angenommen wird, zu erreichen.

Finanzierung und Entwicklung Nr. 1, März 1973.

14 Gewerkschaftsfunktionär

Einführung

Der Sprecher ist hauptamtlicher Sekretär beim Deutschen Gewerkschaftsbund (DGB). Im DGB sind die Gewerkschaften der Bundesrepublik vereinigt. Wie in anderen Ländern besteht seine Hauptrolle darin, die Interessen der Arbeitnehmer zu vertreten, nicht nur in direkten Verhandlungen mit den Arbeitgebern, sondern auch z.B. bei den Arbeits- und Sozialgerichten, wo Beschwerden der Arbeitnehmer (aber auch der Arbeitgeber) behandelt und entschieden werden. Außerdem beteiligt sich der DGB u.a. durch Besitz von einer Bank und einer Bausparigesellschaft direkt an der bundesdeutschen Wirtschaft.

Verhandlungen zwischen Gewerkschaften und Arbeitgebern führen zu Tarifverträgen verschiedener Art. (s. Lesestück). Diese regeln Löhne, Arbeitsbedingungen, Urlaub usw. und haben eine im Vertrag festgelegte Laufzeit, die von beiden Seiten gesetzlich einzuhalten ist.

Deutsche Gewerkschaften sind nach Industrien, nicht nach einzelnen Berufen organisiert. Das führt dazu, daß in den meisten Fällen *eine* Gewerkschaft die Arbeitnehmer in *einem* Betrieb oder in *einer* Firma vertritt. Die größte Gewerkschaft ist die IG (Industrie-Gewerkschaft) Metall (ca. 2 Millionen Mitglieder). Andere sind

IG Bau, Steine, Erden
IG Bergbau, Energie (d.h. Bergleute, Kraftwerkarbeiter, usw.)
IG Öffentliche Dienste, Transport, Verkehr
Gewerkschaft Erziehung und Wissenschaft
Deutsche Postgewerkschaft
Gewerkschaft der deutschen Eisenbahner

Das deutsche System hat den Vorteil, daß z.B. die Gewerkschaft der Eisenbahner für *alle* bei der Deutschen Bundesbahn Beschäftigten spricht, und es keine besondere Gewerkschaft z.B. für Lokomotivführer gibt. Es kann also nicht vorkommen, daß eine ganze Industrie durch Streitigkeiten zwischen Arbeitgebern und einem (vielleicht kleinen) Teil der in dieser Industrie Beschäftigten lahmgelegt wird.

Text

Ja, Sie fragten nach dem Verhältnis der Mitarbeiter des deutschen Gewerkschaftsbundes zu den ehrenamtlichen Mitarbeitern in den Betrieben. Wir haben ja die Aufgabe als deutscher Gewerkschaftsbund, die Arbeit der Gewerkschaften in unserem Kreis, hier, zum Beispiel, zu koordinieren, zusammenzufassen, und aufeinander abzustimmen, Wir haben darüberhinaus die besondere Aufgabe, vor allen Dingen die kleinen Gewerkschaften, die hier im Kreisgebiet nicht durch hauptamtliche Gewerkschaftssekretäre vertreten sind, besonders zu unterstützen. Die grossen Gewerkschaften, hier im Kreis, z.B. die Industriegewerkschaft Metall, die Gewerkschaft Öffentliche Dienste, Transport und Verkehr, die Gewerkschaft Nahrung, Genuß und Gaststätten, Bau — Steine — Erden, haben hier hauptamtlich besetzte Stellen und sie führen in erster Linie ihre Arbeit mit ihren ehrenamtlichen Funktionären durch. Hier haben wir also zu koordinieren, die Arbeit abzustimmen, im Kreisgebiet und bei den nicht im Kreis hauptamtlich vertretenen Gewerkschaften, dort übernehmen wir praktisch auch mit die Arbeit, die sonst die hauptamtlichen Gewerkschaftsfunktionäre machen. Wir haben hier im Deutschen Gewerkschaftsbund Kreis Pinneberg eine Rechtsschutzstelle. Hier werden z.B. alle Fälle aus allen Gewerkschaften zusammengefaßt und vor den Arbeitsgerichten vertreten, also Streitigkeiten aus dem Arbeitsverhältnis werden hier durch einen Fachmann, den wir bei uns, an unserem, in unserem Kreis Pinneberg haben, vor den Arbeitsgerichten vertreten. Wir haben sehr viele Fälle. Der Kollege ist sehr stark ausgelastet. Es gibt nur ganz wenige Gewerkschaften, die diese Arbeiten selbst machen, weil es spezielle Dinge sind, zum Beispiel, aus dem Beamtenrecht. Die Gewerkschaft ÖTV, macht das vorwiegend selbst. Das einmal, diese Arbeit. Ausserdem vertreten wir auch die Kollegen aus allen Gewerkschaften vor den Sozialgerichten. Wir haben ein Sozialgericht, das für die Kreise Pinneberg und Steinberg zuständig ist. Das sitzt in Itzehoe und dort wird also auch ein Kollege vom DGB Kreis Pinneberg, sitzt jemand dort und vertritt diese Fälle. Es sind das — Fälle, die Streitigkeiten haben aus dem, aus der Krankenversicherung, aus der Rentenversicherung, aus dem Bereich des Arbeitsamtes, und auch hier haben wir sehr viele Probleme, die dann am Gericht erst geklärt werden. Aufgabe des DGB ist es also auch, dafür zu sorgen, daß die ehrenamtlichen Mitarbeiter dieses Gerichtes, denn die Gerichte sind besetzt, das Sozialgericht sowie das Arbeitsgericht, sind besetzt einmal mit dem hauptamtlichen Arbeitsgerichtsrat, oder Sozialgerichtsrat, und mit je einem ehrenamtlichen Richter, der, die beiden werden gestellt, einmal vom Arbeitgeberverband und einmal vom Deutschen Gewerkschaftsbund. Auch hier haben wir also die Aufgabe, die Gerichte zu besetzen und die Schulungsarbeit für diese Leute durchzuführen. Zum anderen machen wir also unsere sogenannte Ortskartellarbeit. Wir haben in allen größeren Orten des Kreises, einmal in den fünf Städten und auch in größeren Gemeinden Ortskartelle eingerichtet. Dort sind die Delegierten der einzelnen Gewerkschaften, die senden also Delegierte in das Ortskartell, je nach ihrer Stärke und diese Ortskartelldelegierten, die zum größten Teil Betriebsräte oder Vertrauensleute sind, kommen jetzt zum großen Teil regelmäßig in den Orten zusammen, monatlich einmal, und besprechen dann die Probleme aus ihrer Sicht. Das Thema heißt dann meistens: „Kollege, was gibt es Neues in deiner Gewerkschaft?" Damit auch die anderen einmal wissen und über den Zaun schauen können: wie sieht es in den anderen Gewerkschaften aus? Denn die Arbeit ist ja meistens gewerkschaftsbezogen, sodaß es oftmals daran etwas fehlt. Und diese Lücke füllen wir als DGB aus.

Ja, Sie fragten dann noch etwas über die tarifliche, über die Tarife. Darf ich diese Frage gleich mit beantworten. Sie fragten, wie sieht das aus, oder wie werden die Tarifverträge, die hier in der BRD abgeschlossen werden, nun von den Funktionären, oder auch von den Mitgliedern beurteilt? Damals, als das Tarifvertragsgesetz, das ja Grundlage dieser Tarifverträge ist, ich glaube 1948 oder 49 verabschiedet wurde, gab es unterschiedliche Auffassungen bei unseren Kollegen. Vor allen Dingen deshalb, weil sie sich nicht so lange festlegen wollten, mit, in einem Lohntarifvertrag, zum Beispiel, denn jeder Vertrag hat eine bestimmte Laufdauer, diese Laufdauer ist unterschiedlich, meist aber doch ein Dreivierteljahr oder ein Jahr bei Lohn- und Gehaltstarifverträgen, wahrend die Laufzeit bei Rahmentarifen und bei Manteltarifen wesentlich länger ist. Wir haben ja auch in den letzten Jahren gesehen, daß überall dort, wo sich die Situation in den Betrieben im Laufe eines Tarifvertrages, im Laufe der Laufzeit eines Vertrags verbessert und die Möglichkeit nicht besteht, jetzt Lohnerhöhungen zu beantragen, oder zu vereinbaren, sondern daß der Unternehmer dann sagt: ihr müßt einmal abwarten, die Zeit, die Laufzeit des Vertrages, daß dann gewisse Unzufriedenheiten entstehen, die sich ja auch bei Werften, zum Beispiel, oder auch in — im Westen der BRD bemerkbar gemacht haben, daß es also dort zu spontanen Streiks gekommen ist, die die Gewerkschaften in gewisse Schwierigkeiten bringen, denn wir haben ja auch nach dem Tarifvertragsgesetz die Friedenspflicht vereinbart, d.h., wir müssen mit dazu beitragen, daß während der Laufzeit eines Vertrages die Verträge auch eingehalten werden. Auf der anderen Seite hat es wiederum Vorteile. Die Unternehmer, mit denen wir verhandeln, erkennen auch daraus die Schwierigkeit, in der wir als Gewerkschaft stehen und sie müssen sich Gedanken machen, wie sie bei den Verhandlungen in der Höhe der Zugeständnisse sich bewegen. Es hat also auch eine positive Seite. Ich muß sagen, daß die Tarifverträge sich bei uns bewährt haben, es wird alles mögliche tarifvertraglich jetzt geregelt, nicht nur Löhne und Gehälter, sondern auch die Arbeitsbedingungen, Urlaub usw., sodaß ich eigentlich sagen möchte, die Tarifverträge, und das Gesetz hat sich recht ordentlich bewährt. Wir haben einige Vorschläge gemacht und wünschen Abänderungen dabei. Das wird sich auch sicherlich, wenn nicht mehr bei dieser Regierung, wir hoffen, daß sie auch in die nächste Legislaturperiode hineinkommt, wir wünschen es auf jeden Fall als DGB und als Gewerkschaften, sodaß wir dann die Möglichkeit haben, auch hier die berechtigten Forderungen, in Punkto Änderungen abgestellt zu bekommen haben. Wir freuen uns jetzt besonders, daß wir ein neues Tarifvertragsgesetz bekommen haben, wo die Rechte der Betriebsräte in den Betrieben verbessert werden konnten, wo auch die Rechte, es war eine Frage, die Sie vorhin stellten, die Rechte der Gewerkschaften, in den Betrieben verbessert worden sind. Das Zugangsrecht der hauptamtlichen Gewerkschaftssekretäre ist jetzt gesichert worden. Früher was es so, daß es oftmals Schwierigkeiten gab und Unternehmer die Gewerkschaften nicht gerne in den Betrieb hineinliessen: Wir haben mittlerweile auf Grund des neuen Betriebsverfassungsgesetzes bereits einige Urteile in der ersten Instanz bei den Arbeitsgerichten erhalten, wonach also ganz klar gestellt worden ist, daß ein Gewerkschaftssekretär, der ein, einen Betrieb besuchen will, sich dort nur anzumelden hat und der Unternehmer dann verpflichtet ist, ihn hineingehen zu lassen.

Wir haben ja, wie sie wissen, die Einheitsgewerkschaft bei uns, organisiert nach dem Industriegewerkschaftsprinzip, d.h. ein Betrieb, eine Gewerkschaft, ohne Rücksicht auf die im Betrieb vertretenen Branchen. Alle diese unterliegen einem Tarifvertrag, und diese Verträge werden bei uns entweder auf Landesebene, oder auf Bundesebene abgeschlossen. Wir haben aber auch eine ganze Reihe von Haustarifverträgen. In den größeren Betrieben schließt also die zuständige Gewerkschaft Verträge mit dem betreffenden Betrieb ab und wir sind jetzt ja dabei, die Tarifverträge auch auf europäischer Ebene, innerhalb des EWG-Raums, auch in den Griff zu bekommen, damit wir hier also, und das haben wir eigentlich sehr spät gemerkt, nicht zu stark zurückbleiben. Gerade diese Arbeit wird jetzt auch vom DGB-Bundesvorstand verstärkt forciert, um zu erreichen, daß innerhalb dieses Rahmens, von dem ich eben gesprochen hab', der EWG, auch eine einigermaßen einheitliche und vernünftige Tarifgestaltung vorgenommen werden kann.

Ich muß nochmal sagen, die Tarifverträge haben sich bei uns bewährt. Ich habe vorhin von den gewissen Schwierigkeiten gesprochen, die mal hier und da entstehen, wenn ein Tarif mit sehr geringen, oder einem geringen Erfolg abgeschlossen worden ist, meinetwegen bei einem Lohntarif mit einer Lohnerhöhung von 5 oder 6%, weil zur Zeit die Konjunktur nicht sehr gut ist, oder irgendwelche anderen Dinge eine Rolle spielen und wenn sich dann im Laufe dieser Laufzeit ergibt, daß das Unternehmen einen größeren Gewinn erwirtschaftete, dann natürlich werden die Kollegen es erkennen, werden sie doch etwas unruhig, ich meine auch zu recht, und versuchen dann trotzdem, nicht wahr, entweder den Boden vorzubereiten für einen nächsten Tarifvertrag, oder aber eben, wie wir es auch schon jetzt oftmals hatten, eben, auf eigene Faust Veränderungen herbeizuführen.

Note

The trades union secretary has very little regional accent. Most of what is audible relates to the Hamburg area, details of which have been described elsewhere. However, he does not apply these North German characteristics evenly, giving the impression that although he may have lived in the Hamburg area for some time, he actually comes from elsewhere, possibly from the North East of pre-war Germany. The clues are thin on the ground however; his speech is very clear and precise, suggesting that he has probably been given training in public speaking. This is also supported by his sentence structure, which has a great deal in common with written style, although, like the other speakers, he made this recording without any notes or preparation.

Lexikon

Abänderung (die) (–en), change
abschließen (sep.), schloß ab, hat abgeschlossen, close; also (*here*) finalise, agree, **man schließt einen Vertrag ab**
abstimmen (sep.), stimmt ab, hat abgestimmt, to vote
sich anmelden (sep.), to announce oneself, make an appointment (N.B. *also:*

to register one's address. In the Federal Republic all citizens are required to register their address)

Arbeitgeberverband (der), employers' federation

Arbeitsamt (das) (÷er), labour exchange

Arbeitsbedingungen (pl.), working conditions

Arbeitsgericht (das) (–e), labour court, industrial relations court. These exist at local (Kreis) level and deal with alleged breaches of contract by individuals, unions or companies. They are composed of a full time magistrate (**Arbeitsgerichtsrat**) and a nominee from each of the DGB (German TUC) and the employers.

Arbeitsverhältnis (das) (–se), labour relations

Auffassung (die) (–en), view, interpretation; *nach* **meiner Auffassung**

auslasten (sep.), burden, keep very busy

beantragen, apply for (transitive)

Beamtenrecht (das), civil service (local government) regulations which lay down rights and duties of civil servants

berechtigt, justified

betreffend, relevant

Betrieb (der) (–e), firm, factory. Used much more in formal discussions than 'Fabrik', or 'Werk'

Betriebsverfassungsgesetz (das), law governing composition of committees, workers' representation etc. in German companies

Betriebsrat (der) (÷e), (a) works committee composed half of shop floor representatives, half from management. Statutorily established body with clearly defined powers. For example any dismissal of a worker must be ratified by the „Betriebsrat". Shop floor members must be given time off from their normal duties to carry out their „Betriebsrat" responsibilities.

    b) Title carried by any member of the above committee (fem: **Betriebsrätin**)

beurteilen, judge

sich bewähren, to be effective, to 'work'

dabei, Ich war grade dabei ... zu tun, I was in the process of ...

darüberhinaus, in addition

Delegierte(r) (adj. endings), delegate

DGB (Deutscher Gewerkschaftsbund), German Trades Union Federation

durchführen (sep.), carry out

Ebene (die) (–n), level; **auf Bundesebene**, at Federal level

ehrenamtlich, honorary

einhalten (sep.) (hält ein, hielt ein, hat eingehalten), to keep (of an agreement, schedule)

Einheitsgewerkschaft (die) (–en), unified union. Principle originally introduced under Allied Occupation of setting up trade unions on the basis of industries rather than skills

entstehen (entstand, ist entstanden), come about, arise

erwirtschaften, to earn, make (a profit): **eine Firma erwirtschaftet einen Gewinn**

Fachmann (der) (Fachleute), specialist (cf. **der Spezialist**)

Fall (der) (⁓e), case (legal, medical); **auf alle Fälle**, in any event

Faust (die) (⁓e), fist (N.B. **auf eigene Faust**, on one's own initiative)

sich festlegen (sep.), to give a firm undertaking

Forderung (die) (–en), demand

Friedenspflicht (die) (–en), duty to ensure peace (-ful labour situation)

Gehalt (das) (⁓er), salary, as opposed to **der Lohn**, wages

Gemeinde (die) (–n), parish, smallest political unit

Gericht (das) (–e), court

gering, very small, little

Gewerkschaft (die) (–en), trade union; **gewerkschaftsbezogen**, relating to trade union affairs

Griff (der) (–e), grip, handle; **in den Griff bekommen**, get to grips with

hauptamtlich, full-time (i.e. paid)

Haustarif (der) (–e), wage rate (-tarif) negotiated within a single firm

herbeiführen (sep.), bring about

Höhe (die) (–n), size, amount; *also:* height

Industriegewerkschaft (die) (–en), trade union. Normally abbreviated in speech and writing to IG, e.g. **IG-Metall, IG-ÖTV**

Instanz (die) (–en), level of a court or tribunal

klären, clear up, settle

Konjunktur (die) (–en), (national) economy, state of the market

Krankenversicherung (die), sickness insurance, social security payment

Kreis (der) (–e), local government district

Laufdauer (die), period of validity, course; **im Laufe**, in the course of + GEN.

Legislaturperiode (die) (–n), legislative period, life of a government

Lohnerhöhung (die) (–en), wage increase

Lohntarifvertrag (der) (⁓e), wage rate agreement. In West Germany these agreements are binding in law

Lücke (die) (–n), gap, hole

Mitarbeiter (der) (–), colleague (cf. **der Kollege**)

mittlerweile, meanwhile

Ortskartell (das) (–e), group of local trades union chapters.

Rahmen (der) (–), frame(-work)

Rahmentarif (der) (–e), general (outline) (wage) agreement; *also:* **Mantel-tarif**

Rechtsschutzstelle (die) (–n), legal advice section

regelmässig, regularly

regeln, regulate, fix

Rentenversicherung (die) (–en), (old-age) pension, insurance (contribution)

Rücksicht (auf etwas nehmen), take into account

Schulung (die), training

sichern, secure, obtain

Sicht (die), viewpoint

Sozialgericht (das) (–e), similar in structure to **Arbeitsgericht**, but this court deals with complaints of the individual regarding pension claims, etc.

spontan, spontaneously. *Also:* **spontane Streiks & wilde Streiks**, unofficial 'wild-cat' strikes

Stärke (die), strength

Stelle (die) (–n), (*here*) office, centre; **unsere Londoner Stelle**

Streitigkeit (die) (–en), dispute

Tarif (der) (–e), (wage)rate; **der Tarifvertrag**, wage agreement; **das Tarifvertragsgesetz**, law making wage agreements binding

Unternehmer (der) (–), industrialist, owner of factory

unterschiedlich, varied

unterstützen, support

verabschieden, to pass, enact legislation; **ein Gesetz wird verabschiedet**

vereinbaren, agree on (transitive)

verhandeln, negotiate

vernünftig, sensible, reasonable

verstärkt, increased

Vertrauensmann (der) (Vertrauensleute), delegate

Vorschlag (der) (⁻e), suggestion, proposition

Werft (die) (–en), shipyard

Zaun (der) (⁻e), fence

Zugang (der) (⁻e), admittance, entry

Zugeständnis (das) (–se), concession

zuständig, competent, falling within the jurisdiction of

Übungen

Ü1   Beantworten Sie die Fragen!

1. Warum hat diese DGB-Stelle mehr mit den kleinen Gewerkschaften im Kreis zu tun, als mit den großen Gewerkschaften wie IG Metall?
2. Beschreiben Sie die Rolle der Rechtsschutzstelle des DGB!
3. Warum ist der Jurist, der diese Stelle leitet, so beschäftigt?
4. Was für Streitfragen werden von dem Sozialgericht behandelt?
5. Welche Rolle spielen der Arbeitgeberverband und der DGB in der Besetzung der Richterstellen bei den Arbeits- und Sozialgerichten?
6. Von wem werden Betriebsräte gewählt?
7. Welchem Zweck dienen die Ortskartelle des DGB?
8. Was sind Tarifverträge?
9. Warum waren 1949 manche Gewerkschaftler gegen die Einführung des Tarifvertragsgesetzes?
10. Wie hat sich das Tarifsystem bewährt?
11. Warum kommt es manchmal trotz der Tarifverträge zu spontanen, „wilden" Streiks?
12. Warum bringen diese „wilden" Streiks die Gewerkschaften in Schwierigkeiten?

13. Wird durch diese Tarifverträge nur die Höhe der Löhne geregelt?
14. Warum freut sich der Sprecher, daß ein neues Tarifgesetz eingeführt worden ist?
15. Auf welcher Ebene werden Tarifverträge normalerweise abgeschlossen?
16. Was verstehen Sie unter „Einheitsgewerkschaft"? Wie unterscheidet sich dieses System von dem britischen Gewerkschaftssystem?

Ü2 Geben Sie Synonyme an!

der Mitarbeiter	vereinbaren
koordinieren	erwirtschaften
der Fachmann	forcieren
die Streitigkeit	sich bewähren
wesentlich	die Differenz

Ü3 a) Wie sagt man?

IG-Metall
DGB

b) Schreiben Sie das Wort aus!

BRD
DDR
VW
BASF

c) Was bedeuten die folgenden Abkürzungen?

z.B.	DB	a.D.
d.h.	SPD	d.M.
s.o.	CSU	RM
kath.	b.w.	CDU
u.a.	bzw.	FDP
DM	ev.	

d) Sagen Sie!

$10 \times 2 = 20$
$4 + 4 = 8$
$3 \div 3 = 1$
$10 - 10 = 0$
$10^2 + 10^3 = 1\,100$

Ü4 Schreiben Sie Sätze mit den folgenden Ausdrücken!

auf eigene Faust
unter die Lupe nehmen
über den Zaun schauen
in Punkto
den Boden vorbereiten
in den Griff bekommen

Ü5 Setzen Sie in die Passivform!

1. Die Rechtsschutzstelle des DGB muß viele Fälle bearbeiten.
2. Der DGB schließt Lohntarifverträge mit den Arbeitgebern ab.
3. Der Bundestag hat letztes Jahr ein neues Tarifvertragsgesetz verabschiedet.
4. Man hat die Rechte der Betriebsräte in den Betrieben stärken können.
5. Nach dem Krieg hat man das Prinzip der Einheitsgewerkschaft in Deutschland eingeführt.
6. Trotz der Konjunkturlage konnten einige Firmen einen sehr hohen Gewinn erwirtschaften.

Ü6 Geben Sie das fehlende Wort an!

1. ... Laufe der Zeit.
2. Die Arbeitnehmer wurden ... Recht unruhig.
3. ... Grund des neuen Betriebsverfassungsgesetzes.
4. ... jeden Fall.
5. ... europäischer Ebene.
6. ... großen Teil.
7. Wir vertreten unsere Kollegen ... den Sozialgerichten.
8. Wir vertreten ... allen Dingen die kleinen Gewerkschaften.
9. ... dieses Rahmens.

Ü7 Setzen Sie das Verb ein!

1. Der Bundestag hat 1971 ein neues Betriebsverfassungsgesetz ....
2. Tarifverträge werden normalerweise zwischen dem DGB und den Unternehmen ....
3. Heutzutage werden nicht nur Löhne und Gehälter, sondern auch andere Arbeitsbedingungen tarifvertraglich ....
4. Diese Tarifverträge müssen gesetzlich ... .
5. Wenn ein Gewerkschaftssekretär einen Betrieb besuchen will, braucht er sich vorher dort ... .
6. Weil die wirtschaftliche Situation sehr gut ist, können die meisten Betriebe sehr hohe Gewinne ....

Ü8 Bilden Sie Substantive!

vorbereiten	entstehen
gestalten	vereinbaren
erhöhen	beurteilen
fordern	auffassen
zwingen	koordinieren

Ü9 Translate:

In the Federal Republic wage and salary agreements are usually concluded between the relevant union and the employers. Such agreements are legally binding, which means that unions share responsibility with the employers for maintaining peaceful labour relations during the period of the agreement. Due to the inflationary situation of recent years trade unions are not willing to sign agreements which run for more than nine months or a year. Nevertheless the system has proved itself, because there are fewer wild-cat strikes in Germany than in many other EEC countries.

In addition to negotiating wage and salary increases the German Trades Union Federation carries on a wide range of other activities. For example most branch offices have a legal advice section, which represents individual union members in the labour relations court. The Federation also provides training for union members who are nominated as members of this court.

Lesestück

Was ist ein Tarifvertrag?

Tarifverträge sind Kollektivvereinbarungen, die wirksam nur durch die Gewerkschaften mit einzelnen Arbeitgebern oder mit Arbeitgebervereinigungen abgeschlossen werden können (§ 2 TVG). Man bezeichnet deshalb auch die Gewerkschaften einerseits und die Arbeitgeber bzw. Arbeitgebervereinigungen andererseits als „Tarifpartner". Nur sie sind „tariffähig".

Durch den Tarifvertrag werden Arbeitsbedingungen mit Wirkung für alle betroffenen Arbeitsverhältnisse geregelt. Der Tarifvertrag ist deshalb mehr als ein bloßer Vertrag zwischen zwei Vertragspartnern. Er enthält von den Tarifpartnern gesetztes Recht: Rechtsnormen über Arbeitsbedingungen, die unmittelbar in alle Arbeitsverhältnisse eingreifen, auf die sich der Tarifvertrag erstreckt. Man bezeichnet deshalb die Bestimmungen im Tarifvertrag, durch die Arbeitsbedingungen allgemein festgelegt werden, als den „normativen Teil" des Tarifvertrages. Dort finden sich zum Beispiel Regelungen über Einstellungsvoraussetzungen, Lohn- und Gehalt, Urlaub, Kündigungsfristen, schriftliche Form der Arbeitsverträge oder Ausschlußfristen für die Geltendmachung von Ansprüchen aus dem Arbeitsverhältnis.

Dagegen bilden den schuldrechtlichen (obligatorischen) Teil des Tarifvertrages alle anderen Vereinbarungen, die keine Wirkung gegenüber Dritten haben, sondern ausschließlich die beiden Parteien des Tarifvertrages, also Arbeitgeber und Gewerkschaft, angehen. Das sind zum Beispiel Abmachungen über die Kündigung des Tarifvertrages, Schlichtungsabkommen (durch die ein Arbeitskampf — siehe Kapitel XVII — vermieden werden soll) oder Vereinbarungen, durch die sich die Tarifpartner verpflichten, ihre Mitglieder zur Erfüllung des Tarifvertrages anzuhalten.

Der Tarifvertrag wird zum Teil in zwei oder mehrere Verträge aufgespalten: In den *Mantel- oder Rahmentarif*, der vorwiegend Regelungen über Arbeitsbedingungen (z.B. Einstellungsbedingungen, Kündigungsfristen, Ausschlußfristen) enthält und in einen oder mehrere *Einzeltarifverträge*, durch die einzelne besonders wichtige oder häufigen Änderungen unterworfene Punkte geregelt werden, z.B. Lohn und Gehalt, Urlaub.

Soweit ein Tarifvertrag nur für eine bestimmte Zeit geschlossen ist, gelten seine Rechtsnormen nach dem Ablauf dieser Zeit weiter, bis sie durch eine andere Regelung ersetzt werden (§ 4 Abs 5 TVG).

O. Gritschweder: *Arbeitsrecht für die Praxis*, S. 35f. Ullstein, 1972.

15 Sekretärin

Einführung

Die Sekretärin kommt aus Niedersachsen. Sie arbeitet als Institutssekretärin an einer Universität. Sie ist also Beamtin; sonst unterscheidet sich ihre Tätigkeit kaum von der einer Sekretärin in der Privatindustrie.

Text

Also eine Ausbildung für eine Sekretärin in einem Hochschulinstitut kann sehr unterschiedlich sein. Es ist an und für sich keine — es ist nichts Besonderes vorausgesetzt, oder keine besonderen Examina sind vorausgesetzt. Man — es wird natürlich eine gute Allgemeinbildung verlangt, Sprachkenntnisse mindestens in einer Sprache. Man verlangt an und für sich auch mittlere Reife, an einem Gymnasium oder eine ähnliche im zweiten Bildungsweg oder eventuell eine Lehre in einem Verwaltungsbetrieb mit abgeschlossener Prüfung und — man bekommt an und für sich heute erst eine zweite Stelle, eine sogenannte eh.. untergeordnete Stelle und nach einiger Einarbeitungszeit bekommt man diese sogenannte Sekretärinnenstelle. Und eh.. eine Ausbildung — es ist eben schwierig — groß — Ausbildung wird eigentlich für die Hochschule nicht verlangt, weil eh.. die Aufgaben, die da auf einen zukommen, die sind so unterschiedlich, daß man dafür, glaube ich, nicht unbedingt eine direkte Ausbildung eh.. vorschreiben kann, oder, daß es sich nicht lohnt, eine Ausbildung zu machen. Das kann man erst im täglichen Beruf oder in der täglichen Arbeit lernen, oder mitbekommen.

Also Schreibmaschinenschreiben ist auf jeden Fall Voraussetzung für diesen Beruf eh.. man muß natürlich einigermaßen gut schreiben können und kann das lernen in entweder Abendkursen, die man selbst besucht auf eigenen Wunsch oder auch an einer Ausbildung in einer Lehre. Man muß für eine Sekretärinnenstelle auch Stenographie schreiben können. Da wird gewünscht — da ist 120 Silben, nennt sich das. Es ist aber nicht Voraussetzung, also, junge Frauen oder Mädchen, die eben weniger schreiben können, können auf jeden Fall auch diese Stelle besetzen. Das liegt dann tatsächlich an dem Institut, ob viel diktiert wird, oder ob eben nach Band oder nach Platte geschrieben wird. Das ist dann eben individuell verschieden, es liegt eben an dem Leiter des Institutes. Was muß man noch können? Also Sekretärinnen an einem Hochschulinstitut sind generell im Angestelltenverhältnis und werden unterschiedlich, je nach Größe des Institutes, d.h. je nach Umfang der Geldmittel und ähnlichem bezahlt, nach dem Bundesangestelltentarif, meistens in der Gruppe 6b und eh.. diese Sekretärinnen gehören dann zu den nichtwissenschaftlichen Mitarbeitern an einer Hochschule. Die sind auch mit mehreren Vertretern in allen Gremien zur Zeit vertreten, das liegt an der Verfassung. Die hat das bestimmt, daß eben soundsoviel vom nichtwissenschaftlichen Personal in jedem Gremium vertreten sind. Unter anderem kann man auch in dem Personalrat vertreten sein. Die Sekretärin hat dann im allgemeinen an der Hochschule eine

Arbeitszeit von 42 Stunden in der Woche. Wir haben hier zur Zeit die 5-Tage-Woche und das verteilt sich so, daß man eben eine durchgehende Arbeitszeit hat, mit einer halben Stunde Mittagspause und eh.. ja ich glaub' es ist Schluß.

Und wie ist es mit Urlaub? Ja, Urlaub richtet sich eben auch nach diesem Tarifvertrag und zwar nach dem Alter und nach der Gehaltsstufe. Also im Falle einer 27jährigen nach BAT6 würde sie im Jahr 22 Arbeitstage Urlaub bekommen, das sind also gut 4 Wochen Urlaub im Jahr.

Die Arbeit einer Sekretärin besteht daraus, daß sie eben viel Verbindung mit Publikum hat oder mit eh.. in unserem Fall hier mit Studenten, daß sie sich mit den Studenten vereinbart über Termine und über Prüfungsangelegenheiten, daß sie dann die Karteien über die Leute führt, mit denen sie zu tun hat. Außerdem eh.. verwalten wir hier speziell bei uns die ganzen Gelder eines Institutes, was doch an und für sich viel ausmacht. Es sind bis zu 150- oder 200 000 Mark im Jahr, die man dann ziemlich selbständig zu verwalten hat, für die man verantwortlich ist, in der Beziehung, daß sie eben eh.. entsprechend den Vorschriften angewiesen sind, oder nach den Vorschriften eines Landesrechnungshofes behandelt worden sind—ausgegeben worden sind. Die allerletzte Verantwortung schließlich liegt dann doch bei dem Institutsdirektor, also nicht, daß man für alles verantwortlich ist, nur im gewissen Umfang.

Weiter hat man eben täglich für den Chef die täglichen Briefe, den Schriftverkehr zu erledigen, die einkommende — ankommende Post zu öffnen und eben zu sortieren nach Wichtigkeit oder eben nach Sachgebiet und so weiter. Dann hat man auch die Briefe zu schreiben, die der Chef eben beantwortet im Inland teilweise oder eben im Ausland, je nach Verbindung des Institutes und hat — man hat auch eh.. Gespräche zu vermitteln mit dem — mit Mitarbeitern oder mit eben anderen Hochschulinstituten. Weiterhin hat in diesem Fall ein Hochschulinstitut ungefähr, ein mittleres Hochschulinstitut hat ungefähr 20 Mitarbeiter, sowohl in einer Werkstatt, wo eben Werkstattsachen hergestellt werden, dann haben wir ein chemisches Labor, Chemielaboranten, dann sind Doktoranden, die eben ihre Promotion schreiben, ihre Doktorarbeit schreiben; außerdem sind noch Hilfsassistenten da, die zur Unterstützung dieser Assistenten da sind, die eben praktisch arbeiten während ihrer Studienzeit, und eben für alle diese Angestellten hat die Sekretärin auch Personalgelder zu verwalten, Einstellungen vorzunehmen, die ganzen Formalitäten zu erledigen, was an und für sich ziemlich umfangreich geworden ist. Weiterhin werden dann eben die Sachen bei Kündigungen usw., bei Urlaubsgesuchen auch der Sekretärin überlassen. Die entscheidet über, oder sie berechnet die Urlaubstage eines, jedes Einzelnen und hat in gewissen Situationen auch zu entscheiden, ob Urlaub auch genommen werden kann, oder ob es nicht möglich ist.

Note

The secretary comes from Lower Saxony, from the area south of Hanover. Her speech is virtually free of any regional flavour, and she could come from almost anywhere in north Germany, for example, where a Southerner would pronounce the –en of a verb ending as –e, omitting the final –n, she pronounces the final –n but omits the preceding –e–, a very common feature of north German speech. This means that the final –en in e.g. **können** is almost inaudible.

Lexikon

Allgemeinbildung (die), general education
an und für sich, actually, as a matter of fact
Angestelltenverhältnis (das), governed by regulations applying to 'Land' (State) employees
Ausbildung (die), training (normally used in singular)
ausmachen (sep.) **das macht viel aus**, it makes a considerable difference
BAT = Bundesangestelltentarif (der) (–e), regulations governing pay and working conditions of government employees, reached by agreement between government and unions (Gewerkschaft ÖTV, Angestelltengewerkschaft)
Beziehung (die) (–en), connection (N.B. **in der Beziehung, daß** = to the extent that . . .
Doktorand (der) (–en) (weak noun), postgraduate student working on Ph.D. thesis
Doktorarbeit (die) (–en), Ph.D. thesis (N.B. **Doktorvater** = supervisor for Ph.D. thesis, normally a professor or senior lecturer)
Einarbeitungszeit (die) (–en), 'running in' period, probationary period
eventuell, perhaps
Gehaltsstufe (die) (–n), salary grade
Gremium (das) (–ien), committee, panel
Hochschule (die) (–n), general term for any establishment of *higher* education (e.g. university. Does *not* mean secondary school)
Institutsdirektor (der) (–en), i.e. normally a professor, who is chairman or director of institute, i.e. university department
Kartei (die) (–en), file (N.B. **man** *führt* **eine Kartei**),
Kündigung (die) (–en), dismissal, notice to terminate contract or appointment
Laborant (der) (–en) (wk. noun), laboratory assistant, technician
Lehre (die) (–n), (*here*) apprenticeship
liegen an + DAT., depend on, be the prerogative of
lohnen, es lohnt sich nicht, it's not worth it
mittlere Reife, grammar school qualification broadly equivalent to British G.C.E. 'O' level, taken at 16
Personalrat (der) (–̈e), employees' council; the equivalent in public service bodies of the ***Betriebsrat*** (works council) in industry; a body elected by employees to ensure that conditions agreed in ***Tarifvertrag*** (pay and working conditions agreement) are adhered to

Promotion (die), qualifying for the degree of Ph.D. (i.e. Dr. rer. nat.; Dr. phil.; Dr. Ing. N.B. man promoviert). There is one further university qualification (i.e. **die Habilitation**, required by those who teach in universities)

Silbe (die) (–n), syllable. Shorthand ability in German is measured in syllables, not words per minute; hardly surprising in view of the tendency to make up complex nouns in German

Stenographie (die), shorthand

Urlaubsgesuch (das) (–e), application for leave, holiday

vermitteln, arrange

vorausgesetzt, assuming (that), dependent upon

vorschreiben, prescribe, lay down

zweite Bildungsweg (der), scheme for further and higher education designed to allow (normally older) people to acquire qualifications, which for a variety of reasons they did not obtain when younger

Übungen

Ü1 Beantworten Sie die Fragen!

1. Welche allgemeine Ausbildung wird von den meisten Sekretärinnen in Deutschland verlangt?
2. Welche besonderen Voraussetzungen muß die Sekretärin erfüllen, um ihre Stelle zu bekommen? Wo lernt sie diese speziellen Fächer?
3. Welche Rolle spielt die Stenographie in der Arbeit einer Sekretärin?
4. Was ist der Bundesangestelltentarif (BAT)?
5. Wie verteilen sich die 42 Stunden pro Woche, die diese Sekretärin arbeiten muß?
6. Was hat diese Sekretärin mit der Öffentlichkeit zu tun?
7. Wer verwaltet die Finanzen ihrer Abteilung?
8. Nach welchen Vorschriften muß dieses Geld verwaltet werden?
9. Wie sieht der Anfang des Tagesablaufs gewöhnlich aus?
10. Was hat die Sekretärin mit dem Urlaub ihrer Mitarbeiter zu tun?

Ü2 Vergleichen Sie in 5–10 Sätzen die Arbeitsbedingungen und Ausbildung einer deutschen Sekretärin mit denen einer Sekretärin in Ihrer Heimat?

Ü3 a) Geben Sie die Begriffe an, die im folgenden definiert werden!

1. Ein Examen, das man mit ca. 16 Jahren an einer Realschule oder am Gymnasium ablegt.
2. Ein Student, der nach abgeschlossenem Universitätskursus jetzt dabei ist, seine Doktorarbeit zu schreiben.
3. Eine Methode, das gesprochene Wort sehr schnell zu schreiben.
4. Eine (gewöhnlich schriftliche) Bitte um Genehmigung, etwas machen zu dürfen.

b) Geben Sie ähnliche Definitionen für:

   Kartei
   Tarifvertrag
   Kündigung
   Vorschriften

Ü4 Suchen Sie Synonyme!

speziell	individuell
eventuell	Kündigung
unterschiedlich	Urlaub
Schreibmaschinenschreiben	erledigen
tatsächlich	bestimmen

Ü5 Setzen Sie die fehlenden Wörter ein!

1. Um eine Sekretärinnenstelle zu bekommen, muß man verschiedene ... erfüllen.
2. Niemand hat sie dazu überredet; sie hat es ... ... Wunsch getan.
3. Man muß natürlich Stenographie schreiben können, mindestens 120 ... pro Minute.
4. Als Beamtin werde ich ... dem Bundesangestelltentarif bezahlt.
5. Alle Mitarbeiter sind in dem Personalrat ....
6. Ich muß die Karteien für unsere ganze Abteilung ....
7. Es gibt auch viele kleine Sachen, die von der Sekretärin ... werden, weil sonst niemand dafür zuständig ist.
8. Ferner müssen auch die Formalitäten bei Einstellung, Kündigungen, usw., von der Sekretärin ... werden.
9. Sie muß auch die Urlaubstage jedes Mitarbeiters ....
10. Den ganzen Tag muß sie für ihren Chef Telefongespräche ....

Ü6 Geben Sie die Nominalform an!

vorschreiben	studieren
anstellen	beurlauben
verbinden	ausgeben
vereinbaren	

Ü7 Schreiben Sie Sätze mit den folgenden Ausdrücken!

   an und für sich
   in einem gewissen Umfang
   sowohl ... als auch
   ... in der Beziehung, daß ...
   nach den Vorschriften
   einigermaßen
   auf jeden Fall

Ü8 *Beispiel:* ZUG
Antwort: Einzug, Anzug, Auszug, Vorzug, usw.
Schreiben Sie ähnliche Wortgruppen (möglichst viele in 1 Minute) mit:
1. — Schrift
2. — kommen
3. — schliessen

Ü9 Translate:

Working conditions for secretaries are quite good; we work a five-day week and have about four weeks holiday a year, in addition to the normal holidays like Christmas, Easter and Whitsun.

My routine work consists largely of dealing with incoming post, taking dictation from my boss and then typing the reports or correspondence so that they are ready for his signature. I am also responsible for keeping the departmental files and dealing with inquiries from the public and members of our department.

Although the final responsibility for departmental finances obviously rests with the boss, in practice I am the one who administers the money. I also deal with the office holiday rota; for example, if somebody puts in a request to take his holiday in June, I have to check how much leave he is entitled to, and also whether his work can be covered while he is away.

16 Gastarbeiter in Deutschland

Einführung

Die Sprecher sind Mitglieder der evangelisch-lutherischen Kirche, die sich mit den sozialen Problemen der Gastarbeiter befassen. Gastarbeiter sind ausländische Arbeitskräfte, die nach Deutschland gekommen sind, um Arbeit zu finden. Wegen ihres wirtschaftlichen Wachstums braucht die Bundesrepublik seit 1960 in zunehmendem Masse diese (meist ungelernten) Arbeitskräfte.

Zur Zeit (1973) gibt es über 2 Millionen ausländische Arbeitskräfte in der BRD, davon fast eine Million Türken. Andere kommen aus Italien, Jugoslawien und Griechenland.

Weil die Bundesrepublik kein Einwanderungsland ist, entwickelten die deutschen Behörden das Prinzip der Rotation. Arbeits- und Aufenthaltsgenehmigungen werden nach diesem System nur für eine begrenzte Zeit erteilt. Deshalb wurden die ausländischen Arbeiter auch *Gast*arbeiter genannt, d.h., es war nicht vorgesehen, daß sie länger als fünf Jahre in Deutschland verbringen würden, auch nicht, daß sie ihre Familien nach Deutschland holen würden. Sie sollten nach 3–5 Jahren von anderen Bewerbern abgelöst werden.

Inzwischen sieht es in Wirklichkeit so aus, daß die Ausländer ihre Arbeitsgenehmigung verlängern lassen, anstatt nach Hause zu fahren, auch daß sie ihre Familien nach Deutschland bringen wollen.

In dieser Situation bestehen für die deutsche Wirtschaft und die soziale Infrastruktur folgende Probleme:

1. Die Integration der ausländischen Arbeiter in die deutsche Gesellschaft ist unmöglich, solange von offizieller Seite angenommen wird, sie seien nur vorübergehend in Deutschland.
2. Die Ausländer, die oft kein Wort Deutsch reden können, finden meist Unterkunft in den alten Arbeitervierteln der westdeutschen Großstädte, wo sie Gettos bilden.
3. Die deutsche Zahlungsbilanz ist dadurch sehr stark belastet, daß die Ausländer einen Teil ihrer deutschen Löhne nach Hause schicken.

Deutsche Verwaltungen strengen sich sehr an, um diesen Problemen gerechtzuwerden. Mit Verwaltungsmaßnahmen allein ist das Problem jedoch nicht zu lösen, weil es hier auch um menschliche Beziehungen geht.

Text A

Wir stellen fest durch unsere Mitarbeit im Verwaltungsausschuß des Arbeitsamtes Elmshorn, daß die Anzahl der ausländischen Arbeitnehmer im Kreis laufend rapide zunimmt. Wir stellen auch in den Gewerkschaften fest, daß die ausländischen Arbeitnehmer in zunehmendem Masse bereit sind, sich gewerkschaftlich zu organisieren und dieses veranlaßt uns nun, diese Probleme besonders unter die Lupe zu nehmen. Wir haben oft Beschwerden über die Unterbringung, über unzulängliche Unterbringung unserer ausländischen Kollegen und wir kennen die Probleme mit der deutschen Sprache, wir kennen auch die Differenzen, die sich ergeben aus unserem deutschen Ausländergesetz und zwischen der Wirklichkeit. Während wir ja nach dem Ausländergesetz kein Einwanderungsland sind und es ja wohl erwünscht war, nach dem Rotationsprinzip, möglichst viel ausländische Arbeitnehmer für kurze Zeit hier zu haben, zeigt aber die Wirklichkeit, daß wir ausländ-ische Kollegen haben, die schon bis zu neun Jahren hier manchmal unter sehr unwürdigen Verhältnissen ohne Familie leben müssen. Hier haben wir auch lange mit unseren Kollegen diskutieren müssen, weil nicht immer das rechte Verständnis dafür ist. Viele sind der Auffassung, daß sie hierher kommen und unter Umständen Lohndrücker sind, weil sie bereit sind, ohne weiteres sehr viel Stunden zu arbeiten und sich wenig nach dem, von den deutschen Gewerkschaften erarbeiteten Arbeitsbedingungen zu richten. Aber wir sind jetzt dabei in den Ortskartellen, es ist also auch eine Arbeit, die wir als DGB machen, unsere Kollegen von diesen Dingen zu unterrichten. Sie geben uns ihre Erfahrungen und wir haben gerade in der letzten Zeit eine sehr gute Zusammenarbeit mit dem sozialpädagogischen Zentrum der evangelischen Kirche in Pinneberg, hier haben wir laufende Kontaktge-spräche mit Herrn Bickel, der inzwischen auch unser Mitglied geworden ist, wir stimmen uns laufend ab über unsere Erfahrungen, die wir gemacht haben und versuchen das dann also auch sofort weiterzugeben. Wir haben als Beispiel Herrn Bickel vor einer Woche vor den Delegierten des Ortskartells Pinneberg sprechen lassen und haben dort also auch die etwas eigenartige Feststellung machen müssen, daß viele Delegierte, dieses Problem zu sehr aus ihrer Sicht eingeengt sehen und nur schwer bereit sind, auch sich von diesen Dingen zu lösen, um einmal auch die Problematik des Ausländers selbst kennenzulernen. Ich hatte Gelegenheit mit Herrn Bickel dieses Italiener-erlager, so muß man es ja bezeichnen, zu besichtigen, wo also 6000 Italiener hausen, muß man ja sagen, in Baracken. Sie müssen dort einen Ausweis vorzeigen. Die Baracken sind eingezäunt. Sie dürfen dort nicht mal ihre eigenen Frauen, wenn sie auf Besuch kommen, empfangen. Es sind also, nach meiner Auffassung, katastrophale Zustände und ich wundere mich, daß die ausländischen Arbeitnehmer bereit sind, das überhaupt mitzumachen. Aber das Problem liegt sicherlich wohl besonders darin, daß die meisten hierherkommen und meinen, ein Jahr oder zwei Jahre hierzubleiben und sich dann erst diese Dauer von Jahr zu Jahr verlängert.

Note

It is interesting to note that the DGB secretary (the same speaker as we have heard in the unit on German trade unions, Unit 14) never once uses the word *Gastarbeiter* in his short account of the problems of foreign workers in Germany. Instead he uses expressions like *ausländische Arbeitnehmer*; *ausländische Kollegen*. This suggests that the word *Gastarbeiter* is beginning to acquire a semantically pejorative flavour, which is interesting, since the word was coined partly as a conscious attempt to dissociate foreign workers in the Bundesrepublik from the (mainly) forced labour *Fremdarbeiter* of the National Socialist era. The word *Fremdarbeiter* can still be heard occasionally in West Germany, applied to the foreign workers from Italy, Turkey, Jugoslavia, etc., at present working in the Federal Republic, although speakers will often correct it seconds later to *Gastarbeiter*.

Notice how the cool, formal language of the speaker gives way to very strong vocabulary when he is describing living conditions of some of the foreign workers whom he visited.

Text B

A. Die Gastarbeiter, die ausländischen Arbeitnehmer kommen hier als erstes als Fremde, und zwar als Fremde, die am allerwenigsten ausgerüstet sind für eine fremde Umgebung. Sie kommen aus einer agrarischen Welt, sie kommen mit einem — meistens völlig ohne Ausrüstung für ihren Beruf und sind von daher ja wahrscheinlich von vornherein verloren eigentlich in unserer Welt. Sie haben auch die — die Sprache fast überhaupt nicht und sind deswegen einer Enttäuschung ausgesetzt, also das ist auch wieder sehr einfach, finde ich. Sie können sich kaum selber helfen. Sie kommen hier auch in eine Welt hinein, die sich für sie nicht interessiert, die sie als Arbeitskräfte benutzt, für ihre Arbeitskraft interessiert, aber weder von der Behörde, noch von der Wirtschaft, noch von der breiten Öffentlichkeit besteht irgend ein Interesse, ihnen bei einer Eingliederung sozial, sprachlich, kulturell irgendwie zu helfen. Das ist — man — kennt das nicht mit Fremden so umzugehen, und die Deutschen sind da einfach, ja, sie haben nie mit Fremden in dieser Masse zu tun gehabt. Und deswegen — man kann es auch an den Gesichtern sehen, wenn man durch die Straßen geht, und die Ausländer zu begrüßen versucht oder ins Gespräch kommt, man merkt das einfach, die haben Angst.

Ich habe am Montag einen Vortrag vor der Gewerkschaft gehalten. Die Gewerkschaft hat ja als Aufgabenstellung die Vertretung der — der Arbeiter, also auch der ausländischen Arbeiter, und dort herrschen dieselben Vorurteile und genauso, man sieht, wie in der breiten Öffentlichkeit. Und auf eine Frage, ob einer der Anwesenden schon einmal einen Ausländer zu sich in die Familie eingeladen hat, kam keine positive Antwort. Ich wollte ein zweites Beispiel erzählen aus der Statistik, daß die ausländischen Arbeitnehmer im Schnitt eine Mark weniger verdienen als der deutsche Arbeit — als der deutsche Arbeiter.

B. Pro Stunde, meinen Sie wohl?

C. Pro Stunde, ja.

B. Liegt es aber nicht daran, daß die meisten ausländischen Arbeitskräfte nicht fachlich qualifiziert sind?

Ja, aber, man müßte ja dann noch weiter zurückfragen, warum sie das nicht sind. Warum sind 80% nur in un- und angelernten Tätigkeiten beschäftigt, obwohl über 60% wohl jetzt schon länger als vier Jahre in der Bundesrepublik anwesend sind.

C. Über 60% sind länger als vier Jahre hier?

B. Ich kann es nachher mal genau nachgucken.

C. Aber man hatte den Eindruck, daß die meisten ausländischen Arbeiter eigentlich ursprünglich nur kurzfristig nach Deutschland gekommen sind. Sie wollten an sich zwei, drei Jahre hier arbeiten ....

B. Das stimmt leider nicht. Die Ausländer wollten das nicht. Die Regierung wollte das und will das bis heute, und danach ist die Gesetzgebung ausgerichtet, das neue Ausländergesetz von '65, und danach ist auch die ganze Situation der Ausländer recht provisorisch, also sehr, sehr, an vielen Stellen so, daß man unbedingt jetzt helfen möchte. Wir wissen inzwischen, daß die Ausländer keine vorübergehende Erscheinung ist, oder wie man sagt, kein notwendiges Übel, und diese Notwendigkeit ist nach ein, zwei Jahren vorbei, sondern alle Verantwortlichen wissen, daß wir auf Dauer mit etwa 2 Millionen ausländischen Arbeitnehmern leben müssen — unsere Wirtschaft — und das meint jetzt nicht Arbeiter, z.B. aus England, die es auch gibt, oder aus Skandinavien und den Niederlanden, die es hier oben in einiger Zahl gibt, sondern aus diesen typischen, sogenannten Gastarbeiternationen. Und das Übel liegt für mich darin, daß man ursprünglich gesagt hat, sie kommen für kurzfristig, und nach spätestens zwei Jahren lösen wir sie ab und holen andere. Das ist das sogenannte Rotationsmodell, und wenn sie maximal nur zwei Jahre hier sind, dann kann man vielleicht noch rechtfertigen, daß man nichts für sie tut, daß man ihnen lediglich einen Arbeitsplatz gibt, der tariflich bezahlt wird, auch wenn es die ungünstigeren Arbeitsplätze sind. Aber schon in der Wohnungsfrage wird es kritisch, denn der Arbeitgeber ist verpflichtet, den Ausländern, wenn sie das erste Mal kommen, eine Wohnung zu stellen, aber diese Wohnungen sind nach Minimalanforderungen konzipiert. Und das Übel liegt meiner Meinung nach da, daß inzwischen die Realität so ist, daß die Ausländer eben in dieser Stärke ständig in der Wirtschaft hier miteingeplant sind — fest, daß aber, wie wir sagen, für die soziale Integration noch kein Programm, und damit auch noch keine Kompetenzen vorliegen, und bis heute, weil es dazu keine Gesetze gibt, jeder dem anderen den schwarzen Peter zuschiebt, und nicht geklärt ist, wer jetzt die notwendigen Kosten bezahlt, um eine soziale Infrastruktur für die Ausländer aufzubauen, nachdem man bisher nur eine provisorische wirtschaftliche Integration ihnen angeboten hat.

Note

The voices on this extract are those of a lay church member who is training for the ministry (*A*) and a protestant clergyman (*B*). There are also one or two short questions from the interviewer, who is British (*C*). The clergyman comes from Hessen although there is virtually nothing in his speech pattern to indicate this, while the layman comes from Lower Saxony. Both are obviously very well educated speakers, who have had training in public speaking, which probably explains the lack of accent.

It should be remembered that when speakers have no regional accent this is generally due either to the requirements of their profession, i.e. the need for clear communication, or because they have moved around, or because, in the case of university graduates, they may well have studied at a number of universities, which will have caused their home accent to become neutralized. It is not normally due to any social aspirations on the part of the speaker, since regional accent and social group do not have the same relationship in Germany as they do in Britain. This derives from the history of Germany as a number of separate states, each with its own prince or king and each having its own cultural centre. This means that well-educated and affluent Germans often speak with a fairly strong regional accent and are quite proud to do so. Adenauer had a pronounced Cologne accent, for example, and Theodor Heuss, first president of Federal Germany, spoke Swabian.

Lexikon

ablösen (sep.), replace, also relieve (of military guard); it is this rather peremptory quality which is implied here

sich abstimmen (sep.), consult with one another

agrarisch, rural, having an agricultural economy (N.B. **die Agrarpolitik**, agricultural policy)

angelernt, routine, mechanical

Anwesende (der/die), **ein Anwesender**; adj. endings: someone who was present, participant

Arbeitskräfte (die) (pl.), labour (force)

Arbeitsplatz (der) (¨e), job, work

Auffassung (die) (–en), viewpoint; **ich bin** *der* (GEN.) **Auffassung**, I take the view

Aufgabenstellung (die) (–en), task, duty, function

Ausbildung (die), training

ausgerichtet, (1) equipped for, (2) aimed at

ausgerüstet, equipped

ausgesetzt, preceded by DAT., subject to, exposed to

Ausländergesetz (das), (West German) aliens law, governing residence rights, entry permits, etc.

Ausweis (der) (–e), identity card

Behörde (die) (–n), (government) authority

Beschwerde (die) (–n), complaint

besichtigen, tour, look over

bezeichnen, denote, call

eigenartig, strange, curious

eingeengt, narrow, cramped

eingezäunt, fenced in (cf. **der Zaun** (¨e), fence)

Eingliederung (die), integration; *also:* **die Integration**
Einwanderungsland (das) (–er), country which takes in immigrants
Enttäuschung (die) (–en), disappointment
erarbeiten, gain
Erscheinung (die) (–en), phenomenon, appearance
fachlich, professional, to do with a special subject or job
feststellen (sep.), establish, discover
Gastarbeiter (der) (–), foreign worker; an example of „Sprachregelung" or
    linguistic prescription. The positive associations of „Gast" (guest) are
    intended to have an ameliorative effect and to dissociate the foreign worker
    now in Germany from the „Fremdarbeiter", i.e. forced labour workers in
    Nazi Germany. More recently the neutral term „ausländischer Arbeits-
    nehmer" has been applied
Gesetzgebung (die), legislation
Gespräch (das) (–e), conversation (N.B. **Man** *kommt ins* **Gespräch**)
Gewerkschaft (die) (–en), (trade) union
hausen, live, 'hang out' (*colloq.*) (carries pejorative sense)
herrschen, rule, operate
Kompetenz (die) (–en), (government) powers
konzipieren, plan, draft
kurzfristig, in (for) the short term
laufend, constantly, all the time
lediglich, solely, only
Lohndrücker (der) (–), sweated labour
Lupe (die) (–n), magnifying glass; **unter die Lupe nehmen**, have a close look
    at
Maß (das), extent, measure; *in* **zunehmendem Maß(e)**, to an increasing extent
maximal, at most
miteingeplant, included in the (economic) plan
nachgucken (sep.) (*colloq.*), look up, check
Notwendigkeit (die), need, necessity
Öffentlichkeit (die), the public
Peter-, jemandem den schwarzen Peter zuschieben, pass the buck to someone
    (i.e. give them the responsibility, metaphor taken from a German card
    game)
rechtfertigen, justify
sich richten nach+DAT., to fit (oneself) in with; **Ich richte mich ganz nach
    Ihnen**, I'll fall in with whatever suits you
Rotationsmodell (das) (–e), principle by which the German aliens law at-
    tempted to issue work permits to foreign workers for only 2 years, after
    which they would return to their country of origin
Schnitt (der) (–e), cut (N.B. **im Schnitt**, on average)
Sicht (die), view, sight; **aus meiner Sicht**, from my viewpoint
ständig, constantly
stellen, den Ausländern (DAT.), **eine Wohnung** *stellen*, provide (make avail-
    able accommodation for . . .)

tariflich, according to the prevailing rates of pay
Tätigkeit (die) (–en), activity, work
Übel (das) (–), evil (N.B. **ein notwendiges Übel,** a necessary evil)
Umgebung (die) (–en), surroundings
umgehen (sep.), geht um, ging um, ist umgegangen **mit,** to have to do with, come into contact with
Umstände (pl.), conditions, circumstances; *unter* **diesen Umständen,** in these circumstances
unbedingt, absolutely, certainly
ungelernt, unskilled
ungünstig, unfavourable, poor
Unterbringung (die), accommodation
unwürdig, unworthy, undignified, inhuman
unzulänglich, inadequate
ursprünglich, originally
veranlassen (insep.), bring about, cause
verpflichtet, obliged (to), forced
Verständnis (das), understanding, insight
Vertretung (die) (–en), representation
Verwaltungsausschuß (der) (–̈e), executive committee
völlig, complete
vorliegen (sep.), be available (cf. *Witwe* chapter where the word means 'known', i.e. having a criminal record)
vorneherein (from) the outset
Vortrag (der) (–̈e), lecture, **man** *hält* **einen Vortrag**
Vorurteil (das) (–e), prejudice
vorzeigen (sep.), produce, show
weiteres, ohne weiteres, without further ado
zunehmen, increase, add; *also:* put on weight

Übungen

Ü1 Beantworten Sie die Fragen!

1. Aus welchen Ländern kommen die ausländischen Arbeitnehmer, die in Deutschland Arbeitsplätze finden? Warum sind sie gekommen?
2. Warum finden die Gastarbeiter in ihrer Heimat keine Arbeit?
3. Warum herrschen in der deutschen Bevölkerung Vorurteile diesen Ausländern gegenüber?
4. Was wollte die Bundesregierung mit ihrem Rotationsmodell erreichen?
5. Warum ist es diesem Modell nicht gelungen, die ausländischen Arbeitskräfte alle zwei Jahre abzulösen?
6. Welche sozialen Probleme sind dadurch entstanden, daß die Gastarbeiter länger als zwei Jahre bleiben?
7. Welche deutschen Organisationen kümmern sich jetzt um die Gastarbeiter?

8. Woran liegt es, daß die Gastarbeiter generell weniger als deutsche Arbeiter verdienen?
9. Warum ist die Unterbringung der Gastarbeiter ein so großes Problem?
10. Warum müssen viele Gastarbeiter ohne ihre Familien nach Deutschland kommen?

Ü2 Schreiben Sie die Fragen, die die folgenden Sätze beantworten!

1. Weil sie im allgemeinen die ungünstigeren Arbeitsplätze bekommen.
2. Weil sie keine Wohnungen finden können.
3. Ja, nach dem Ausländergesetz sollten sie eigentlich nur zwei Jahre bleiben.
4. Nein, der DGB und die Kirchen beginnen, jetzt etwas zu unternehmen.
5. Die Unterbringung läßt viel zu wünschen übrig.

Ü3 Diskussionsthema

Gastarbeiter in Deutschland — Einwanderer in Ihrer Heimat.

Ü4 Suchen Sie im Text Begriffe mit ähnlicher Bedeutung!

schnell	vorbereitet
genau untersuchen	die Integration
besprechen	ungeschickt
seltsam	absolut
Papiere	die Befugnisse
landwirtschaftlich	entwerfen (planen)
von Anfang an	

Ü5 Vervollständigen Sie die Sätze!

1. Das Problem liegt ..., daß die Ausländer länger als zwei Jahre bleiben.
2. Mann kann es ... den Gesichtern sehen, daß sie Angst haben.
3. Ich habe versucht, mit ihnen ... Gespräch zu kommen.
4. In den letzten Jahren sind die Gastarbeiter ... zunehmenden Maß gewerkschaftlich aktiv geworden.
5. Niemand hat ... meine Frage positiv reagiert.
6. ... dem Rotationsprinzip ist es erwünscht, daß die Gastarbeiter nur zwei Jahre bleiben.

Ü6 Setzen Sie das Verb ein!

1. Er ißt zu viel, in den letzten Jahren hat er 5 Kilo ....
2. Man muß den Ausweis ..., um in die Kaserne zu kommen.
3. Der deutsche Arbeitgeber ist ..., dem ausländischen Arbeiter eine Wohnung zur Verfügung zu ....
4. Die meisten Gastarbeiter sind in ungelernten Tätigkeiten ....
5. Die deutsche Gesetzgebung ist danach ..., daß die Gastarbeiter nach zwei Jahren nach Hause fahren.

6. Die Gastarbeiter werden tariflich bezahlt, aber die meisten verdienen weniger als die deutschen Arbeiter, weil sie nicht fachlich ... sind.

Ü7   Definieren Sie!

der Gastarbeiter
das Rotationsmodell (im Ausländergesetz)
die soziale Infrastruktur
der Deutsche Gewerkschaftsbund
das Arbeitsamt

Geben Sie die Begriffe an, die im folgenden definiert sind!
1. Jemand, der bereit ist, für einen niedrigeren Lohn als seine Kollegen zu arbeiten.
2. Lohn- und Gehaltsbestimmungen, die von den Gewerkschaften und Arbeitgebern vereinbart werden.
3. Ein von der Verwaltung ausgestelltes Dokument, das man immer bei sich tragen muß, das über persönliche Einzelheiten informiert, wie z.B. Geburtsort und Datum, Haar- und Augenfarbe, Adresse, usw.

Ü8   Translate:

Foreign workers now form an integral part of the German economy. Most of them came from agricultural regions in Italy, Greece, Turkey and Yugoslavia and because of their lack of industrial experience they are mainly employed in unskilled work. This means that as a group their average income is considerably lower than that of German workers, although it should be stressed that they are paid at the same rates as Germans engaged in similar work. When foreign workers first came to the Federal Republic it was envisaged by the authorities that they would stay in Germany for no more than two years, and that they would then return home to their families, to be replaced by fresh workers who would in turn remain two years. In practice, however, most of the foreigners stay for much longer and are eventually joined in Germany by their families. This has led to serious problems, because there has not been adequate provision for the requirements of large groups of permanent foreign residents. For example, special classes are needed in schools, so that the children of foreign workers can be taught German.

In recent years the churches and trades' unions in Germany have begun to exert considerable pressure on government and local authorities on behalf of these foreign workers.

Lesestück

Merkmale der Gastarbeiter

Auf die Frage, was für Menschen Gastarbeiter nun eigentlich sind, ist eine umfassende Antwort schwer zu geben. Doch lassen sich einige gemeinsame

Merkmale zeigen. Die Mehrzahl der Arbeitskräfte sind Männer, (zwischen 55 und 80%). Von ihnen sind wiederum etwa 60% 18–35 Jahre und 30% 35–45 Jahre alt. Die relativ kleine Zahl der weiblichen Gastarbeiter gehört meistens der jüngeren Altersgruppe von 18–35 Jahren an. Die meisten verheirateten Gastarbeiter lassen ihre Familien zu Hause zurück; in der Bundesrepublik waren 1968 z.b. 72% verheiratet, aber nur 39% von ihnen lebten mit ihren Ehefrauen zusammen. Beim Verhältnis der Zahl der Familienangehörigen zum gesamten Zustrom an Gastarbeitern ergab sich eine deutliche Steigerung. Im Falle von Spanien und Italien, die heute — wie erwähnt — nicht mehr die Hauptlieferländer sind, nimmt der Zustrom der Angehörigen nicht so schnell ab wie die Zahl der neu hinzukommenden Arbeiter. Gerade jetzt sind viele Familien bestrebt, zu den Familienvätern zu kommen, von denen sie sich vor einiger Zeit trennen mußten.

Die Mehrzahl der Gastarbeiter sind auf ein Jahr verpflichtet oder haben als ständige Arbeiter Kontrakte mit Genehmigungen, die über diese Zeit hinaus verlängert werden können. Daneben sind in Frankreich — insbesondere in der Landwirtschaft — und in der Schweiz auch die „saisonalen" Gastarbeiter von Bedeutung. Die sektorale Verteilung der Arbeitskräfte folgt in der Tendenz dem sektoralen Beschäftigungswachstum in den Empfängerländern. So arbeiteten 1968 in der Bundesrepublik 76% der Gastarbeiter in der Industrie und im Baugewerbe (1960: 71%), 5% in der Landwirtschaft und im Bergbau (1960: 11%) und ein ziemlich konstanter Anteil von 18 bis 19% im Handel und im Dienstleistungsgewerbe. In Frankreich gingen 1969 etwa 59% der neuhinzukommenden Gastarbeiter in die Industrie und in das Baugewerbe (1964–68: 65%) und 12% in die Landwirtschaft und in den Bergbau (1964–68: 14% — eine überraschend geringe Abnahme). Die Zahl der Gastarbeiter im Handel und im Dienstleistungsbereich stieg von 21 auf 29% an.

Hinsichtlich des Ausbildungsniveaus der Gastarbeiter besteht eine Informationslücke. Die französische Einwanderungsstatistik zeigt jedoch, daß von den Arbeitern, die zwischen 1964 und 1968 nach Frankreich kamen, nach der französischen Klassifikation 42% angelernte, 38% ungelernte and 18% gelernte Arbeiter waren. Nur 1,5% waren hochqualifizierte Spezialisten.

I. M. Hume: *Gastarbeiter in Europa*, in *Finanzierung und Entwicklung*, Nr. 1, März 1973.

17 Oberstleutnant

Einführung

Der Sprecher ist Oberstleutnant in der Bundeswehr (Luftwaffe). Er beschreibt die Probleme der Wehrpflicht. In Deutschland muß jeder junge Mann 16 Monate Wehrdienst absolvieren. Es ist allerdings möglich, diesen Wehrdienst aus Gewissensgründen zu verweigern. In einem solchen Fall muß ein Ersatzdienst geleistet werden, z.B. in einem Krankenhaus.

Die Bundeswehr, d.h. die Streitkräfte der BRD, wurde 1956 als Teil des Westintegrationsprozesses der BRD gegründet. Es gab damals viel Opposition gegen eine Wiederaufrüstung Deutschlands, nicht nur von Regierungen anderer Länder, sondern auch von Bundesbürgern. Auch heute hat die Laufbahn eines Bundeswehroffiziers den Glanz und die hochbewertete Stellung in der Gesellschaft nicht zurückgewinnen können, die sie bis 1944 besaß.

Die Bundeswehr besteht aus dem Heer, der Luftwaffe und der Bundesmarine. Alle westdeutschen Streitkräfte stehen unter NATO-Befehl.

Text

Um das Bild des Werdegangs des Offiziers in der Bundeswehr zu vervollständigen, darf ich 'mal einige Zahlen angeben; eh.. der junge Mann wird mit etwa 23/24 Jahren Leutnant, er wird mit 26/27 Jahren Oberleutnant, und mit 30 Jahren Hauptmann. Wenn er zum fliegenden Personal gehört, also Flugzeugführer ist, verschieben sich die Jahre nach vorn; also er wird etwa mit 27/28 Jahren schon Hauptmann. Eh.. mit.. eh.. etwa 35/36 Jahren Major, und dann allerdings verschiebt sich das, und ist abhängig von den Planstellen, die zur Verfügung stehen. Eh.. wie war das nun — bei der Wehrmacht, also bei dem Vorgänger der Bundeswehr? Ich bin mit 18 Jahren nach dem Abitur, das war Vorbedingung, um Offizier werden zu wollen eh.. zum Heer gegangen, dort eingetreten, und eh.. bin mit 20 Jahren Leutnant geworden. Bin in diesem Alter dann zur Luftwaffe übergewechselt, wurde Flugzeugführer, war mit 23 Jahren Hauptmann. Eh.. das war aber eine Kriegserscheinung, und eh.. die weitere, der weitere Gang wurde durch die Ereignisse gestoppt.

So.. eh.. während bei der Wehrmacht eh.. und sicherlich auch zu der damaligen Zeit in Ihrer Armee, das Hauptaugenmerk der Ausbildung auf rein militärischen Dingen lag, mußte diese Ausbildung sich in der Folge der zunehmenden Technisierung und Spezialisierung eh.. heute auf ganz andere Gebiete begeben. So, z.B. auf die Gebiete Betriebswirtschaft und Soziologie.

Sie werden sicherlich wissen, daß wir keine Berufsarmee haben, sondern eine Armee, die auf Wehrpflichtbasis beruht, und auf der Möglichkeit, sich freiwillig zu melden. Diese Meldungen für die Armee sind keineswegs so, daß wir zufrieden sein könnten, von der Zahl hergesehen, und auch nicht von der Qualität. Eh.. wie ist nun die Situation bei uns und weshalb ist das so? Nun einmal spielen sicherlich psychologische Dinge eine ganz große

Rolle. Es ist nicht einfach in einem Land, das zwei Kriege verloren hat, einer Bevölkerung dann klarzumachen, daß es nötig ist, wieder eine Armee aufzustellen. Es ist auch nicht einfach, eine Jugend, die in Erzählungen der älteren Generation aufgewachsen ist, für einen Dienst in einer Armee zu begeistern, in welcher Form auch immer, wenn man überhaupt von einer Begeisterung sprechen kann, eh.. einen Dienst mit der Waffe in der Hand zu tun. Und damit sind wir bei einem Problem, mit dem wir sehr zu kämpfen haben, mit dem wir auch noch nicht fertig geworden sind. Das ist also der Punkt der Wehrpflicht und daneben die Jugend, die nun ganz anders zu diesen Dingen eingestellt ist. Ich meine ganz anders als in der Generation davor. Viel kritischer und ich muß auch sagen, mit Recht viel kritischer. Diese Jugend bei uns hat in der Zwischenzeit ganz klar erkannt, daß nicht jeder wehrpflichtige junge Mann eingezogen werden kann. Das ist eine Folge der Stellen, d.h. mit anderen Worten: es kann eigentlich nur jeder dritte wehrpflichtige junge Mann zum Dienst in der Bundeswehr eingezogen werden. Die Folge ist doch die ganz natürliche Frage, warum eigentlich gerade ich? Nun haben wir in unserer Verfassung — wir haben ja im Gegensatz zu Ihnen eine schriftlich niedergelegte Verfassung — wir haben in dieser Verfassung, ich glaube als das einzige Land in dieser Welt, schriftlich festgehalten, die Möglichkeit, den Wehrdienst aus Gewissensgründen zu verweigern. Von dieser Möglichkeit wird von Jahr zu Jahr mehr Gebrauch gemacht. Eh.. sie ist allerdings, und das muß man hier betonen, zu einer gewissen Perfektion gekommen, langsam. Es haben sich Gruppen gebildet, unter Führung von Fachleuten, meistens Rechtsanwälten, die die jungen Leute beraten, und ihnen ganz klar den Weg aufzeigen, was sie sagen müssen in Verhandlungen, wenn sie den Wehrdienst aus Gewissensgründen verweigern, und wenn dann in diesen — im Laufe dieser Verhandlungen bestimmte Sätze und bestimmte Andeutungen kommen, dann kommen diese jungen Leute mit ihren Wünschen durch. Das ist der eine Punkt. Der andere Punkt, das ist die zunehmende Tätigkeit der Außer-Parlamentarischen-Opposition, wie wir sie hier nennen. Diese Außer-Parlamentarische-Opposition hat Gruppen gebildet, die sich zum Ziel gesetzt haben, nicht nur Institutionen des Staates im wirtschaftlichen oder zivilen Bereich, sondern auch die Bundeswehr als Institution des Staates von innen her aufzuweichen. Sie haben Gruppen gebildet, die festlegen, welche jungen Männer, die dieser Außer-Parlamentarischen-Opposition angehören, in die Bundeswehr gehen, um dort ihren Wehrdienst zu absolvieren, und während dieser Zeit alles tun, um Unruhe hineinzubringen, das sind diejenigen, die sie als moralisch gefestigt bezeichnen, und von denen sie erwarten, daß sie diese Zeit gut durchstehen, ohne schlecht aufzufallen. Die andere Gruppe, das sind Jugendliche, die die Bundeswehr von außen her zu bekämpfen haben, wie sie's nennen. Sie machen das mit Aktionen, Plakaten, Handzetteln und eh.. ähnlichen Dingen. In der Folge der Tätigkeit der Außer-Parlamentarischen-Opposition ist jetzt, na, man kann sagen, modern geworden, den Wehrdienst aus politischen Gründen zu verweigern, und es sind einige Leute damit auch schon durchgekommen. Diese Möglichkeit ist aber keineswegs in unserer Verfassung vorgesehen.

Ich persönlich verstehe also nicht, daß unser Staat bisher jedenfalls dagegen noch nicht eingeschritten ist. Es sind einige Bestrebungen im Gange, wir wissen es aus letzten Besprechungen im Parlament, hier einen Riegel vorzuschieben.

Soweit nun also zur Außer-Parlamentarischen-Opposition und einigen Dingen, die die Jugend betreffen, wobei wir keineswegs dagegen etwas haben können, daß die Jugend heute opponiert. Sie soll es, sie soll es auch kritisch tun, aber es hört da auf, wo es organisiert wird, und damit gegen die Interessen des Staates gehen wird. Nun zu einem anderen Punkt. Während in der Wehrmacht der Soldat eben nur Soldat war, und unpolitisch zu sein hatte, d.h., also kein Wahlrecht hatte und eh.. auch nicht wählen durfte, ist bei der Bundeswehr von Anfang an darauf ganz großer Wert gelegt worden, daß der Soldat ein Staatsbürger in Uniform ist, ein Gedanke, der sicherlich vom Grund her gesehen sehr gut ist. Und dieser Soldat hat einmal die Wahlpflicht genau wie jeder Bürger, und er hat auch die Möglichkeit, gewählt zu werden. Es wird sogar, wenn einige Soldaten in Parlamente gewählt worden sind, ob das jetzt der Kreis ist, oder das Parlament eines Landes, oder auch der Bundestag, darauf Rücksicht genommen, und dieser Soldat wird nicht versetzt. Er wird nach Möglichkeit an diesem Dienstort gelassen, wobei er, und das muß ich einfügen, in dem Moment, wo er in den Bundestag gewählt ist, von seinem Dienst als Soldat vorübergehend suspendiert wird.

Beim Bundestag angelangt, sind wir jetzt auch langsam in der Nähe der Regierung. Wer ist Oberbefehlshaber der Bundeswehr? Das ist also im Frieden der Verteidigungsminister. Im Kriegsfall — in einem möglichen Kriegsfall geht der Oberbefehl an den Bundeskanzler über. Sie sehen hier einen ganz klaren Trend in der Festlegung dieser Dinge. Es wird ganz großer Wert darauf gelegt, in allen Richtlinien und Bestimmungen, daß die Federführung, das Prä — bei den Politikern liegt und keineswegs bei einem deutschen General.

Note

Setting aside the areas of discussion dealt with by this speaker, there is very little about his style which points to a professional soldier, especially when his recording is compared to that of the *Offizier a.D.*, who belongs to an older generation with a consequently stronger military tradition. It is perhaps not without significance that this speaker is in the federal German air force, while the older speaker was in the army, because any air force traditions deriving from the old imperial order were destroyed when the Weimar Republic was forbidden to maintain an air force under the terms of the Versailles Peace Treaty, while imperial army traditions largely survived in the 100 000 man army (*Reichswehr*).

Indeed, it is only because this speaker is dealing with *Bundeswehr* problems that any clue to his profession is given. The style and vocabulary used point to a thoughtful, cultivated North German.

Apart from this there is no perceptible regional colouring, which is perhaps not surprising when one considers the career of a modern professional officer, involving as it does frequent postings and a physically rather unsettled existence.

Lexikon

APO (die), die **Außer-Parlamentarische Opposition**, Radical left-wing political movement of the late 1960s largely composed of students

beraten (berät, beriet, hat beraten), advise + Direct Object (cf. **raten** + DAT.)

Bestrebung (die) (–en), effort

Betriebswirtschaft (die), (study of) management

Bundeswehr (die), Federal German armed forces, comprising die Bundesmarine, das Heer, die Luftwaffe. The army of the DDR is called die NVA (Nationale Volksarmee). German army 1920–34 = **die Reichswehr**; 1934–45 = **die Wehrmacht**

einfügen, add, mention

einschreiten (schreitet ein, schritt ein, ist eingeschritten), (*here*) take proceedings (against), prosecute; *also:* step in, march in

eintreten (tritt ein, trat ein, ist eingetreten), (*here*) join up; *also:* come about, arise, walk in (N.B. **Ich trat in** *die* **Bundeswehr ein**)

einziehen (zieht ein, zog ein, hat eingezogen), call up (for military service); *also:* einberufen

fertig werden (mit), cope with, come to terms with

Flugzeugführer (der) (–), pilot; *also:* **der Pilot** (N.B. ship's pilot = **der Lotse**)

freiwillig, voluntar(il)y

im Gang (sein), to be going on, occurring

Heer (das) (–e), army

Leutnant (der) (–e), lieutenant; same names apply in army and air force (i.e. Leutnant, 2nd lieutenant; Oberleutnant, lieutenant; Hauptmann, captain; Major, major; Oberstleutnant, lt.-colonel; Oberst, colonel, etc.)

sich melden, to join up; volunteer

nach **Möglichkeit**, as far as possible

Oberbefehlshaber (der) (–), commander-in-chief

Personal (das), **das fliegende Personal**, aircrew

Planstelle (die) (–en), post(s) available according to the 'establishment' of an organization or army

Rechtsanwalt (der) (–̈e), lawyer (one who appears before a court on behalf of a client, cf. **Staatsanwalt** = public prosecutor)

Riegel (der) (–), bolt, catch (of door); (*here*) **einen Regel vorschieben**, put a stop to

Verfassung (die) (–en), constitution (cf. **das Grundgesetz**, constitution or Basic Law of Federal Republic). The word „Verfassung" was avoided in order to underline the provisional character of the Basic Law, since it was envisaged at the time of its promulgation (1949) that Germany would eventually be reunited

verweigern, refuse, object to; **der Kriegsdienstverweigerer** = conscientious objector
Vorbedingung (die) (–en), pre-condition
Vorgänger (der) (–), predecessor
Waffe (die) (–n), weapon
Wehrpflicht (die), compulsory military service (N.B. **man** *absolviert* **die Wehrpflicht**, i.e. complete); **wehrpflichtig**, liable for military service
Werdegang (der), process of formation, training

Übungen

Ü1   Beantworten Sie die Fragen!
  1. Wie hießen die deutschen militärischen Streitkräfte offiziell
     a) in der Weimarer Republik
     b) in der Nazi-Periode?
     Wie heißen die westdeutschen Streitkräfte?
  2. Welcher ist der niedrigste Offiziersrang?
  3. Hat man in Ihrer Heimat eine militärische Wehrpflicht?
  4. Warum sind die freiwilligen Meldungen für die westdeutsche Armee unzureichend?
  5. Wie unterscheidet sich nach Meinung des Sprechers die heutige Jugend in Deutschland von der Jugend der vorigen Generation?
  6. Aus welchen Gründen darf man den Wehrdienst verweigern?
  7. Was ist die APO?
  8. Welche Methoden benützen gegnerische politische Gruppen, um ihre Opposition gegen die Bundeswehr zum Ausdruck zu bringen?
  9. Erklären Sie den Ausdruck „versetzt werden"!
 10. Was passiert, wenn ein Soldat in den Bundestag gewählt wird?

Ü2   Beantworten Sie die Fragen in 3–4 Sätzen
  1. Welche politischen Rechte hat der westdeutsche Soldat?
  2. Erklären Sie den Vorgang, wenn man den Wehrdienst verweigern will!
  3. Warum sind viele junge Westdeutsche gegen den Wehrdienst?
  4. Erklären Sie „schriftlich niedergelegte Verfassung"! Stimmt es, daß das Vereinigte Königreich keine schriftliche Verfassung hat?
  5. Warum schickt die APO einige ihrer Mitglieder in die Armee?

Ü3   Suchen Sie das Wort, das zu den folgenden Definitionen paßt!
  1. Alle Streitkräfte der Bundesrepublik, einschließlich Marine, Luftwaffe, Heer.
  2. Ein Dokument, das die politische Organisation eines Staates festlegt, und die Rechte und Pflichten der Bürger beschreibt.
  3. Vorgänger der Bundeswehr im Dritten Reich.
  4. Eine Armee, die aus freiwilligen Soldaten besteht.
  5. Eine obligatorische militärische Ausbildung, gewöhnlich für alle jungen Männer.

Ü4 Erklären Sie den Unterschied zwischen
militärisch — militaristisch
Stimmrecht — Wahlrecht

Ü5 Wer ist der Vorgesetzte?
a) Gefreiter, Unteroffizier, Feldwebel
b) Oberstleutnant, Oberst, Major

Ü6 Definieren Sie!
der Bundestag
die APO
der Rechtsanwalt
Jugendliche

Ü7 Translate:
I must take account of it
in other words
by no means (one word)
from the very beginning
we attach great importance to this
I take the view
in any shape or form
they are rightly very critical

Ü8 Sagen Sie in einem Wort!
darf gewählt werden
muß Wehrpflicht absolvieren
in der Zwischenzeit
gar nicht

Ü9 Geben Sie Synonyme an!
total
generell
Boomzeit
Rabatt
Einrichtung

Ü10 a) Geben Sie die Nominalform an!
melden   verlieren
beschweren   wachsen
verpflichten folgen
zählen   denken

b) Bilden Sie Sätze mit diesen Nominalformen.

Ü11   Translate:

As you probably know, the German armed forces are based on conscription, and are integrated into NATO command. We do have regular soldiers, but not enough. The conscription period is 16 months, but the trouble is that we can only call up about one in three of the young men in any age group. The result is, quite naturally, that the conscripted soldiers ask, 'Why me?'

In the days of the Wehrmacht the soldier was not involved in politics, but nowadays we stress the idea of the 'citizen in uniform'. Soldiers are entitled to vote like anybody else, and can also be elected. If a serviceman is elected to a council or parliament, we have to take account of it, and he will not be posted away from the area during his term of office.

Another new institution is the Forces Inspector, who deals with complaints from servicemen about excessive duties, or being posted too often. It leads to friction sometimes; it's bound to, if on the one hand you have an army based on the idea of obedience and command, and on the other hand try to introduce democratic rules.

Ü12   Nacherzählung: *der Wehrbeauftragte*

Eine Art militärischer Ombudsmann. Befaßt sich mit Beschwerden der Soldaten. Allerlei Beschwerden — z.B. fühlen sich nicht menschlich behandelt — zu viel Dienst — werden zu oft versetzt. Nach Meinung des Sprechers eine gute Einrichtung, die etwas zu weit geht, z.B., wenn Vorgesetzte beweisen müssen, wie viel Dienst ein Gefreiter machen muß.

VOKABELN

der Wehrbeauftrage, Inspector of Forces
versetzt werden, be posted
der Vorgesetzte (adj. ending), superior (officer)
die Spielregeln, rules
die Richtlinien, directives, rules
der Gefreite (adj. ending), corporal

Lesestück

Aus dem Soldatengesetz:

§ 7   Der Soldat hat die Pflicht, der Bundesrepublik Deutschland treu zu dienen und das Recht und die Freiheit des deutschen Volkes tapfer zu verteidigen.

§ 8   Der Soldat muß die freiheitliche demokratische Grundordnung im Sinne des Grundgesetzes anerkennen und durch sein gesamtes Verhalten für ihre Erhaltung eintreten.

§ 10: (1) Der Vorgesetzte soll in seiner Haltung und Pflichterfüllung ein Beispiel geben.

(4) Er darf Befehle nur zu dienstlichen Zwecken und nur unter Beachtung

der Regeln des Völkerrechts, der Gesetze und der Dienstvorschriften erteilen.

(5) Er trägt für seine Befehle die Verantwortung. Befehle hat er in der den Umständen entsprechenden Weise durchzusetzen.

§ 11 1. Der Soldat muß seinen Vorgesetzten gehorchen. Er hat ihre Befehle nach besten Kräften vollständig, gewissenhaft und unverzüglich auszuführen. Ungehorsam liegt nicht vor, wenn ein Befehl nicht befolgt wird, der die Menschenwürde verletzt oder der nicht zu dienstlichen Zwecken erteilt worden ist; die irrige Annahme, es handele sich um einen solchen Befehl, befreit nicht von der Verantwortung.

2. Ein Befehl darf nicht befolgt werden, wenn dadurch ein Verbrechen oder Vergehen begangen würde. Befolgt der Untergebene den Befehl trotzdem, so trifft ihn eine Schuld nur, wenn er erkennt oder wenn es nach den ihm bekannten Umständen offensichtlich ist, daß dadurch ein Verbrechen oder Vergehen begangen wird.

Aus dem Wehrpflichtgesetz:

§ 1 1. Wehrpflichtig sind alle Männer vom vollendeten 18. Lebensjahr an, die Deutsche im Sinne des Grundgesetzes sind ...

§ 25 Wer sich aus Gewissensgründen der Beteiligung an jeder Waffenanwendung zwischen den Staaten widersetzt und deshalb den Kriegsdienst mit der Waffe verweigert, hat statt des Wehrdienstes einen zivilen Ersatzdienst außerhalb der Bundeswehr zu leisten. Er kann auf seinen Antrag zum waffenlosen Dienst in der Bundeswehr herangezogen werden.

G. A. Süss: *Grundzüge der Sozialkunde*, S. 92, Diesterweg, 1967.

18 Mitglied des Landtages

Einführung

Der Sprecher ist Mitglied des Schleswig-Holsteinischen Landtages und
stellvertretender Vorsitzender der CDU-Fraktion im Landtag.

Der Landtag: das Parlament eines Landes (z.B. Bayern, Hessen usw.)
Die Mitglieder eines Landtages sind Abgeordnete, die von allen stimm-
berechtigten Bürgern eines Landes in geheimer Wahl gewählt werden. Im
wesentlichen gilt das gleiche Wahlsystem für Landtagswahlen wie für Bundes-
tagswahlen, d.h., ein Teil der Sitze wird nach *dem Mehrheitswahlrecht*
verteilt und ein Teil nach dem Verhältniswahlrecht.

Jeder Bürger darf zwei Stimmen abgeben, eine für einen Kandidaten in
seinem Wahlkreis. Der Kandidat, der eine einfache Mehrheit dieser sogenannten *Erststimmen* bekommt, ist damit in den Landtag gewählt (Mehrheits-
recht). Mit der zweiten Stimme wählt der Bürger eine politische Partei. Alle
Parteien, die über 5% der abgegebenen Stimmen erzielen, erhalten Sitze im
Landtag entsprechend des Prozentsatzes der auf sie entfallenden Stimmen
(Verhältniswahlrecht). Vor der Wahl muß jede Partei eine *Landesliste* ihrer
indirekten Kandidaten aufstellen. Je weiter oben ein Kandidat auf der
Liste steht, desto besser ist seine Chance, MdL zu werden. Sogenannte
Spitzenkandidaten (d.h. Kandidaten für Ministerstellen, hohe Funktionäre
der Partei usw.) sind oft nicht nur Kandidaten in einem Wahlkreis, also für
einen direkten Sitz, sondern sie haben als eine Art Rückversicherung einen
der ersten Plätze auf der Landesliste.

Das mathematische Verfahren, nach dem die Sitze in den Parlamenten
verteilt werden, heißt das *d'Hondt'sche Höchstzahlverfahren,* nach seinem
Erfinder, dem belgischen Professor d'Hondt.

Wenn ein Abgeordneter stirbt, oder zurücktreten muß, übernimmt der
nächste Kandidat seinen Sitz auf der Landesliste seiner Partei.

Eine Fraktion besteht aus allen Abgeordneten, die einer bestimmten
politischen Partei angehören, z.B.

CDU (Christlich-Demokratische Union)
SPD (Sozialdemokratische Partei Deutschlands)
FDP (Freie Demokratische Partei).

Im föderalen Regierungssystem der BRD sind die Länder vom Bund
weitgehend unabhängig; und zwar besonders auf den Gebieten Bildungswesen (Schulen, Universitäten) und Polizeiwesen. Außerdem entsendet jede
Landesregierung ihre Vertreter zu dem *Bundesrat* (der 2. Kammer der Bundesregierung).

Text

Die Auswahlmethode für die Kandidaten im Landtag und im Bundestag
ist in der CDU die gleiche. Die Kandidaten werden von den Mitgliedern
von den Parteimitgliedern ihres Wahlkreises gewählt. Bei sehr großen Kreisen
die sehr viele Mitglieder haben, werden zu diesem Zweck Delegierte gewählt.

Stimmzettel

für die Bundestagswahl im Wahlkreis **15 Hamburg-Nord I** am 28. September 1969

Sie haben 2 Stimmen

hier Erststimme   **hier Zweitstimme**

für die Wahl   für die Wahl

eines Wahlkreisabgeordneten   einer Landesliste (Partei)

1	**Dr. Apel, Hans** Abteilungsleiter Hamburg 67 Rögenfeld 42c **SPD** Sozialdemokratische Partei Deutschlands	○
2	**Gewandt, Heinrich** Drogist Hamburg 39 Sierichstr. 20 **CDU** Christlich Demokratische Union Deutschlands	○
3	**Stegmann, Christel** kfm. Angestellte Hamburg 20 Neumünstersche Straße 36 **FDP** Freie Demokratische Partei	○
4	**Rath, Walter** Maschinenbauer Hamburg 20 Löwenstr. 69 **ADF** Aktion Demokratischer Fortschritt	○
5	**Fischer, Paul** selbst. Kaufmann Hamburg 39 Agnesstr. 50 **EP** Europa Partei	○
6	**Lippert, Eberhard** Elektroingenieur Hamburg 62 Holitzberg 114 **FSU** Freisoziale Union - Demokratische Mitte -	○
7	**Peffgen, Werner** Einzelhändler Hamburg 62 Wittekopsweg 46 **NPD** Nationaldemokratische Partei Deutschlands	○

○	**SPD**	Sozialdemokratische Partei Deutschlands Schmidt, Berkhan, Frau Dr. Elsner, Glombig, Dr. Meinecke	1
○	**CDU**	Christlich Demokratische Union Deutschlands Rollmann, Blumenfeld, Damm, Gewandt, Dr. Schmid-Burgk	2
○	**FDP**	Freie Demokratische Partei Kirst, Kastenmeyer, Wichmann, Frau Schuchardt, Rademacher	3
○	**ADF**	Aktion Demokratischer Fortschritt Scholz, Erlebach, Rath, Bethge, Gehrcke	4
○	**EP**	Europa Partei Sauer, Böttcher, Dr. Fritze, Tödt, Schlüter	5
○	**FSU**	Freisoziale Union - Demokratische Mitte - Schumann, Lippert, Pülm, Böttger, Dr. Staubert	6
○	**NPD**	Nationaldemokratische Partei Deutschlands Schweimer, Gebauer, Blick, Frau Schirrmeister, Dr. Nommensen	7

Stimmzettel

In kleineren Kreisen machen es die Mitglieder direkt. Ich habe es zum Beispiel gerade gestern in Flensburg hinter mich gebracht und bin gewählt worden. Vielleicht ist es am praktischten, ich erzähle es, wie es gestern abend war. Das ist das deutlichste. Ich hatte eine Reihe von Freunden in Flensburg, die gerne wollten, daß ich wieder in den Landtag komme, nicht nur in Flensburg, sondern natürlich auch im ganzen Lande, aber entscheiden tun ja die Flensburger alleine. Es gab aber eine Gruppe, gerade junger Parteifreunde, das hatte nicht so sehr persönliche Gründe, sondern vor allen Dingen sachliche Gründe. Sie waren mit meiner Kulturpolitik nicht so ganz einverstanden. Das hängt mit dem Aufbau unseres Schulwesens zusammen. Sie gingen mehr auf die Gesamtschule — *comprehensive school* —hinaus, während ich da erhebliche Bedenken immer gehabt habe. Dazu kam, daß die auch gerne einen jüngeren Herrn gehabt hätten, und ich bin achtundvierzig, und das ist ja nun schon ein fast biblisches Alter heutzutage. Dazu kam, daß es manche Parteifreunde in Flensburg gab, die mir vorwarfen, daß ich mich um meinen Wahlkreis nicht genug gekümmert hätte, weil ich sehr viel Arbeit hier im Lande gehabt habe, in meinen hiesigen Ämtern, da konnte ich nicht bei jeder Gelegenheit immer zu Hause sein, zumal ich meinen Beruf hier auch noch nebenbei hatte. Das waren eigentlich die Hauptgegengründe. Es wurden dann neben meinem Namen mehrere andere genannt, ein Kaufmann, Fabrikbesitzer. Der Herr hat aber dann gleich erklärt, er könnte das nicht, nachdem er sich informiert hat, wieviel Zeit hier im Landtag gebraucht wird; ein junger Lehrer, der ebenfalls erklärte, er hätte keine Zeit. Aber dann kam ein dritter Vorschlag, auch ein junger Lehrer, und das war der eigentliche Gegner, den ich hatte. Ich persönlich kann mit ihm sehr gut, aber wir haben verschiedene Meinungen. Und der sagte dann: „Ja, ich kandidiere." Dann meldete sich der erste zu Wort, um für mich zu sprechen. Erfreulicherweise nun auch gerade wieder ein junger Mann. Daraufhin habe ich dann gesagt zur Geschäftsordnung: „Ich bitte, daß die Vorgeschlagenen nun die Möglichkeit haben 'rauszugehen, damit die Versammlung frei diskutieren kann." Dann haben wir beide draußen gesessen. Dann haben die eine Stunde lang über uns geredet. Und wie ich so gehört habe inzwischen, ist sehr viel hin und her gesprochen worden, und alle Argumente für und wider sind ausführlich erörtert worden. Dann wurden wir wieder 'reingerufen, und dann wurde in geheimer Wahl mit Stimmzetteln abgestimmt. Ich bekam doppelt soviel Stimmen wie mein Gegenkandidat und war damit gewählt. Und nun hinterher werden wir alle gemeinsam uns bemühen, die Wahl in unserem Wahlkreis zu gewinnen.

Wie wird der Abgeordnete Mitglied eines Ausschusses?

Natürlich gibt es in einem Parlament Ausschüsse von verschiedenem Gewicht. Und jeder Abgeordnete, vor allen Dingen jeder neue Abgeordnete, möchte natürlich gerne mindestens in einen der sogenannten großen Ausschüsse. Das ist vor allen Dingen der Finanzausschuß, der Innenausschuß und der — so wie wir sagen — Volksbildungsausschuß, der Kultur-Schulausschuß, daneben aber noch eine ganze Reihe anderer. Wir haben sehr viele verschiedene Ausschüsse, etwas zuviel. Wir werden uns bemühen in der Parlamentsreform, die wir im Augenblick bearbeiten, die Zahl der Ausschüsse kleiner zu machen. Jeder gibt dann seine Wünsche der Fraktionsleitung an, in welche Ausschüsse er in erster Linie möchte, und in welche er dann in zweiter Linie gerne gehen möchte. Das wird dann im Fraktionsvorstand ausführlich besprochen und der Fraktion danach dann ein Vorschlag gemacht. Dann wählt die Fraktion. Allerdings ist das nicht die offizielle Wahl. Offiziell wählt nachher der Landtag nach den Vorschlägen der Fraktion, aber das ist mehr eine Formsache. Denn selbstverständlich wählt der Landtag dann genau das, was die Fraktionen vorgeschlagen haben. Wir wollen dieses Verfahren gerne ändern, weil wir diese Wahl durch den Landtag für eine überflüssige Formalität halten. In Wirklichkeit bestimmen ja doch die Fraktionen. Und wir möchten die Satzung dahin ändern — die Geschäftsordnung dahin ändern — daß die Fraktionen direkt entsenden. Die Zahl der Ausschußmitglieder, die jede einzelne Fraktion in jeden Ausschuß entsendet, richtet sich genau nach der Stärke der Fraktion; es wird im genauen Verhältnis gerechnet. Technisch wird das nach dem d'Hondt'schen Höchstzahlverfahren gemacht, was Ihnen sicher bekannt ist. Das geht ja auch gar nicht anders, weil hier ja sehr kleine Zahlen ausgerechnet werden müssen. Das führt dazu, daß die Regierungsparteien zusammen in dem Ausschuß die Mehrheit haben, in jedem Ausschuß die Mehrheit haben.

Note

The speaker comes from Flensburg, near the border with Denmark. As might be expected of a politician he is highly articulate and uses a very large vocabulary; many of his statements would make perfectly good, complex written sentences, a reflection of the fact that he is versed in formal debates in parliament. He speaks with virtually no regional accent, beyond a few typically North German characteristics already mentioned in connection with other speakers (e.g. glottal stop instead of medial –t– in deutlichste, etc.).

At the same time the transcript provides clear evidence that we are dealing with speech and not formal written language. The word order, particularly the position of perfect tense verbs, would in some places be considered wrong in written style (see notes on other speakers). He also uses a number of colloquialisms, for example ... entscheiden tun ja die Flensburger allein. (It's the people in Flensburg who do the choosing). This is a very colloquial use of *tun* in order to emphasize the main verb. Another use in this colloquial context would be ich *täte* gern kommen, I should be glad to come.

When speaking of the selection meeting he says that he asked permission for himself and his opponent *'rauszugehen*. Strictly speaking this should be *hinauszugehen*, since he was still in the hall when he asked the question. This is one of those conventions which are observed in writing but tend to be ignored in speech.

Finally he uses the colloquial demonstrative pronoun instead of the personal pronoun in ... dann haben *die* eine Stunde lang über uns geredet. This is extremely common in speech but considered a little careless in writing.

Lexikon

Abgeordnete (der/die) (–n), deputy, member of Land or Federal government (N.B. adj. used as noun, i.e. **ein Abgeordneter**); M.P. = MdB (Mitglied des Bundestags); MdL (Mitglied des Landtags). These abbreviations are used as titles.

abstimmen (sep.), vote

allerdings, however, nevertheless

Amt (das) (-̈er), office, both the room *and* in the political sense

Aufbau (der) (no pl.), structure, construction

ausführlich, extensive(ly)

Ausschuß (der) (-̈sse), committee, esp. in government

Auswahl (die), selection, choice (cf. **die Wahl** (–en), election; **der Bundestagswahlkampf,** Federal election campaign)

bearbeiten, deal with, treat; *slang:* beat up

Bedenken (das) (–), doubt, often used in plural form

sich bemühen, try, attempt (cf. **er gibt sich Mühe,** he tries hard)

biblisch, (die Bibel), biblical

Bundestag (der) (–e), Federal Parliament. From 1871–1945 **Reichstag; der Bundesrat,** Upper House, composed of representatives from the Land governments (Landtage). The East German parliament is die Volkskammer

CDU, Christlich-Demokratische Union, Christian Democrat Party

daraufhin, thereupon, on this (cf. **worauf,** whereupon, then)

deutlich, clear

ebenfalls = auch

einverstanden (+ mit), agreed! in agreement

erfreulicherweise, happily

erörtern, discuss, go into (of a question)

Formsache (die) (–n), a formality, question of form

Fraktion (die) (–en), parliamentary group, i.e. all members of a particular party in parliament, *also:* fraction

geheim, secret

Gesamtschule (die) (–n), comprehensive school (cf. *Grundschule*, infant and junior); **Volksschule,** secondary, non selective; **Gymnasium** (das), grammar school

Geschäftsordnung (die) (–en), rules, standing orders; **zur Geschäftsordnung,** on a point of order

heutzutage, nowadays

hiesig, adj. form of **hier**

hinter sich bringen, get something over with

Höchstzahlverfahren (das), system of highest numbers, part of electoral process in West Germany; see Introduction

in erster Linie, mainly, primarily

informieren sich, when reflexive = to find out, discover

Innenausschuß (der) (∸e), (cf. **Innenministerium**, i.e. of the Interior). **Innenminister** = Home Secretary

inzwischen, meanwhile, since then

Kandidat (der) (–en), (N.B. weak noun, fem. **Kandidatin**), Kandidat is used as a title by university students who have passed the intermediate examination (**Zwischenprüfung**) normally taken after 4 Semester, e.g. Stud. Kand. Phil., i.e. an Arts student; **kandidieren**, to be a candidate

Kulturpolitik (die), education policy. (N.B. **Kultur** = education as well as culture), cf. **Kultusministerium** (das), Ministry of Education

kümmern (sich) + um, worry (about), look after

Mehrheit (die), majority

melden, report; **sich melden**, announce oneself, report; **sich zu Wort melden** (in debate), get up to speak, take the floor

nebenbei, in addition, *also:* by the way (cf. **nebenbei bemerkt** . . ., If I might mention in passing)

Parlament (das) (–e), note spelling! used of Bundestag, Landtage, sometimes of district councils

der Parlamentarier, M.P.

Politik (die), politics (N.B. used in singular form only; also policy (political); **die Police**, insurance policy

Reihe (die) (–n), *normally:* row; *also, as here:* a number (cf. **an die Reihe kommen**, to have one's turn)

richten (sich) **nach**, to be regulated by (N.B. **Ich richte mich ganz nach Ihnen**, I'll fall in with whatever suits you

sachlich, factual, objective (N.B. **sächlich** = neuter)

Satzung (die) (–en), ordinance, rule(s) (N.B. **Landessatzung**, Land constitution, as opposed to **Grundgesetz** (Federal Constitution))

Stärke (die), strength

Stimmzettel (der) (–), voting slip

überflüssig, superfluous

Verfahren (das) (–), process, procedure (cf. **Gerichtsverfahren**, court case, proceedings

Volksbildung (die) (no. pl.), education

vor aller Dingen, above all; *also:* **vor allem**

Vorschlag (der) (∸e), suggestion; (*here*) proposal (of debate)

Vorsitzende (der) (adj. endings), chairman; **stellvertretender Vorsitzender**, deputy chairman

Vorstand (der) (∸e), central committee, leadership

vorwerfen (sep.), warf vor, hat vorgeworfen, reproach (cf. **der Vorwurf**)

Wahl (die) (–en), election

Wahlkreis (der) (–e), *also:* **Wahlbezirk** (der) (–e), constituency

Wirklichkeit (die), reality

Übungen

Ü1 Beantworten Sie die Fragen!

1. Von wem werden Bundestags- und Landtagskandidaten normalerweise aufgestellt?
2. Wie geht die Wahl vor sich a) in kleinen Wahlkreisen?
                              b) in großen Wahlkreisen?
3. Was für eine politische Partei ist die CDU? Welche Rolle spielt sie im heutigen Bundestag?
4. Warum mußte der Sprecher sich als *Kandidat* von den Parteimitgliedern in seinem Wahlkreis aufstellen lassen? (Er war schließlich schon Mitglied des Landtags (MdL)).
5. Welche Gruppe innerhalb der Partei war gegen seine Kandidatur?
6. Warum? (2 Hauptgründe).
7. Warum wollten die meisten Vorgeschlagenen nicht kandidieren?
8. Wie hat sich der Sprecher gegen den Vorwurf verteidigt, er habe sich zu wenig um seinen Wahlkreis gekümmert?
9. Wie ist der Kandidat endlich gewählt worden? (offene Wahl?)
10. Warum hat der Sprecher in der Versammlung vorgeschlagen, daß er und der zweite Kandidat den Saal verlassen?

Ü2 Beantworten Sie die Fragen in 2–3 Sätzen!

11. Was ist eine Geschäftsordnung?
12. Wie kann ein Abgeordneter Mitglied eines Ausschusses werden?
13. Welches sind die wichtigsten Ausschüsse in einem deutschen Landtag? Warum diese?
14. Warum ist es wichtig, daß die Regierungspartei die Mehrheit in jedem Ausschuß besitzt?
15. Was ist eine Fraktion im parlamentarischen Sinne des Wortes?

Ü3 Vervollständigen Sie die Sätze!

1. Manches junge Mitglied war mit seiner Kulturpolitik nicht ....
2. Es ist gestern geschehen; ich habe es also hinter mich ....
3. Die Kandidaten werden von den Mitgliedern im Wahlkreis ....
4. Viele junge Mitglieder meinten, ...
5. Die Gründe waren nicht persönlich, sondern ....
6. Vier Namen wurden für die offene Kandidatenstelle ....
7. Alle Argumente für und gegen wurden ausführlich ....
8. Am Ende der Diskussion wurde in ... Wahl mit Stimmzetteln ....
9. Wir werden uns ..., die Zahl der Ausschüsse kleiner zu machen.
10. Wir halten die Wahl der Ausschußmitglieder durch den Landtag für eine ....
11. Offiziell wählt der Landtag, aber in ... bestimmt die Fraktion.
12. Die Zahl der Ausschußmitglieder ... sich nach der Stärke der Fraktion.

Ü4 Bilden Sie Verben! z.B. die Wahl — wählen

der Vorschlag	der Kandidat	die Mühe
die Versammlung	die Diskussion	der Wunsch
die Ordnung	die Stimme	die Änderung
die Möglichkeit	die Information	die Rechnung
der Vorwurf	der Zusammenhang	die Richtung

Ü5 *Beispiel*: die Wahl — *Antwort*: Die Kandidaten *sind* gewählt *worden*.
Bilden Sie ähnliche Sätze mit:
Diskussion, Stimme, Änderung, Information, Vorschlag.

Ü6 Bilden Sie die Antonyme für:

geheime Wahl	erfreulicherweise
annehmen	selbstverständlich
verschiedene Meinungen	hinterher

Ü7 Definieren Sie!

die Geschäftsordnung	der Wahlbezirk
die Kulturpolitik	der Stimmzettel
die Gesamtschule	die geheime Wahl

Ü8 Übersetzen Sie!

he was elected
for personal reasons
in connection with the school system
he said he hadn't enough time
on a point of order
several candidates were proposed
we sat outside (pf.)
it was discussed at length
I got twice as many votes as my opponent

Ü9 Nacherzählung: *Die parlamentarische Arbeit des Abgeordneten*
Hören Sie den Tonbandabschnitt zweimal. Der Sprecher diskutiert über
die Möglichkeiten, die dem einzelnen Abgeordneten offenstehen, mit seinen
Fraktionskollegen (unter Umständen auch gegen sie) die Gesetzgebung im
Parlament zu beeinflussen. Mit Hilfe der folgenden Notizen wiederholen
Sie jetzt seine Hauptpunkte!

Abgeordnete entscheiden über ihre Stimmabgabe gewöhnlich schon vor
der Plenarversammlung. Entscheidungen fallen praktisch schon im Ausschuß. Ausnahmen, wo Abgeordnete gegen eigene Fraktion stimmen —
keine unangenehmen Folgen. Fraktion erwartet jedoch, vorher darüber
informiert zu werden.

Kein Initiativrecht für einzelne — Fraktionen bringen Anträge — Ein-

zelner Abgeordneter bringt kleine Anfrage — schriftliche Antwort — Frage-
stunde — Verhandlungen mit der Verwaltung.

Abstimmung (die) (–en), vote
Anfrage (die) (–en), enquiry, question
Antrag (der) (⁻e), application;
Besoldung (die), payment (salary)
betreffend, relevant, in question
daraufhin, thereupon
entscheidend, decisive(ly)
Fall (der) (⁻e), case
Frist (die) (–en), period of time
gelegentlich, occasionally
kürzlich, (N.B. = recently)
lenken, steer, arrange (cf. **der Mensch denkt, Gott lenkt!**)
Mißstand (der) (⁻e), cause of trouble, nuisance
Plenarversammlung (die) (–en), plenary session (of a parliament)
Stimmabgabe (die) (–n), casting of a vote
Verwaltung (die) (–en), administration, (*here*) Civil Service

Ü10   Aufsatzthema: *Die dänische Minderheit in Schleswig-Holstein*

Schreiben Sie einen Aufsatz über die politischen Rechte der dänisch-
gesinnten Bevölkerung Schleswig-Holsteins. Nehmen Sie zu diesem Zweck
den letzten Tonbandabschnitt als Grundstoff.

Lesestück

Aus der Geschäftsordnung des Schleswig-Holsteinischen Landtags

§ 12   Wahl und Zusammensetzung der Ausschüsse

1. Die Ausschüsse werden vom Landtag gewählt und sollen aus mindestens fünf und höchstens dreizehn Mitgliedern bestehen. Der Ausschuß zur
Wahrung der Rechte der Volksvertretung hat dreizehn Mitglieder.

2. Die Zusammensetzung der Ausschüsse sowie die Regelung des Vorsitzes
in den Ausschüssen ist im Verhältnis der Stärke der einzelnen Fraktionen
vorzunehmen. Über die Zuteilung nicht verteilbarer Sitze entscheidet das
vom Präsidenten zu ziehende Los.

3. Für Ausschußmitglieder, die für längere Zeit behindert oder beurlaubt
sind, können die Fraktionen Vertreter auf Zeit bestellen.

§ 13   Aufgaben der Ausschüsse

1. Die Ausschüsse arbeiten im Rahmen der ihnen vom Landtag erteilten
Aufträge. Sie können sich auch mit den Angelegenheiten befassen, mit denen
die Landesregierung an sie herantritt. Über wichtige Angelegenheiten, die
in ihr Aufgabengebiet fallen, können sie von den zuständigen Ministern
jederzeit Auskünfte verlangen und diese erörtern.

2. Wird eine Vorlage oder ein Antrag zugleich mehreren Ausschüssen überwiesen, so ist ein Ausschuß als federführend zu bestimmen. Die beteiligten Ausschüsse beraten getrennt und teilen das Ergebnis ihrer Beratungen dem federführenden Ausschuß mit. Der federführende Ausschuß kann gemeinsame Beratungen anberaumen. Bei einer gemeinsamen Beratung sind nur die Mitglieder des federführenden Ausschusses stimmberechtigt.

3. Die Ausschüsse sind zu baldiger Erledigung der ihnen erteilten Aufträge verpflichtet. Sie haben im Rahmen der ihnen erteilten Aufträge das Recht und die Pflicht, dem Landtag bestimmte Beschlüsse zu empfehlen.

19 Mitglied des Bundestags

Einführung

Der Sprecher ist Mitglied des deutschen Bundestags für seine Heimatstadt (eine Stadt von 50 000 Einwohnern in der Nähe von Hamburg). Er gehört der SPD (Sozialdemokratischen Partei) an und wurde direkt gewählt. Das Wahlsystem ist für den Bundestag das gleiche wir für die Landtagswahlen (für Einzelheiten s. Kapitel *Mitglied des Landtags*).

Der **Bundestag** ist das Parlament der Bundesrepublik Deutschland. Er wählt den Bundeskanzler, verabschiedet Gesetze, und die Mehrheitsparteien im Bundestag stellen die Regierung.

Die zweite Kammer des deutschen Parlaments ist der **Bundesrat**, der aus Mitgliedern der verschiedenen Landesregierungen besteht. Im Unterschied zu dem Bundestag wird der Bundesrat nicht direkt gewählt. Seine Mitglieder sind auch an Weisungen ihrer Landesregierungen gebunden, während der Bundestagsabgeordnete nur nach seinem Gewissen entscheidet. Durch den Bundesrat üben die Teilstaaten der Bundesrepublik Einfluß auf die Gesetzgebung des Bundes aus.

Die (1973) im Bundestag vertretenen politischen Parteien sind:

SPD (Sozialdemokratische Partei Deutschlands)
FDP (Freie Demokratische Partei)
⎰ Diese bildeten nach den Wahlen 1969 und 1972 eine Regierungskoalition

CDU (Christlich-Demokratische Union)
CSU (Christlich-Soziale Union)
⎰ Diese bilden seit 1969 die Opposition

Die CSU ist eine bayrische Partei, d.h. sie stellt Kandidaten nur in Bayern auf. Sie ist die bayrische Schwesterpartei der CDU, die in Bayern keine Kandidaten aufstellt.

Allerdings gibt es in der BRD mehr politische Parteien als im Bundestag vertreten sind (im ersten Bundestag (1949) waren 13 Parteien vertreten), z.B. die DKP (Deutsche Kommunistische Partei), die NPD (Nationaldemokratische Partei Deutschlands) usw. Um Vertreter in den Bundestag schicken zu dürfen, muß eine Partei entweder eine bestimmte Zahl Direktsitze oder mindestens 5% der abgegebenen Zweitstimmen gewinnen. In der Wahl 1969 bekam die FDP, 5,8% der Zweitstimmen, gewann also 5,8% der Sitze im Bundestag, während die NPD nur 4,3% der abgegebenen Stimmen bekam, und dadurch keine Sitze im Bundestag erhielt.

Extreme Parteien, d.h. diejenigen, die das Grundgesetz der BRD nicht akzeptieren, sind in der BRD wegen Verfassungswidrigkeit verboten. So wurden, z.B., die rechtsradikale SRP (Sozialistische Reichspartei) im Jahre 1952 und die KPD (Kommunistische Partei Deutschlands) im Jahre 1956 verboten.

Text

Um SPD Bundestagskandidat zu werden, muß man bestimmte formale Voraussetzungen erfüllen. Das ist die eine Seite. Zugleich muß man natürlich auch, das wird in der Labour Party nicht anders sein, materielle Voraussetzungen erfüllen. Die formellen Voraussetzungen sind unter anderem, daß man Mitglied der SPD ist, und daß man ordnungsgemäß gewählt wird. In der SPD haben wir die Aufstellung der Kandidaten von unten nach oben, das heißt, unser Parteivorstand in Bonn kann einen Kandidaten theoretisch zwar vorschlagen; wenn er aber von der Mitgliederversammlung auf unterster Ebene nicht gewählt wird, dann hat dieser Kandidat keine Aussicht überhaupt, Kandidat in engster Wahl zu werden. Unsere Mitgliederversammlung auf Ortsebene wählt den Kandidaten, die Delegiertenversammlung auf Kreisebene der Partei wiederholt die Wahl, und die Delegiertenversammlung der Partei auf Landesebene bestätigt diese Wahl. Das heißt also im Grunde genommen drei Vorgänge, die erfüllt sein müssen, damit man überhaupt formal als Kandidat dem Wählervolk vorgestellt werden kann. Materiell ist Voraussetzung, daß man sich in der Partei bewährt hat, das heißt, daß die Partei sich auf diesen Kandidaten verlassen kann. Bei mir ist es so gewesen, daß ich meine politische Erfahrung auf kommunaler Ebene zehn Jahre lang gesammelt habe und verschiedene Ehrenämter in der Partei und auch kommunale Ehrenämter, unter anderem Ratsherr in Pinneberg und stellvertretender Bürgervorsteher, gewesen bin und mich in der Öffentlichkeit für diese Partei bewähren mußte und offensichtlich auch bewährt habe, sonst hätten mich meine Parteifreunde nicht aufgestellt.

Man kann nicht gleichzeitig auf zwei Hochzeiten tanzen, das heißt man kann nicht gleichzeitig ein Familienleben an seinem Heimatort hier in Pinneberg führen, und zugleich ein Familienleben in Bonn haben. Man muß das ganze Leben, das man führt, aufteilen. Das Familienleben wird am Sitz der Familie hier am Wohnort in Pinneberg geführt und mein politisches Leben in Bonn. Genau läßt sich diese Aufteilung allerdings nicht durchführen, weil, auch wenn ich hier in Pinneberg bin, nicht nur mein Beruf als Anwalt und Notar mich in Anspruch nimmt, sondern zugleich die Politik. Denn, obwohl ich jetzt zum Beispiel hier Ferien mache, und nur einige wissen, daß ich mich hier in Pinneberg aufhalte, vergeht doch kaum ein Tag, an dem nicht jemand kommt, einer meiner Wähler — und sagt, „Ich habe die und die Sorgen, kümmere dich doch mal darum!" Im Grunde genommen aber gehört das eben zu einem Leben eines Bundestagsabgeordneten. Er kann nie strikt unterteilen zwischen privat und offiziell. Es greift eins in das andere über. Und wenn man als Frau mit einem Bundestagsabgeordneten verheiratet ist, dann muß man so etwas im voraus wissen. Sonst könnte ich mir vorstellen, gibt es Probleme in der Eheführung, weil die Familie, wenn der Kandidat oder der Abgeordnete sich allzusehr der Politik widmet, zu wenig Zeit für seine Familie hat. Es kommt letzten Endes darauf an, daß man den gesunden Ausgleich schafft, für die Familie da ist und auch für die Politik.

Ich selbst habe keine Wohnung in Bonn. Es gibt verschiedene Abgeord-
netenwohnungen, die vom Bund, also vom Staat, zur Verfügung gestellt
sind. Ein Neuling in Bonn bekommt solche Wohnung jedoch nicht, weil
schon lange Anwärterlisten vorhanden sind, sodaß man in der Regel mindestens vier Jahre, also eine Legislaturperiode warten muß, bevor man überhaupt engste Aussicht hat, in die Wahl zu kommen für eine solche Bundeswohnung, die dann auch sehr nett eingerichtet sind. Die werden vom Bund
zur Verfügung gestellt gegen eine monatliche Miete, die gering ist, zwischen
etwa hundert oder zweihundert Mark. Es sind anderthalb Zimmer mit
Dusche und Kochnische. Aber wie gesagt, solche Wohnung habe ich als
Neuling, 1969 in den Bundestag gekommen, noch nicht. Ich wohne daher
im Hotel. Es gibt einige, die sagen, sie wollen keine Bundeswohnung, weil
sie in allzu naher Nähe der — des Bundestags liegt. Sie wollen etwas mehr
Ruhe haben, und die mieten sich dann irgendwo in Bonn oder Umgebung
ein. Das hat aber den Nachteil, wenn man seine Frau nicht da hat, und
wenn die Kinder, wie bei mir, hier zur Schule gehen, dann kann man nicht
die ganze Familie mit nach Bonn bringen. Auch erwarten die Wähler, daß
die Familie im Wahlkreis bleibt. Dort soll also der Mittelpunkt sein des
Abgeordneten und nicht in Bonn, dort macht er nur seine Arbeit. Da kann
man natürlich eine solche Wohnung nehmen, sich mieten, wenn man eine
bekommt. Die kostet dann in der Regel zwei — bis vierhundert Mark, je
nach Größe. Solche Wohnungen kann man, wenn man sich bemüht, tatsächlich bekommen. Das hat den Nachteil, daß man dann auch eine Reinemachefrau braucht, die diese Wohnung dann sauber macht. Sonst kommt
man abends regelmäßig elf, halb zwölf, also dreiundzwanzig, vierundzwanzig
Uhr — vorher kommt man nicht nach Hause von der Arbeit — und wenn
man dann erst anfängt, seine Wohnung sauber zu machen, und die Betten
zu machen, und sich das Fruhstück vorzubereiten, oder das Abendbrot zu
machen, dann sind das echte menschliche Probleme, die nach meiner Auffassung nicht nötig sind, wenn man rationell arbeitet. Und rationelles
Arbeiten heißt bei mir unter diesen Umständen, die ich geschildert habe,
ins Hotel gehen.

Note

While it is fairly clear that the member of the Bundestag comes from
North Germany, he has virtually no regional accent. He tends to swallow
the final **e** in verb infinitives: bewähr(e)n, aufteil(e)n, and to use a glottal
stop instead of full **t** sound in words like Abgeordne(t)en, features which
place him almost anywhere in North Germany.

The length and complex structure of his sentences indicate a well educated
speaker who is used to talking 'off the cuff'. At the same time his language
is real, spoken style, liberally sprinkled with those emphatic particles (wohl
doch, allerdings, schon, etc.) which are so difficult for foreigners to learn
to use properly.

The recording is full of useful little expressions which can be used in any conversation:

in der Regel
wie gesagt
bei mir ist es so, ...
im Grunde genommen

Notice how often in spoken German a speaker will introduce variety of stress by using a word order other than the typically Anglo-Saxon subject—verb—predicate pattern:

Genau läßt sich diese Aufteilung allerdings nicht durchführen ...
Auch erwarten ja die Wähler ...

Solche Wohnungen kann man, wenn man sich bemüht, tatsächlich bekommen.

Lexikon

Anwalt (der) (⸚e), lawyer; *also:* **Rechtsanwalt**
Anwärter (der) (–), candidate (for) (cf. **Offiziersanwärter**, officer cadet)
Auffassung (die) (–en), opinion, view (N.B. *nach* **meiner Auffassung**; cf. **meines Erachtens, meiner Meinung nach**)
Aufstellung (die) (–en), nomination
Ausgleich (der) (–e), balance; **den gesunden Ausgleich schaffen,** strike a healthy balance
Aussicht (die) (–en), view, prospect. Here used in the sense of opportunity, prospects.
bestätigen, confirm
sich bewähren, to prove oneself
Bundestagsabgeordnete (der) (adj. endings), member of Federal German parliament formal title = **Mitglied des Bundestags,** abbreviated **MdB;** used as title *before* surname
Bürgervorsteher (der) (–), Chairman of district or urban council. Local government arrangements vary a little from one 'Land' to another, partly due to historical tradition, partly to post-war occupation by USA, France and Britain. In most 'Länder' the town council is called *Stadtrat* (m), which is also the title carried by the individual member of the council. In Schleswig-Holstein, however, the town council is called die *Ratsversammlung* and its members are *Ratsherr(en)*, while the *Stadtrat* (both the body and also the title of the members) is a senior group of councillors roughly corresponding to the British alderman. The chairman of the *Ratsversammlung* is elected from the membership, while the *Bürgermeister* chairs the Stadtrat
Dusche (die) (–n), shower
Ehrenamt (das) (⸚er), honorary (i.e. unpaid) office
sich einmieten (in), to rent

formal, (N.B. *also:* formell)

greifen, es greift eins ins andere über: the one (activity) is tied up with the other

Hochzeit (die) (–en), wedding (celebration) (N.B. **man kann nicht gleichzeitig auf zwei Hochzeiten tanzen,** you can't do two things at the same time)

in **der Regel,** *as* a rule

Kochnische (die) (–n), kitchenette, lit. cooking corner

kommunal, local (N.B. **Kommunalpolitik** (die), local politics)

letzten Endes (gen.), in the final analysis

Neuling (der) (–e), 'new boy' (taken from school vocabulary)

Notar (der) (–e), solicitor

Ratsherr (der) (–en), see: 'Bürgervorsteher'

schildern, portray, depict

Umgebung (die) (–en), area (i.e. **in Bonn oder Umgebung,** in Bonn or the Bonn area)

Verfügung (die), **zur Verfügung stellen,** to make available

vorhanden sein, exist, be available

(sich) widmen, dedicate (oneself)

Übungen

Ü1   Beantworten Sie die Fragen!

1. Welche formellen Voraussetzungen muß man erfüllen, um Bundestagskandidat zu werden?
2. Welche politische Erfahrung hatte der Sprecher schon, bevor er Mitglied des Bundestags wurde?
3. Warum wohnt die Familie eines Bundestagsabgeordneten gewöhnlich in seinem Wahlkreis, und nicht in Bonn?
4. Welche Unterkunftsmöglichkeiten stehen einem MdB in Bonn offen?
5. Warum zieht unser Sprecher vor, im Hotel zu wohnen, wenn er in Bonn ist?
6. Warum ziehen viele Mitglieder des Bundestags trotzdem vor, sich außerhalb des Stadtzentrums einzumieten?
7. Warum braucht ein MdB eine Reinemachefrau, wenn er sich eine Wohnung mietet?
8. Was ist ein Ehrenamt?
9. Welche Vorteile hat ein MdB, dessen Wahlkreis nicht weit von Bonn liegt?
10. Kann der zentrale Vorstand einer Partei den Kandidaten für einen Wahlkreis wählen?

Ü2   Beantworten Sie die folgenden Fragen in 3–4 Sätzen!

1. Möchten Sie MdB werden? Warum?

2. Inwiefern sind die Lebenskosten eines Bundestagsabgeordneten höher als die der meisten Bundesbürger?
3. Welche besonderen Probleme hat eine Frau, die mit einem Bundestagsabgeordneten verheiratet ist?
4. Sie sind ein neugewählter Abgeordneter; beschreiben Sie, wie Sie das Wohnproblem lösen!
5. Beschreiben Sie die drei Vorgänge, die erfüllt werden müssen, bevor man Kandidat werden kann.

Ü3 A. Geben Sie die Nominalform an! z.B. wählen — die Wahl

vorschlagen	stellen — (2)!
wiederholen	einrichten
bestätigen	mieten
vorstellen	erwarten
sammeln	bemühen (sich)
tanzen	anfangen
greifen	ausgleichen

B. Bilden Sie Sätze mit diesen Nominalformen!

Ü4 Setzen Sie das Verb ein!
1. Wer Kandidat werden will, muß verschiedene Voraussetzungen ...
2. Ein MdB kann nicht zwischen privat und offiziell ..., es ... eines ins andere über.
3. Der Staat har mir eine Wohnung zur Verfügung ...
4. Sehr geehrte Herren!
   Wir ... den Empfang Ihres Schreibens vom 1.1.71.
5. Man muß für die Familie und die Politik da sein, d.h. man muß den gesunden Ausgleich ...
6. Meine Arbeit ... mich sehr in Anspruch.
7. Man kann nicht gleichzeitig auf zwei Hochzeiten ...
8. Kaum ein Tag ..., an dem nicht jemand zu mir kommt.

Ü5 Translate:
I became the official candidate for my party in this constituency at the last election. Before that I was a councillor. The State committee confirmed the choice of the party members here, and I was elected four months later as member for this constituency.

I can't travel to Bonn every day, because it's too far. Nor can my family move there, because the electorate expects the M.P.s family to live in his constituency—to make sure that he looks after his local duties, I suppose!

The Federal government owns a number of flats which it places at the disposal of M.P.s. The prospects of getting such a flat are small, however, because there's a long waiting list. I could get a flat outside Bonn, but I find it more practical to stay at an hotel. If I had taken a flat, I should have had to find a cleaning woman, and anyway flats are very expensive—up to 500 Marks, depending on their size.

Ü6   Nacherzählung: *Wie wird man Mitglied eines Bundestagsausschußes?*

Wahl durch die Fraktion — Bestätigung durch Bundestag. Man muß fachlich qualifiziert sein

Knappheit an fachlich qualifizierten MdB für Gebiete Strafrecht, Medizin, sonst kein Mangel

Nicht jedes MdB kann nach Wunsch Mitglied eines bestimmten Ausschußes werden, z.B. zu viele Studienräte im Parlament. Manches MdB muß in den Petitionsausschuß (Ausschuß für Eingaben)

Rolle des Petitionsausschußes = Behandlung der Beschwerden der Wähler. Warum wollen MdB nicht in diesen Ausschuß — Teufelskreis

Welchen Umweg hat ein Bekannter des Sprechers gefunden, sich trotzdem mit Schulproblemen zu befassen?

Lesestück

III. Der Bundestag

Artikel 38

1. Die Abgeordneten des Deutschen Bundestages werden in allgemeiner, unmittelbarer, freier, gleicher und geheimer Wahl gewählt. Sie sind Vertreter des ganzen Volkes, an Aufträge und Weisungen nicht gebunden und nur ihrem Gewissen unterworfen.

2. Wahlberechtigt ist, wer das einundzwanzigste, wählbar, wer das fünfundzwanzigste Lebensjahr vollendet hat.

3. Das Nähere bestimmt ein Bundesgesetz.

Artikel 39

1. Der Bundestag wird auf vier Jahre gewählt. Seine Wahlperiode endet vier Jahre nach dem ersten Zusammentritt oder mit seiner Auflösung. Die Neuwahl findet im letzten Vierteljahr der Wahlperiode statt, im Falle der Auflösung spätestens nach sechzig Tagen.

2. Der Bundestag tritt spätestens am dreißigsten Tage nach der Wahl, jedoch nicht vor dem Ende der Wahlperiode des letzten Bundestages zusammen.

3. Der Bundestag bestimmt den Schluß und den Wiederbeginn seiner Sitzungen. Der Präsident des Bundestages kann ihn früher einberufen. Er ist hierzu verpflichtet, wenn ein Drittel der Mitglieder, der Bundespräsident oder der Bundeskanzler es verlangen.

Artikel 40

1. Der Bundestag wählt seinen Präsidenten, dessen Stellvertreter und die Schriftführer. Er gibt sich eine Geschäftsordnung.

2. Der Präsident übt das Hausrecht und die Polizeigewalt im Gebäude des Bundestages aus. Ohne seine Genehmigung darf in den Räumen des Bundestages keine Durchsuchung oder Beschlagnahme stattfinden.

Artikel 41

1. Die Wahlprüfung ist Sache des Bundestages. Er entscheidet auch, ob ein Abgeordneter des Bundestages die Mitgliedschaft verloren hat.
2. Gegen die Entscheidung des Bundestages ist die Beschwerde an das Bundesverfassungsgericht zulässig.
3. Das Nähere regelt ein Bundesgesetz.

Artikel 42

1. Der Bundestag verhandelt öffentlich. Auf Antrag eines Zehntels seiner Mitglieder oder auf Antrag der Bundesregierung kann mit Zweidrittelmehrheit die Öffentlichkeit ausgeschlossen werden. Über den Antrag wird in nichtöffentlicher Sitzung entschieden.
2. Zu einem Beschlusse des Bundestages ist die Mehrheit der abgegebenen Stimmen erforderlich, soweit dieses Grundgesetz nichts anderes bestimmt. Für die vom Bundestage vorzunehmenden Wahlen kann die Geschäftsordnung Ausnahmen zulassen.
3. Wahrheitsgetreue Berichte über die öffentlichen Sitzungen des Bundestages und seiner Ausschüsse bleiben von jeder Verantwortlichkeit frei.

Artikel 43

1. Der Bundestag und seine Ausschüsse können die Anwesenheit jedes Mitgliedes der Bundesregierung verlangen.

Aus: *Grundgesetz für die Bundesrepublik Deutschland*.

20 Finanzamt

Einführung

Der Sprecher ist Leiter des Finanzamtes in einer städtischen Verwaltung, d.h., er ist für den Haushalt der Stadt verantwortlich. Er stammt aus Norddeutschland.

Während im Vereinigten Königreich die Haupteinnahmequelle einer Stadt oder Gemeinde die Grundstückssteuer ist, erheben Städte oder Gemeinden in der BRD die *Gewerbesteuer*. Dieses ist eine Steuer, die die wirtschaftliche Kraft aller sich in der Gemeinde befindenden gewerblichen Betriebe erfaßt, vom Schuster bis zur Elektronikfabrik. Sie wird a) nach der Lohnsumme des Betriebes (d.h., nach der Summe der an die Arbeiter bezahlten Löhne), b) nach dem Kapital, c) nach dem Gewinn errechnet. 1967 betrug diese Steuer 80% aller Einnahmen der Gemeinden (Städte und Kreise) der BRD. Es ist also verständlich, daß alle Gemeinden ein brennendes Interesse daran haben, möglichst viel Industrie anzuziehen. Innerhalb gewisser Grenzen dürfen die einzelnen Gemeinden den Grad der Belastung durch diese Steuer selbst entscheiden. In der Entscheidung darüber, wo ein neues Werk oder eine neue Niederlassung gebaut werden soll, achten Unternehmer selbstverständlich sehr auf die Höhe der Gewerbesteuer in den betreffenden Gemeinden. Das führt praktisch dazu, daß in einigen Fällen Gemeinden miteinander um die Aufstellung neuer Betriebe konkurrieren.

Der *Gewerbesteuerausgleich*, den der Sprecher erwähnt, versucht das folgende Problem zu lösen: in Ballungszentren (d.h., wo eine Konzentration der Industrie und der Bevölkerung vorliegt) wie z.B. Hamburg, kommt es vor, daß Einwohner der umliegenden Städte jeden Tag nach Hamburg fahren, um dort zu arbeiten. Sie wohnen also in Schleswig-Holstein oder Niedersachsen und brauchen in diesen Ländern Schulen, Bürgersteige, und andere öffentliche Dienstleistungen, die die Gemeinden nicht in der Lage sind zu bezahlen, weil die Gewerbesteuer an Hamburg bezahlt wird, wo die Betriebe sich befinden. Um einen Ausgleich zu schaffen, hat man diesen Gewerbesteuerausgleich eingeführt, wodurch z.B. die Stadt Hamburg einen Teil ihres Gewerbesteuraufkommens an die umliegenden Gemeinden überweist.

Text

Also das Amt für Finanzen in unserer Stadt setzt sich zusammen aus verschiedenen Abteilungen, und zwar, einmal der Finanzabteilung, dann der Liegenschaftsabteilung und der Steuerabteilung. Das sind die drei Abteilungen, die das gesamte Amt umfassen. Ich habe, außer mir sind noch zehn Mitarbeiter in meinem Amt tätig, die auf die verschiedenen Abteilungen aufgeteilt sind. Eh.. die Finanzabteilung eh.. hat die gesamte Finanzwirtschaft der Stadt abzuwickeln, d.h., es muß für jedes Rechnungsjahr ein Haushaltsplan aufgestellt werden, der alle zu erwartenden Einnahmen und alle zu leistenden Ausgaben des ordentlichen und des außerordentlichen Haushalts für ein Jahr erfaßt. Dieser Haushaltsplan eh.. muß im Vorwege durch den Finanzausschuß beraten werden; er geht dann durch den Magistrat und wird der Ratsversammlung zur Beschlußfassung vorgelegt. Außerdem bedarf der Haushaltsplan für jedes Jahr der Genehmigung der Kommunalaufsichtsbehörde des Landes Schleswig-Holsteins. Ferner werden in der Finanzabteilung die gesamten Vermögens- und Schuldendienste der Stadt bearbeitet. So, das war das, was die Finanzabteilung zu leisten hat.

Die Liegenschaftsabteilung wird eh.. ist für das gesamte Grundvermögen der Stadt verantwortlich, d.h., sie müssen sämtliche Mietverträge, sämtliche Pachtverträge bearbeiten. Außerdem werden hier auch sämtliche Ankäufe und Verkäufe von Grundstücken getätigt, z.B. Ankäufe für Straßenerweiterungen, -verbreiterungen, Ankauf von Industriegelände usw.

Wenn ich eine Zwischenfrage stellen darf? Wie werden die Preise da festgelegt?

Die Preise werden meistens mit den Anliegern ausgehandelt. Wenn wir aber einen gesamten Straßenzug, Grundstück für Gründstück, benötigen, dann eh.. legen wir meistens einen, eh.. Quadratmeterpreis fest und auf Grund dieses Quadratmeterpreises wird dann mit den Leuten verhandelt. Es kommt auch vor, daß wir aus dem städtischen Vermögen einzelne Trennstücke oder Flurstücke an Dritte verkaufen, zur Bebauung oder zur landwirtschaftlichen Nutzung usw. Im Durchschnitt schließt die Stadt jährlich über 100 Verträge ab. Eh..

In der Steuerabteilung passiert die gesamte Veranlagung aller städtischen Steuern, aller Realsteuern, die die Stadt zu erheben hat, und zwar erheben wir sehr viele Steuern. Als erstes die Grundsteuer A. Das ist eine Grundsteuer für land- und forstwirtschaftliche Betriebe. Dann die Grundsteuer B. Das ist Grundsteuer für alle Grundstücke, bebaute Grundstücke, unbebaute Grundstücke, die eben nicht landwirtschaftlich genutzt werden.

Dann die Gewerbesteuer nach dem Ertrage und dem Kapital. Dann erhebt unsere Stadt noch Lohnsummensteuer, dann Gewerbeausgleichssteuern von Betriebsgemeinden in Schleswig-Holstein und außerhalb Schleswig-Holsteins, dann Vergnügungssteuer, Hundesteuer und Schlüsselzuweisungen des Landes und dann erhält unsere Stadt noch einen Anteil von 60% des Kraftfahrzeugsteueraufkommens innerhalb unserer Stadt.

„60%?"

60% von dem, was die Leute aus unserer Stadt an das Finanzamt bezahlen, davon kriegen wir 60% wieder.

Die Veranlagung der Gewerbesteuer, überhaupt aller Steuern, erfolgt auf Grund von Steuermeßbescheiden des zuständigen Finanzamtes. Und danach erheben wir dann, nach der Satzung unseres Haushaltsplanes, erheben wir dann unsere Zuschläge zu diesen einzelnen Steuern. Bei der Grundsteuer 200 und 250%, bei der Gewerbesteuer 240% und bei der Lohnsummensteuer 960%. Die Lohnsummensteuer ist eine Steuer, die zu zahlen ist für von den Firmen an ihre Arbeiter gezahlte Löhne. Darauf erhebt die Stadt einen Zuschlag von eh.. 960%, und zwar zwei vom Tausend und darauf 960%. Das ist die Lohnsummensteuer, die immerhin bei uns beträchtliche Summen ausmacht.

„Gibt es da auch noch eine solche Bundessteuer?"

Nein, gibt's nicht. Die Lohnsummensteuer muß auch von den Landesregierungen für die einzelnen Städte, die sie erheben, jedes, für jedes Jahr
einzeln genehmigt werden. Außerdem werden in der Steuerabteilung die
Lohnsteuerkarten, die jeder Arbeitnehmer bekommt, für jedes Jahr aus-
geschrieben. Außerdem werden hier Stundungsanträge bearbeitet, wenn einer
nun 'mal gerade nachveranlagt wird mit 10 000 Mark Gewerbesteuern und
kann sie nicht auf einmal bezahlen, dann stellt er einen Stundungsantrag, und
dann wird er durch den Magistrat genehmigt, und dann kann er in monatlichen Raten bis zu 4/5 Monaten, kann er dann in Teilbeträgen zahlen. Das
ist so die Haupttätigkeit, die die Steuerabteilung zu tun hat.

Ich, als Amtsleiter dieses Amtes, eh.. habe vorher 10 Jahre als Leiter der
hiesigen Stadtkasse gewirkt und anschließend noch 5 Jahre als Leiter des
Rechnungsprüfungsamtes. Diese beiden Dienststellen sind gerade geeignet,
um ein Amt für Finanzen zu leiten, denn man muß einmal Kenntnisse im
Haushaltskassen- und Rechnungswesen haben, und so wird man eben am
besten Leiter eines Amtes für Finanzen.

Während der Leiter eines Rechnungsprüfungsamtes nur von der Ratsversammlung gewählt werden kann und bestimmt wird, werden alle anderen
Amtsleiter unserer Verwaltung eh.. in Übereinstimmung mit dem Bürgermeister eingesetzt. Mit dem Amt sind natürlich viele kleine Sachen auch
verbunden, die nicht gerade immer Spaß machen, aber die eben mit abgewickelt werden müssen. Der Leiter dieses Amtes ist verantwortlich für
den, für die Durchführung des gesamten Haushalts. Er muß einmal darauf
achten, daß keine Ausgaben mehr geleistet werden, als in dem Haushaltsplan veranschlagt sind. Jede Überschreitung einer Ausgabe, einer einzelnen
Ausgabeposition, bedarf der Genehmigung des Bürgermeisters, bzw. der
Ratsversammlung. Es stellt sich im Laufe des Jahres heraus, und das passiert
in jedem Jahr, daß mehr Einnahmen zu erwarten sind, oder Ausgaben, mehr
Ausgaben zu leisten sind, als in dem Ursprungshaushaltsplan veranschlagt.
Dann muß ein Nachtragshaushaltsplan im Laufe des Jahres aufgestellt
werden. Das passiert bei uns so im Jahr zwei-, manchmal auch dreimal.
Das kommt darauf an, wieviel Baumaßnahmen, vor allen Dingen, noch im
Laufe eines Jahres durchgeführt werden sollen. Die Haushaltsnachträge
müssen dann auch durch den Finanzausschuß, Magistrat und Ratsversammlung laufen, und sofern auch hier Aufnahme von Kreditmitteln veranschlagt sind, bedarf auch dieser Nachtragshaushaltsplan wieder der Genehmigung der Kommunalaufsichtsbehörde, d.h. also, des Innenministers
des Landes.

Note

The speaker has a pronounced Hamburg regional accent. Listen to the s
sounds in städtisch, Steuer, etc., the short, hard a sounds, the relatively
flat intonation, and the use of the glottal stop for medial d, t sounds, all of
which have already been mentioned as typifying the accent of this region.

This recording is a good example of the way in which the speech patterns of an individual are affected by his work area. Dealing as he does with large quantities of paper work, most of it couched in administrative German (*Beamtendeutsch*), it is not surprising that this very formal language appears even in unprepared speech. While it is true that he uses *wir, unser* quite often, there are far more examples of complex passive forms than would appear in normal everyday domestic speech. This is typical of administrative language, where the action and the object are more important than the individual who carries out the actions. Thus he does not say „Wir kaufen Grundstücke" but „Hier werden sämtliche Ankäufe von Grundstücken getätigt".

The vocabulary is also strongly influenced by the written style of administration:

> Außerdem *bedarf* der Haushaltsplan ... der Genehmigung ... Kraftsfahrzeugsteueraufkommen

However, there are also colloquialisms:

> Davon *kriegen* wir 60% wieder
> Nein, *gibt* es nicht!

Lexikon

abwickeln (sep.), carry out, complete, clear up
Ankauf (der) (⸚e), purchase, (used in business language more frequently than 'Kauf')
Anlieger (der) (–), (*here*) owner (i.e. person owning the land adjacent to road)
aufstellen (sep.), prepare, set out (on paper)
Ausgabe (die) (–e), expenditure
bedürfen, require (N.B. +GEN.)
Beschlußfassung (die) (–en), decision, assent
beträchtlich = erheblich, large, considerable (of numbers)
Einnahme (die) (–n), revenue
erheben, levy, raise (of tax)
Ertrag (der) (⸚e), yield, profit
Finanzamt (das) (⸚er), tax office. In Germany this office is part of the local administration and combines the functions of a local inland revenue branch with some of those of the borough treasurer's dept.
Flurstück (das) (–e), parcel or plot of land
Genehmigung (die) (–en), assent, permission
Gewerbeausgleichssteuer (die) (–n), trade tax equalisation. In the Federal Republic local authority revenues depend heavily on a trade tax (**Gewerbesteuer**) levied on industries situated within the town or local authority. Severe problems can arise for local authorities in which the population travels out of the area to work, since the firms for which they work pay 'Gewerbesteuer' to the local authority in which the factory is situated, while schools, roads, etc., are required in the places where the workers

live. This problem is answered by 'equalisation payments' from heavily industrialised communities to the surrounding dormitory towns.

Grundstück (das) (–e), plot of land

Haushaltsplan (der) (–̈e), budget proposals, annual finance plan

hiesig, adj. form of 'hier'

Kommunalaufsichtsbehörde (die) (–n), supervisory body of *Land* administration which scrutinizes financial arrangements

Kraftfahrzeugsteuer (die) (–n), motor vehicle taxation

Liegenschaft (die) (–en), land, piece of land

Lohnsteuer (die) (–n), income tax (PAYE)

Lohnsummensteuer (die) (–n), payroll tax

Magistrat (der) (–e), groups of senior councillors, roughly equivalent to the old English aldermanic system

Nachtragshaushaltsplan (der) (–̈e), supplementary estimates

nachveranlagen, present a backdated demand

Ratsversammlung (die) (–en), town council (in Schleswig-Holstein) in other *Länder* this body is called *Stadtrat*

Realsteuer (die) (–n), land taxes, rates

Rechnungsjahr (das) (–e), financial year

Rechnungsprüfungsamt (das) (–̈er), accounts dept. in local government

sämtlich = alle

Satzung (die) (–en), constitution, articles of association

Schlüsselzuweisung (die) (–en), allocation (of funds) according to a prescribed formula

Stadtkasse (die) (–n), (borough) treasurer's dept.

Steuer (die) (–n), tax

Stundungsantrag (der) (–̈e), application for deferment, request for time to pay

Trennstück (das) (–e), part of a plot of land left over after original purpose of the land purchase is realised

Übereinstimmung (die), agreement

Veranlagung (die), estimate (of tax liability)

Vermögen (das), property—more often used in this sense than 'fortune'

im Vorwege, in advance

Zuschlag (der) (–̈e), supplement

Übungen

Ü1   Beantworten Sie die Fragen!

1. Welches sind die Abteilungen in diesem Finanzamt?
2. Wo befindet sich gewöhnlich das Finanzamt?
3. Welche Abteilung muß den Haushaltsplan aufstellen?
4. Was beinhaltet der Haushaltsplan?
5. Von wem muß der Haushaltsplan beschlossen werden?
6. Welche Rolle spielt der Finanzausschuß einer Stadt in der Aufstellung des Haushaltsplans?

7. Welche Funktion hat die Liegenschaftsabteilung eines Finanzamtes?
8. Nennen Sie einige Gründe, warum eine Stadt Grundstücke kaufen will!
9. Kommt es auch vor, daß eine Stadtverwaltung Grundstücke verkauft? Zu welchem Zweck?
10. Nennen Sie einige städtische Steuern!

Ü2 Beantworten Sie die Fragen in 3–4 Sätzen!

1. Erhebt eine englische Stadt ähnliche Steuern wie deutsche Städte? Welche?
2. Erklären Sie die Bedeutung eines „Stundungsantrags".
3. Welche Voraussetzungen muß man erfüllen, um Leiter eines Finanzamtes zu werden?
4. Wie bekommt der Finanzleiter seine Stelle? Ist der Vorgang anders als bei anderen Abteilungsleitern in der Stadtverwaltung?
5. Was passiert, wenn eine Stadt im Haushaltsjahr mehr Ausgaben leistet, als im Haushaltsplan vorgesehen sind?

Ü3 Geben Sie für folgende administrative Begriffe „alltagsdeutsche" Ausdrücke an!

die Liegenschaft
10 Mitarbeiter sind in meinem Amt tätig
die Finanzwirtschaft abwickeln
der Haushaltsplan
die Beschlußfassung
der Haushaltsplan *bedarf der Genehmigung*
das Kraftfahrzeug (Kfz)
der Anlieger
die Realsteuern
die Überschreitung

Ü4 Setzen Sie die passende Verbform ein!

1. Für jedes Jahr muß ein Haushaltsplan ...
2. Im Durchschnitt ... die Stadt jährlich über 100 Verträge ...
3. Die Gewerbesteuer wird nach dem Kapital und dem Ertrag ...
4. Unsere Stadt ... Lohnsummensteuern.
5. In meinem Amt wird die gesamte Finanzwirtschaft der Stadt ...
6. Keine Ausgaben dürfen ... ..., die nicht im Haushaltsplan ... ...
7. Der Haushaltsplan muß von der Ratsversammlung ...
8. In meinem Amt werden sämtliche An- und Verkäufe von Grundstücken ...
9. Wenn wir ein Grundstück kaufen wollen, müssen wir den Preis mit dem Anlieger ...

Ü5 Geben Sie Synonyme an!

im Vorwege
der Mitarbeiter

erfassen
sämtliche
es stellt sich heraus, daß ...
gesamt

Ü6 Übersetzen Sie!

on the basis of a 60% share   in five monthly instalments
in advance   in the course of the year

Ü7 Translate:

There are three sections in our department—finance, tax and property.
The finance section deals with the civic estimates. The estimates are set
up by the Finance Committee and then they have to go through the Town
Council. They also need the approval of the Land Authorities.

The property section deals with all civic property—rent and lease agreements, the sale and purchase of land for road widening, industrial estates,
etc.

The tax section collects the many taxes we have here—trade tax, enter-
tainment tax, dog licences, and so on; then of course we get 60% of the road
fund licence tax. We also issue the tax forms that every employee has to
have, and deal with applications for delaying payment of taxes, i.e. paying
in instalments over 4 or 5 months.

My main job is to make sure that expenditure does not exceed the annual
plan. However, in the course of the year it always happens that more income
or expenditure occurs than was foreseen. In such cases we have to make up
a set of supplementary estimates, which have to be presented to the Town
Council.

Lesestück

4. Abschnitt: Haushalt

§ 97 Haushaltssatzung und Rechnungsjahr

(1) Für jedes Rechnungsjahr hat die Gemeinde eine Haushaltssatzung
zu erlassen. Diese bildet die Grundlage für die Verwaltung aller Einnahmen
und Ausgaben.

(2) Das Rechnungsjahr der Gemeinde deckt sich mit dem Rechnungsjahr
des Landes. Es wird nach dem Kalenderjahr benannt, in dem es beginnt.

§ 98 Inhalt der Haushaltssatzung

Die Haushaltssatzung enthält die Festsetzung

a) des Haushaltsplans,
b) der Steuersätze für die Gemeindesteuern, die für jedes Rechnungsjahr
   neu festzusetzen sind,
c) des Höchstbetrages der Kassenkredite, des Gesamtbetrages der Darlehen,
die zur Bestreitung von Ausgaben des Außerordentlichen Haushaltsplans
bestimmt sind.

§ 99 Erlaß der Haushaltssatzung

(1) Die Haushaltssatzung wird von der Gemeindevertretung in öffentlicher Sitzung beraten und beschlossen. Sie soll vorher in den Ausschüssen, in Städten auch vom Magistrat, eingehend beraten werden.

(2) Die von der Gemeindevertretung beschlossene Haushaltssatzung mit dem Haushaltsplan und den vorgeschriebenen Anlagen ist der Kommunalaufsichtsbehörde spätestens einen Monat vor Beginn des Rechnungsjahres vorzulegen.

§ 100 Haushaltsplan

1. Der im Rahmen der Haushaltssatzung zu beschließende Haushaltsplan muß alle voraussehbaren Einnahmen und Ausgaben des kommenden Rechnungsjahres enthalten.

2. Die Gemeindevertretung ist dafür verantwortlich, daß

a) der Haushaltsplan die Mittel bereitstellt, die erforderlich sind, um die der Gemeinde durch Gesetz übertragenen Aufgaben zu erfüllen,

b) der Haushaltsplan unter Berücksichtigung etwaiger Fehlbeträge aus Vorjahren ausgeglichen ist.

3. Unter Beachtung der gesetzlichen Vorschriften soll die Gemeinde in eigener Verantwortung darauf achten, daß bei den Ansätzen des Haushaltsplans die Grundsätze der Wirtschaftlichkeit und Sparsamkeit gewahrt werden.

4. Im Haushaltsplan sind Mittel für die Bildung von Rücklagen nach den darüber erlassenen Vorschriften zu veranschlagen. Die Veranschlagung darf, soweit nicht gesetzlich etwas anderes bestimmt ist, nur unterbleiben, wenn andernfalls der Ausgleich des Haushaltsplans gefährdet würde.

5. Die Gemeinde kann Steuern und Abgaben nach den gesetzlichen Vorschriften erheben, soweit die sonstigen Einnahmen zur Deckung der Ausgaben nicht ausreichen.

Aus: *Gemeindeordnung für Schleswig-Holstein*, Kiel, 1970.

21 Theater (Kostümbildnerin)

Einführung

Die Dame, die auf diesem Band spricht, ist Kostümbildnerin an einem deutschen Theater. Sie stammt ursprünglich aus Thüringen, lebt aber seit vielen Jahren in Westdeutschland. Sie spricht über die Organisation des deutschen Theaters, über die Vorgänge beim Inszenieren eines Stückes, und auch über ihr spezielles Fach. Für weitere Einzelheiten über das deutsche Theater seit 1945 siehe Lesestück.

Text

Der Leiter eines deutschen Theaters ist immer der Intendant. Ihm zur Seite stehen ein Dramaturg, Regisseure, Kapellmeister, ein Bühnenbildner und eine Kostümbildnerin. Das ist in etwa die Zusammensetzung des Bühnenvorstandes. Dann kommen Schauspieler, Sänger und natürlich das ganze technische Personal, vom Beleuchter bis zum, bei uns sogenannten, Kulissenschieber. Zunächst sollte einiges über die Ausbildung zur Kostümbildnerin gesagt werden. Notwendig ist dazu ein 6-semestriges Studium, zu dem es an einigen Kunsthochschulen spezielle Klassen gibt. Ich nehme an, daß auch an Modeschulen diese Ausbildung möglich ist. Zu den Unterrichtsfächern gehört in erster Linie Kostümkunde, dann verschiedene Mal- und Zeichnenunterrichtsstunden, außerdem möglichst eine praktische Ausbildung, die nicht unbedingt verlangt wird in ja — in Nähen, denn später hat man eine Schneiderwerkstatt unter sich und ist immer sehr viel besser 'dran, wenn man von der Tätigkeit dieser Leute auch wirklich 'was versteht, umsomehr, als man in kleinen Theatern auch manchmal gezwungen ist, mitzuhelfen.

Das wichtigste Unterrichtsfach ist das Entwerfen der Kostüme, eine Art von Farblehre, die dazu gehört, und die Kenntnis der Stoffarten, die man braucht am Theater. Die Ausbildung wird beendet mit einem Examen, zu dem man Themen gestellt bekommt, also für drei verschiedene Bühnenstücke, meistens ein Schauspiel, eine Operette, und eine Oper Kostüme zu entwerfen hat. Außerdem gehört dazu eine theoretische Prüfung mit Fragen in Kostümkunde.

Die Tätigkeit einer Kostümbildnerin am Theater sieht etwa folgendermaßen aus: bevor ein Stück inszeniert wird, kommen der Regisseur, der Bühnenbildner und die Kostümbildnerin zusammen, um über alle Einzelheiten der Ausstattung zu sprechen. Man hat vorher das Stück gelesen und sich natürlich Vorstellungen gemacht, wie die Ausstattung aussehen soll. Man ist aber abhängig von den Vorstellungen des Regisseurs, in welchem Stil er inszenieren möchte, welche Farben er in erster Linie haben möchte, welche Farbzusammenstellungen, Kompositionen, und außerdem von den finanziellen Mitteln, die für das Stück zur Verfügung stehen.

Der nächste Schritt ist das Entwerfen der Kostüme und der Bühnenbilder, und dann folgt eine weitere Besprechung mit dem Regisseur, bei dem die Entwürfe vorgelegt werden, begutachtet, und unter Umständen auch geändert werden. Ist man sich einig geworden, beginnt der Einkauf der Stoffe. Dann eine Besprechung mit der Schneiderwerkstatt, die sich aus verschiedenen Schneidermeistern und Schneidermeisterinnen zusammensetzt. Dazu ein Gewandmeister und eine Gewandmeisterin, die in erster Linie für das Zuschneiden der Stoffe, der Kostüme zuständig sind. Bis zur Hauptprobe müssen die Kostüme fertiggestellt sein, weil sie dort das erste Mal auf der Bühne getragen werden, um dem Schauspieler Gelegenheit zu geben, sich in seinen Kostümen bewegen zu lernen. Problematisch kann die erste Anprobe der Schauspieler werden, weil natürlich nicht jeder mit dem, was er auf der Bühne zu tragen hat, einverstanden ist und versucht, seine eigenen Einwände zu erheben, was Gott sei Dank sehr selten vorkommt. Diese Art der Tätigkeit ist so etwa der Idealfall für eine Kostümbildnerin.

Ist ein Stück abgespielt, kommen die Kostüme in den sogenannten Fundus, in dem alles gesammelt wird, was momentan nicht auf der Bühne verwendet wird. Natürlich wird sehr oft, gerade an kleineren und damit finanziell schlechter gestellten Theatern an Mitteln für die Ausstattung gespart, und es muß deshalb auf den Fundus zurückgegriffen werden. Entweder stattet man ganze Stücke aus dem Fundus aus, oder man stellt zusammen teilweise aus dem Fundus, teilweise wird neu angeschafft, was niemals den Effekt ergibt, wie eine ganz neue Ausstattung, die eben aus einer Hand kommt. Für moderne Schauspiele verwenden die Schauspieler sehr oft ihre eigene Garderobe. Allerdings nicht, ohne von der Kostümbildnerin beraten zu werden. Den Schauspielern steht zur Anfertigung dieser Garderobe etwas Geld zur Verfügung; teilweise jedoch sind sie verpflichtet, die Garderobe ohne besondere finanzielle Mittel zu besitzen.

Es ist natürlich nicht ganz richtig, daß allein der Regisseur den Stil, in dem ein Stück ausgestattet werden soll, bestimmt. Es ist ebensogut möglich, daß bei guter Zusammenarbeit die Kostümbildnerin diejenige ist, die die Vorschläge macht, die vom Regisseur oft sogar dankbar akzeptiert werden und ihn selbst auf neue Ideen und neue Wege bringt.

Note

On the evidence of her accent it is difficult to allocate the stage and costume designer to any particular area of Germany. She was born in Thüringen, now East Germany, where she spent her childhood, but since the war she has lived for long periods in Düsseldorf (Nordrhein-Westfalen), Braunschweig (Niedersachsen), Karlsruhe (Baden-Württemberg) and more recently in the Harz mountains (Niedersachsen). This degree of mobility, coupled with the fact that she has worked in the theatre with people from all over Germany, is bound to have the effect of flattening out regional speech characteristics. Nevertheless, although not marked, there are regional elements; for example she pronounces the final –en of verb forms as a north German would, while some of her consonantal sounds belong in the south and east of Germany, e.g.:

Unterrichtsstunden	–t– is voiced
Regisseur	–ss– is soft, voiced
weitere	long vowel sound and –t– pronounced –d– as in
	sound and south east Germany
Mitteln	–tt– is pronounced –d– etc.

Lexikon

Anprobe (die) (–), fitting, trying on (of clothes)
Ausstattung (die) (–en), furnishing, fitting out
begutachten, evaluate, pronounce upon
Beleuchter (der) (–), (*here*) electrician in charge of theatre lighting
Bühnenbild (das) (–er), stage set
Bühnenvorstand (der) (⸚e), theatre management
einverstanden, in agreement
Einwand (der) (⸚e), objection, reservation (N.B. **man** *erhebt* **Einwände**)
entwerfen (entwirft, entwarf, hat entworfen), design sketch (N.B. **der Ent-wurf** (⸚e))
Fundus (der), stock of theatrical costumes
Garderobe (die) (–n), (N.B. normally means clothes cf. signs in restaurants, etc.; **für Garderobe keine Haftung**, no responsibility taken for . . .)
Gewandmeisterin (die) (–nen), wardrobe mistress
Hauptprobe (die) (–n), dress rehearsal
inszenieren, stage, put on (cf. **vorführen)**
Intendant (der) (wk. noun), theatre manager, director
Kapellmeister (der) (–), musical director
Kostümbildnerin (die) (–nen), costume designer
Kulissenschieber (der) (–), *colloq.*, scene-shifter (N.B. **hinter den Kulissen,** behind the scenes)
Kunsthochschule (die) (–n), college of art (higher education)
Regisseur (der) (–e), producer, stage manager
Schneiderwerkstatt (die) (⸚e), tailor's workshop
Stoffart (die) (–en), kind of material
zurückgreifen (greift zurück, griff zurück, hat zurückgegriffen), auf + ACC. fall back on, resort to

Übungen

Ü1   Beantworten Sie die Fragen!

1. Wie setzt sich die Leitung eines Theaters zusammen?
2. Wofür ist der Beleuchter verantwortlich?
3. Warum muß eine Kostümbildnerin etwas vom Nähen verstehen?
4. Welche Fächer gehören zur Ausbildung einer Kostümbildnerin?
5. In welchem Verhältnis stehen Bühnenbildner, Kostümbildnerin und Beleuchter zu dem Regisseur?

6. Warum haben viele Theater auch einen Kapellmeister?
7. Welche Rolle spielt die Schneiderwerkstatt im Theater?
8. Warum müssen die Kostüme bis zur Hauptprobe fertiggestellt werden?
9. Welche Streitigkeiten können unter Umständen zwischen Schauspielern und Kostümbildnerin entstehen?
10. Was macht man mit den Kostümen, wenn ein Theaterstück abgespielt ist?

Ü2 Beantworten Sie die Fragen in 2–3 Sätzen?

1. Warum ist der „Fundus" für finanzschwache Theater von so großer Bedeutung?
2. Unter welchen Umständen verwenden die Schauspieler ihre eigene Garderobe auf der Bühne?
3. Inwiefern bestimmt allein der Regisseur den Stil, in dem ein Theaterstück aufgeführt wird?
4. Welche wichtigen Arbeitskräfte gibt es beim Theater, die die Dame nicht erwähnt hat? Welches sind ihre Funktionen?
5. Beschreiben Sie die Vorbereitungen, die getroffen werden müssen, bevor ein Stück inszeniert werden kann!

Ü3 Vervollständigen Sie die Sätze!

1. An finanzschwachen Theatern muß natürlich ... Mitteln für die Ausstattung gespart werden.
2. Deshalb muß die Kostümbildnerin ... den Fundus zurückgreifen.
3. ... einigen Kunsthochschulen gibt es spezielle Klassen.
4. Die Tätigkeit des Regisseurs ... deutschen Theater ist die wichtigste.
5. Die Schneiderwerkstatt setzt sich ... verschiedenen Schneidermeistern zusammen.
6. ... guter Zusammenarbeit mit dem Regisseur kann die Kostümbildnerin ihre eigenen Ideen durchsetzen.
7. Manchmal passiert es, daß die Kostümbildnerin den Regisseur ... neue Ideen bringt.
8. Natürlich hängt alles von den finanziellen Mitteln ab, die für die Ausstattung des Stückes ... Verfügung stehen.

Ü4 Passivformen mit Hilfsverben

Beispiel:
Wer entscheidet darüber, welche Stücke man inszenieren soll? (Regisseur)

Antwort:
Der Regisseur entscheidet darüber, welche Stücke inszeniert werden sollen

1. Wer entscheidet darüber, welche Stücke man inszenieren soll? (Regisseur)

2. Wer entscheidet darüber,
welche Kleider man auf der Bühne
tragen darf? (Kostümbildnerin)
3. Wer entscheidet darüber,
wie man an Geld sparen kann?
(Intendant)
4. Wer entscheidet darüber,
wann man die Entwürfe
vorlegen muß? (Regisseur)
5. Wer entscheidet darüber,
welche Kostüme man ändern
muß? (Gewandmeister)
6. Wer entscheidet darüber
wie man das Stück beleuch-
ten soll? (Beleuchter)
7. Wer entscheidet darüber,
welche finanziellen Mittel
man zur Verfügung stellen kann?
(Intendant)
8. Wer entscheidet darüber,
wie man die Bühnenbilder
ausstatten soll? (Bühnen-
bildner)

Ü5 Finden Sie das Verb!

1. Die Ausbildung wird mit einem Examen beendet, zu dem verschiedene
Themen ... werden.
2. Alles hängt von den finanziellen Mitteln ab, die zur Verfügung ....
3. Wenn wir für neue Kostüme nicht genug Geld haben, müssen wir auf
den Fundus ....
4. Manchmal werden ganze Theaterstücke aus dem Fundus ....
5. Für moderne Schauspiele ... die Schauspieler manchmal ihre eigene
Garderobe.
6. Bei guter Zusammenarbeit kommt es vor, daß der Regisseur die Vorschläge der Kostümbildnerin ....

Ü6 Bilden Sie Substantive!

begutachten	(sich) zusammensetzen
verlangen	ausstatten
zwingen	ergeben
entwerfen	besitzen

Ü7 Nennen Sie Begriffe mit ähnlicher Bedeutung!

momentan	in erster Linie
speziell	einverstanden sein
akzeptieren	zuständig sein
Einwände erheben	möglichst bald

Ü8 Translate:

Costume designers are usually trained in practical skills like sewing, as well as in art and design. The reason for this is that their job is not only to design and plan the stage sets and costumes for each new production, but also to supervise the execution of the work by painters, tailors, wardrobe mistress, etc.

The costume designer has to work in close co-operation with the producer. The latter usually has his own ideas about the general style of sets and costumes he wishes to use. The costume designer will make her own suggestions, which the producer may or may not accept.

Normally there is not enough money available for completely new costumes for each play. Some of them have to be taken from the store of costumes used in previous productions. If it is a modern play the actors often use their own clothes, but even here they have to take the advice of the costume designer.

Lesestück

Das deutsche Theater sah sich 1945 nach Beendigung seiner Isolierung vielfältigen Einflüssen gegenüber, mit denen es sich, um den Anschluß an die internationale Entwicklung zu finden, auseinandersetzen mußte. Viele Theatergebäude waren zerstört. Die ausstattungsarmen Notbühnen zwangen Regisseure und Bühnenbildner zu szenischen Experimenten und die Schauspieler zur Intensivierung ihrer Gestaltungskraft. Als eine der neuen Formen entstand das Zimmertheater; das „Große Haus" fehlte zunächst noch.

Eine entscheidende Rolle für die Fortführung und Erneuerung der deutschen Schauspielbühne nach 1945 spielte das Zürcher Schauspielhaus unter Oskar Wälterlin (1938–1961) mit seinen hervorragenden Kräften (Therese Giehse, Will Quadflieg, Wilfried Seyferth, Maria Becker, Robert Freitag). Von hier aus erfuhr das deutsche Theater mächtige Impulse für die Nachkriegszeit; die Schauspieler kehrten nach Deutschland zurück — das Theater in Deutschland begann wieder zu leben.

Obwohl sich das Theaterleben in Berlin bald nach 1945 wieder zu regen begann — in großer Vielfalt im Westen durch die Barlog-Bühnen, das Schloßtheater, das Große Haus der Städtischen Bühnen, das Schillertheater und die Studiobühne als „Werkstatt-Theater" einerseits, in der politisch bedingten Einheit im Osten andererseits: Deutsches Theater mit Bertolt Brecht und Helene Weigel mit Felsensteins Komischer Oper —, entstanden die eigentlichen Theaterzentren in der Bundesrepublik durch das Wirken bedeutender Regisseure (Gustaf Gründgens, Heinz Hilpert, Fritz Kortner, Oskar Fritz Schuh, Rudolf Sellner, Karlheinz Stroux). Berlin, Hamburg, München, Köln, Frankfurt und Stuttgart sind fast gleichrangig. Aber die Konzentration guter Schauspieler, die früher ein Ensemble ausmachte, fehlt. Die festgefügte Spielgemeinschaft ist aufgesplittert; das heutige Ensemble der größeren Theater besteht eher aus einem Stab von Regisseuren, Bühnenbildnern und Dramaturgen. Der Film, vor allem aber der Rundfunk und das Fernsehatelier, treten in Konkurrenz zum Theater, und die Schauspieler kommen nicht umhin, sich auf mehrere Spielbereiche einzustellen. Die zentrale Plattform fehlt dem deutschen Theater. In diese Lücke tritt eine Serie von Festspielen. Sie übernehmen zwar die Funktion der Leistungsschau, aber die kontinuierliche Diskussion und die künstlerische Auseinandersetzung können durch sie nicht vermittelt und aufrechterhalten werden. Alljährlich werden bei den Berliner Festspielen die besten Aufführungen der Bundesrepublik, bei den Ruhrfestspielen in Recklinghausen eine internationale Auswahl gezeigt.

Der Darstellungsstil hat sich im deutschen Theater nach 1954 gewandelt, aber Organisation und System des Theaters sind geblieben. Auch heute noch ist das Repertoire-Theater mit wechselndem Spielplan vorherrschend. Das Ensuite-Theater mit vier bis achtwöchigen Neuinszenierungen gelangt allmählich zu größerer Verbreitung. Das Tournee-Theater ohne eigene Bühne erhält immer größere Bedeutung und tritt in Konkurrenz zum Ensemble-Theater.

Die Theater in der Bundesrepublik sind zum größten Teil subventionierte Theater. Es gibt 188 Spielstätten: Unter ihnen sind 30 von Landesregierungen und 100 von Städteverwaltungen subventioniert; 58 Theater haben eine private Rechtsform (AG, GmbH, e.V., Körperschaft des öffentlichen Rechts, Zweckverband u. dgl.). In 29 Gemeinden bestehen 74 Privattheater; 7 Gemeinden sind Träger von Festspielunternehmen.

Neben den staatlichen Subventionen und dem Abonnementsystem sorgen Besucherorganisationen dafür, daß die Theater über einen relativ gesicherten Etat verfügen.

Kennzeichnend für das heutige Theater ist die stark intellektuelle Ausdeutung und die Betonung des Mimischen.

Tatsachen über Deutschland, Presse- und Informationsamt der Bundesregierung, Bonn, 1972.

Analysis of the Recordings

Unit	Origin of Speaker	Speaker	Subject Area	Tape	Track	Approx. Duration
1. Hausfrau	Baden-Württemberg	Housewife	Daily routine and problems	1	1	6 m 20 s
2. Student	Baden-Württemberg	Postgraduate student	Material problems of students' political and academic activities	1	1	17 m 10 s
3. Schulleiterin	Hamburg	Headmistress, mixed grammar school	Teacher training, promotion prospects	1	1	8 m 50 s
4. Pastor	Norddeutschland	Protestant clergyman	Account of his duties and difficulties	1	1	11 m 20 s
5. Straßenbauamt	Thüringen (East Germany)	Local civil servant, road planning dept.	Planning new town centre; problems of traffic congestion	1	2	12 m 50 s
6. Stadtwerk-direktor	Westfalen	Director of public services dept. in charge of gas, electricity, water supplies	Duties of his department; some new plans; financial arrangements	1	2	17 m 00 s
7. Offizier a.D.	Sachsen (East Germany)	Old age pensioner; former soldier in Weimar Republic and Third Reich	His career from boyhood until outbreak of World War II	1	2	5 m 20 s
8. Witwe	Berlin	Widow, old age pensioner	Description of life as the wife of a Jew in Nazi Germany	2	1	11 m 40 s
9. Nachkriegszeit in Schleswig-Holstein	Schleswig-Holstein	Old age pensioner	Account of the first months of life under British occupation in 1945	2	1	17 m 30 s
10. Einzelhändler	Schleswig-Holstein	Owner of a large men's outfitter	His business career; problems of value added tax	2	1	14 m 20 s
11. Geschäftsführer	Norddeutschland	Managing director, electronics company	Daily routine; labour problems; two-language question–answer section	2	2	16 m 20 s

Analysis of the Recordings—*(cont.)*

Unit	Origin of Speaker	Speaker	Subject Area	Tape	Track	Approx. Duration
12. Verkaufsleiter	Hamburg	Sales director, same company as managing director	Visiting customers: problems for sales department when demand exceeds supply	2	2	10 m 10 s
13. Prokurist Schiffsmakler	Hamburg	Shipping agent, ships' broker	Work routine; internal shipping problems; currency difficulties	2	2	15 m 00 s
14. Gewerkschaftsfunktionär	Baltic	Full-time local secretary German trades union federation (DGB)	Wage agreements; labour relations	3	1	10 m 20 s
15. Sekretärin	Niedersachsen	Departmental secretary in a German university	Secretarial training and qualifications; office routine	3	1	7 m 10 s
16. Gastarbeiter in Deutschland	(a) Baltic; (b) Hamburg Hessen	(a) Trade union secretary (14); (b) two clergymen	Problems of integrating foreign workers in German industry and society	3	1	10 m 50 s
17. Oberstleutnant	Niedersachsen	Officer in Federal German Air Force (Bundeswehr)	National Service in Germany	3	1	14 m 00 s
18. Mitglied des Landtages	Flensburg	CDU-Member of State (Land) parliament, Schleswig-Holstein	How to become a member of parliament; the Danish minority	3	2	14 m 00 s
19. Mitglied des Bundestages	Schleswig-Holstein	SPD-Member of Federal Parliament (Bundestag)	Human problems of a Bonn MP; parliamentary committees	3	2	11 m 00 s
20. Finanzamt	Hamburg	Inspector of Taxes	Local taxation	3	2	7 m 40 s
21. Theater	Thüringen (East Germany)	Stage and costume designer	Organisation of a German theatre; role of the producer, stage designer, etc.	3	2	7 m 00 s